文史哲學集成

譚興萍著

中國書法用筆與篆隸研究

文史格出版社印行

國家圖書館出版品預行編目資料

中國書法用筆與篆隸研究 / 譚興萍著. -- 初版. -- 臺北市：文史哲, 民 101.12 印刷
頁：　公分.（文史哲學集成；238）
ISBN 978-957-547-057-9 (平裝)

1.書法 2.中國

942.1　　80002836

文史哲學集成 238

中國書法用筆與篆隸研究

著　者：譚　興　萍
出版者：文　史　哲　出　版　社
http://www.lapen.com.tw
登記證字號：行政院新聞局版臺業字五三三七號
發行人：彭　正　雄
發行所：文　史　哲　出　版　社
印刷者：文　史　哲　出　版　社
臺北市羅斯福路一段七十二巷四號
郵政劃撥帳號：一六一八〇一七五
電話886-2-23511028・傳真886-2-23965656

實價新臺幣四五〇元

中華民國八十年（1991）八月初版
中華民國一〇一年（2012）十二月初版二刷

ISBN 978-957-547-057-9　　00238

序

書法爲中華民族持有之國粹，數千年來沿實用性與藝術性二途而發展，當時二者界限不甚明顯，而今時尚不再，藝術性已大於實用性，書法藝術已落爲少數喜好者之專職。而書法藝術教育之倡導，急須加强，刻不容緩。

本書作者譚興萍，擅長書畫和篆刻，其人品學養俱佳，執教於國立臺灣藝術專科學校美術科，擔任書法、篆刻課程二十五寒暑，課外並負責書法學社指導老師，於推展書法教育之功，成果輝煌，深得青年學子之愛戴，確爲國家培育出不少傑出書法及篆刻之人才。又於教學之暇不遺餘力，以教學相長之經驗，從事於書畫創作與論著。

本書所論各觀點，無不有據，從實驗中求要點，彙集資料至爲豐富，並整理出新系統，尋找出正確學書方法與結論，尤其在筆法之研究，除具獨到之卓見，對篆隸之研究，用歷代碑帖圖片作一系統之分析探討，彙集前人之理論，以及書體特徵、流傳、品評等相關知識，極爲適當的提供讀者，允稱現時代中我國書法著作中之佳構。

本書共分三編，第一編爲用筆之研究、第二編爲篆書研究、第三編爲隸書研究，內容廣博，涉獵輝煌，文字簡達，深信對大專學生及愛好書法藝術者，無論初學及深研均甚方便而獲益。

欣見其「中國書法用筆與篆隸研究」一書行將付梓，在推展書法藝術教育及復興中華文化而貢獻心力，誠可喜可佩也，爰綴數語，專爲推介。

民國八十年七月國立臺灣藝術專科學校校長凌嵩郎誌

自序

學習書法之方法，有兩方面，一是技巧方面的培養，一是思想方面培養。兩者相輔相成，始能臻於至善。

技巧方面之培養，是關於個人生理方面的，也就是肌肉運動練習方面的，是屬於表達能力的培養，此必須有正確之運動姿勢，和長時間的練習，技巧的表現方能達於成熟。包世臣云：「學書如學拳，學拳者，身法、步法、手法、扭筋對骨，出手起脚，必須極筋所至，使之內氣通而外勁出。」（註一）學習書法亦然，必須有正確的執筆及運筆方法，此是屬於指、腕、臂、肘、腰肌肉之活動練習，是生理方面的，若無苦練之決心，是難於學好書法的。

思想方面之培養，是屬於內容的，個人修養的，分人品與學識兩部份，古人云「人品不高，筆墨無輝」。也就是說要不脫離時代，不違反自然，不叛離生活，不違背國家社會，而充實美之人生。至於學識部份，多讀書，尤以書學書籍；和碑帖墨蹟之參運，去充實，開展，正確方向，努力向上，以廣博爲得，精深爲體。培養審美之觀念。

一切藝術品之產生，均離不開上述方面之關係，作書之技巧是屬於形式的，而作家之修養是屬於內容的。形式方面之一切準備和培養；靠摹倣（書法之臨習碑帖）。而內容方面一切之準備和修養，是爲了創作。形式多出於摩倣，而內容則必託於創造，有創造而無摹倣，可成爲優秀之作品，有摹倣而無創造，則其作品無價值可言。唐張懷瓘「書斷」云：「書有十體源流，學有三品優劣……較其優劣之差，爲神、妙、能三品」。在此三品等第中，以神品爲最高境界，次而爲妙，再次是能品。所謂能品者在書法作品中已屬是有品可言，那是技巧表現達極頂點之作品。由技巧到達神乎其妙之過程，是得靠上述兩方面的。

本著作之動機係作者於藝專擔任書法課程二十多年以來教學之感慨與心得，以及學生們不斷之要求而作。尤以近年來書法教育之衰微。（作者曾於七十八年藝術教育研討會提出有關書法近三十年來之發展概況及書法篆刻科系之設立論文茲附於後。）本校僅美術科國畫組，設有書法必修課程，入學新生雖在入學考試中，有書法考試項目，但在新生初開始上課，就發現有大多數學生，在執筆方法上就不正確，至於書法常識那就更不必談了，一切得從基礎開始，且學習時效，每週兩小時，在技巧臨帖方面就已感不足，在書法理論方面，要作深入之講解實無可能。但偶有在書法學習上有興趣者，常問及老師，是否可以介紹一些書學理論方面之書籍，雖經介紹，而古人寫得又太玄妙，研讀不易瞭解，但古人把研究方法，守密不肯傳人，而其所論之比喻又已不合時宜，且多係書家個人書寫習慣爲依據，主觀的來論說，甚至又有相反意見者，各說各話，在用筆之技巧方面，甚少依據人體工學之原理，客觀的來談論，令學生更摸不著邊際，因此之故，才鼓足勇氣，大膽以古人論書爲依據，以書法藝術爲目的，作一有系統之整理與比較分析，第一篇書法用筆篇，是以科學觀念來探討，在以作者體驗所得，以淺入之現代觀念來詮釋，如執筆與運筆之研究、筆法之研究、起筆與住筆。方筆與圓筆之觀念與整理分析、筆鋒之使用、輕重與急澀之探討部份等。但在美學原理上，就很難有主觀之定論了。第二、三兩篇，是分別研究時代書體之演變，茲先就篆隸兩體在筆畫與結構上加以研究，各按時代先後舉出歷代碑帖圖片爲鑑賞之基礎，分別探討其筆畫結構與風格，並加以按時代整體比較與分析。康有爲廣藝舟雙輯云「學者能見千碑而好臨之，而不能書者，未之有也。」本著作搜集資料，先後約十年，因個人能力與財力有限，收集雖未盡完備，但其主要者尚能涵蓋，可使學者細心探討。至於其他行、草、楷書部份，仍待以後繼續努力，希能在有生之年，書寫完成其心願。而在推展書法工作上，略盡棉薄之力量，因其學識有限，其中不免淺識陋見，甚至謬誤，在所難免。衷心希望專家學者，和書法之工作者、愛好者提出寶貴意見，不勝感荷。

【附註】

註一　藝舟雙楫論書第二四頁　商務印書館　民國四十五年四月台初版

註二　書斷一四三頁　歷代書法論文選　民國七十三年九月初版

中國書法用筆與篆隸研究　目次

中國書法用筆與篆隸研究

緒論

我國的書法有著三千多年的歷史，從殷商時代開始，隨著社會生活之發展，書法也不斷的演變革新，每個朝代都有著自己的書體，以適應用之需和藝術之欣賞要求。若從書法藝術角度來看，卻是變化越來越多，風格也越趨多樣，經過數千年之創新與發展，匯成中國書法藝術之豐富寶藏和獨特之傳統。

孫過庭書譜云：「積其點畫乃成其字。」（註一）

趙子昂蘭亭跋云：「書法以用筆爲上，而結字亦須用工。蓋字因時相沿，用筆千古不易。」（註二）

馮班鈍吟書要云：「作字惟用筆與結字，用筆在使盡筆勢，然後收縱有度；結字在得其眞態，然需映帶均美。」（註三）

康有爲廣藝舟雙楫云：「至於作書，先從結構入，劃平豎直，先求體方，次講向背、往來、伸縮之勢，字妥貼矣。次講分行、布白之章法。求之古碑，得各家結體章法，通其疏密、遠近之故。求之書法，得各家祕藏驗方，知提頓、方圓之用。浸淫久之，習作熟之，骨肉、氣血，精神皆備，然後成體。體既成，然後可言意態也。禮記曰：『體不備，君子謂之不成人。』體不備，亦謂之不

成書。」（註四）

馮武書法正傳載：「一字之法，貴在結構」（註五）。翰林粹言云「先識此字，書則得之。」（註六）

古人論書法結構之著作，往往混入筆法。因之談「結字」；多半注重筆法，筆法是指從執筆到運筆，結合起來，寫出筆畫之形象之總稱，如何寫出筆畫形體之技巧與方法。即動作部分，應歸屬於筆法，而點畫形象成字部分，又應歸之於結構來探討。而古人論書，多採取綜合觀點來談。上述所謂「結字」即指字的結構而言，一個字如何寫來，方可寫穩當，寫得美好，是需要有些安排。這種安排方法就叫做結字，結字之說法，是與用筆相對峙的，但實際說來，還是一回事，就寫字全面來看，一面要用筆，一面要結字。因每一字中之各種筆畫起落提按之技巧與方法如何進行，謂之用筆，又每一字如何將點畫組合起來，謂之結字，當然無一字沒有不運筆之理，同時也無一筆不在字之結構之中，實難將筆法從結構字中明確的劃分。

書法之形象，首先要依據文字造型來表現，文字便是書法之母，故研習書法得先認識文字，瞭解其結構方式。然後才能談到筆畫姿態。我國文字有「字式」與「字體」之分別，所謂字式，就是文字結構方式，所謂字體，就是筆畫姿態，例如「明」字，左邊是個「日」字，右邊是個「月」字，這便是「字式」。而「明」字在篆書、楷書、行書、草書中各有不同之寫法，這便是「字體」，或稱爲「字形」。文字的結構，自古以來就有其造字原理，如「六書」象形、指事、會意、形聲、轉注、假借六種，這是文字形式之情形，並非文字之書寫。文字的字體，由於筆畫形象與結構隨時代演變而改進形式，以時代來分大致可分爲四個時期，一、從殷商至春秋之末用古文（甲骨、金文）。二、從戰國至秦用篆書。三、漢代用隸書。四、從漢到現代用楷書。

中國文字與書法之演變，從甲骨文到現代楷書，其各種字體之構成，是非常繁雜的。以時代書體來分有五種。一、篆書、二、隸書、三、草書、四、楷書、五、行書各有其不同字形之區分，且文字筆畫姿態與結構，都各自有其特色，在書法藝術上有它特殊的價值，文字的書寫，由於時代演變及書法家習慣，形狀千變萬化，每個字都有許多種不同的寫法，若又以書寫工具來分，大概看來，古今寫體只有兩類，一是刀筆文字，其筆畫粗細如一，不能分爲撇、捺、甲骨文、篆書屬之，另一是毛筆書寫文字，其筆畫粗細隨意變化，並能爲撇、捺。隸書、草書、楷書、行書等屬之。書法藝術則不論何體均以毛筆爲主要書寫之工具。其筆畫姿態與結構變化也就更趨多樣而複雜。同一書體其所表現風格，時有不同，如清代梁巘評書帖云：「晉人尙韻，唐人尙法，宋人尙意，元明尙態。」（註七）即是指陳各時代的代表風格，而書法家也因其自家書法而表現自家之風格。同一書體，其字式相同而筆畫姿態不同，點劃可有粗、細、方、圓、利、鈍、剛、柔之分；結構可有平正、對稱、參差、疏密、均衡、比例、呼應、連貫、飛動、變化、方圓、高扁、錯綜之別，字有長、短、肥、瘦、勁、媚、欹、正各種字體神態。而各家法度並不一致，其精妙處，各造其極，謂之書風。這些在書法藝術上都是值得我們加以深入的研究。謹先就書法用筆方面，及篆書、隸書分別通過前人之理論，及碑帖圖片，作一系統之分析探討，茲將其心得分述於後之。

【附　註】

註一：書譜第五十八頁，孫過庭，金楓出版有限公司，一九八六年十二月初版。
註二：書法正傳上冊第一百十三頁，馮武編，商務印書館，民國四十五年四月台初版。
註三：歷代書法論文選下冊第五一九頁，華正書局，民國七十三年九月初版。

註四：廣藝舟雙輯卷五，八七頁，康有爲撰，台灣商務印書館，民國四十五年四月初版。

註五：同註二書法正傳上冊第三十四頁。

註六：同前註書法正傳上冊第一百零八頁。

註七：清人書學論著，藝術叢編第一集第四冊九一頁，世界書局，民國五十一年十一月初版。

第一篇 用筆研究

第一章 執筆之研究

我們無論從事任何事情，尤其是在技巧方面，均必須要有適當而正確的姿勢與方法，否則是不會有優良的表現和成功的結果，譬如運動，以游泳技巧來說，沒有正確的姿勢和方法，則耗盡全身之力，亦得不到理想的前進速度。因其姿勢不正確，方法也就受影響，而造成與水的阻力增大，而減少了前進之速度，如果姿勢良好，方法正確，則會減少與水之阻力，而所用之划力，全用於前進之速度上。其他亦然，故技術性之工作，需要有正確之姿勢與運作方法，更需要在正確姿勢下；努力練習其運作方法，使其熟能生巧，有了熟練之技巧，然後去從事其工作，方能收到成功的果實。因此，以書法論，歷代書法家都視用筆爲書法之根本技巧。衛夫人筆陣圖云：「夫三端之妙，莫先乎用筆。」（註一）唐張懷瓘玉棠禁經云：「夫書、第一用筆。」（註二）元趙孟頫蘭亭跋云：「書以用筆爲上。」（註三）綜而言之，學習書法實際上就是學習用筆爲最先之要件。何謂用筆，至今仍未有統一的解釋，大至而言，就是手執穩好毛筆後，筆毫著墨，使筆鋒在紙面上運行，其所留下之線條痕跡，這些痕跡就是筆痕，而這些筆痕不是描繪的線條，而是書寫出來的點畫（筆畫）。研究如何執筆，如何運筆始能產生生動自然的點畫與書法，做到寫出點、橫、撇、捺、鈎等及各體之筆法。用筆之方式變化甚多，落筆所作的各種點畫變化亦多，因此可顯示出各不同風格之書體，也就我們所要研討的用筆。

沈尹默書法漫談云：「用筆不但要懂得執法，執是手指底職司；運是手腕的職司，兩者互相結合，才能完成用筆之任務，如是用筆一詞，包括執筆和運筆兩個內容。」（註四）古人對用筆之法載之典籍的亦多，雖各立門戶，且故示玄奧但大致包函執筆、運筆與筆法多重意義，執筆是靜態的動作；書寫之過程就是毛筆運動的過程，在此過程中所留在紙上之筆痕線條，即構成書法之點畫；即筆法。用筆之意既定，首先談如何執筆，然後按照正確執筆之方法去運筆，使其熟練精通，這樣才能用筆自如，無施不可，由生動之筆畫，再進而論結字，形勢已得更須體會其神意，形神俱妙，才算能盡筆墨的能事。至今如何執筆，自古至今，論執筆法者甚多，見仁見智，各有千秋。

唐張彥遠法書要錄所載傳授筆法人名云：「蓋自蔡邕受于神人，而傳之崔瑗及女文姬，文姬傳之鍾繇，鍾繇傳之衛夫人，衛夫人傳之王羲之，王羲之傳之王獻之，王獻之傳之外甥羊欣，羊欣傳之王僧虔，王僧虔傳之蕭子雲，蕭子雲傳之僧智永，智永傳之虞世南，虞世南傳之歐陽詢，詢傳之陸柬之，柬之傳之姪彥遠，彥遠傳之張旭，張旭傳之李陽冰，陽冰傳徐浩、顏眞卿、鄔彤、韋玩、崔邈、凡二十有三人，文傳於此矣。」（註五）此文所言，蔡邕受于神人之說，蔡邕的女兒，說他父親夢神授筆法，故後人鮮得其傳，得其傳的，更奉爲枕中之秘。似乎有些「太玄妙了」，使後學之士，摸不到妙處，須經一番揣測與摸索，方能領會到一些道理，此係由其精思熟慮所想出來的，又鍾繇論執筆之方法云：「筆者天也，流美者人也，非凡庸所知。」（註六）王羲之在筆勢論中亦云：「夫書者，玄妙之技也，非達人君子，不可得而述之。」（註七）他們把執筆法，說得如此玄妙，全是受蔡邕所論之影響。而事實上以前凡擅長書法之人，卻也正是每人都自秘其法，不肯傳人。以此之故，各自認爲自己之方法才是最正確之方法，且故意將其神秘化，以提高它的重要性，使學習者不敢輕視其方法，因之加強練習，這是可以理解的。

古人所遺留論書之方法，多係其將畢生學書經驗與個人之體認，很具體的寫出來，但是各人所得經驗之結果又各有所異，往往同一方法，而結果有很大的距離，或竟然相反，令後學之士，莫衷一是，但這些理論都是當時書法家所遺留的寶貴眞言，孰是孰非，以其書法成就看來，可說都是正確的。此不過是其書法家各自個人習慣之方法與經驗之論罷了。謹就歷代書法家論執筆法分列於下：

一、執筆之位置

（一）晉衛夫人筆陣圖云：「凡學書先學執筆，若眞書去筆頭二寸一分，行草去筆頭三寸一分。」（註八）

（二）唐虞世南筆髓云：「筆長不過六寸，提管不過三寸，一眞，二行，三草。」（註九）

（三）唐張懷瓘執筆法云：「執筆亦有法，若執筆淺而堅，掣打勁利，掣三寸而一寸著紙，勢有餘矣；若執筆輕而束，牽三寸而一寸著紙，執已盡矣。」（註十）

（四）明解縉春雨雜述，論學書法云：「眞書去豪端二寸，行三寸，草四寸。掣三分而一分著紙，勢則有餘，掣一分而三分著紙，勢則不足，此其要也。」（註十一）

（五）清宋曹書法約言云：「眞書握法近筆頭一寸，行書寬縱，執宜稍遠，可離二寸；草書流逸，執宜更遠，可離三寸。」（註十二）

（六）清蔣和書法正宗云：「眞書執筆宜近頭，行宜稍遠，草書宜更遠。」（註十三）

（七）清康有爲廣藝舟雙楫云：「執筆高下，亦自有法，衛夫人眞書，執筆頭二寸，此蓋就漢尺言，漢尺二寸，僅今寸許，然亦以爲衛夫人之說爲寸外大字言之，大約執筆總以近下爲主。盧攜曰：『執筆淺深，在去紙遠近。遠則浮泛虛薄，近則搵鋒體重』，體驗甚精。包愼伯述黃少仲曰：『布指欲其疏』則謬，『執筆欲其近』則有得之言也。近人執筆多高，蓋惑於衛夫人之說而不知考，亦由宋、明相傳多作行草，不能眞楷之故。蓋其執筆太高，畫勢虛浮，教不能正書也。近人又矜言執筆欲近之說，以爲不傳之祕，亦爲可笑。吾自解執筆，即已低下，人多疑之，吾亦不能答其搵重之故，閱諸說，頗訝其暗合。後乃知吾腕平，大指橫掌，執筆自不得不近下。以此知苟得其本其來自有不待學而能者矣。」（註十四）此段言康有爲、包愼伯、盧攜三人，對筆位之高低，雖然主張低下，但是並未擧出執筆的具體尺寸，亦未說明眞書與草書之區別。

觀以上諸書法家論筆位之高低，雖然不能完全一致，而均是因書體的類別而有所區分，楷書字形居方而筆畫整齊端正，書字時用筆的幅度比較局限，筆尖的活動變化不大，所以執筆可以低些。至於行、草兩體在書寫動作上變化較楷書活動性大，故執筆高，而運起筆來較低執筆活動性較爲靈活，所以歷代論書者都强調執筆要高的之原因。且執筆高低所書寫出來的筆畫，在筆姿上均有不同的表現，執筆之高低程度，往往也常因人而異，且各人手指、肘、臂之長短形態亦各有不同，執筆之高、中、低，須配合其體形，書寫和習慣，做適合的調整。這些以上之執筆論所示的基本原則卻都是正確的，因其所述，均係書法家其個人書寫經驗和習慣而闡述的。但是大致我們可以得一結論，執筆由筆頭交接處算起，至執筆桿之手指爲止，眞書一寸至一寸五分，行書一寸五分至二寸，草書二寸至三寸，視各人執筆習慣而自行決定，實際上我們在書寫練習時，寧可執筆高些，練習久了，也就習慣成自然，無論書寫何體，都是同一位置，那時也就顧不得什麼眞、行與草，只要能達到心手相隨之地步。而把字寫好。也就算是正確的。

二、執筆之鬆緊

握管的鬆緊問題，自古爭論甚多，據說王獻之幼時學習，其父羲之從後掣他的筆，不脫，笑曰：「此兒書，後當有大名。」由於這段故事，後人便誤以爲執筆要緊，其實是應當解釋爲執筆要牢靠之意，並非用力緊捉也。故執筆鬆緊須合度，適可而止，過緊則運筆欠靈活，過鬆則軟而無力，皆所不宜。明代徐文長說：「須執之使寬急得宜，不可一味緊執，蓋執之愈緊，則愈滯於用耳。」又說：「善書者不可執之太牢，若浩然聽筆之所之，而不法度，乃爲善矣。」又說：「大要執之雖豎，運之須活，不可以指運筆，故執之在手，手不主運；運之在腕，腕不知執。執雖期於重穩，用必在於輕便。」（註十五）此皆意味著執筆宜鬆緊合度之論。可是有人又認爲寬緊隨字而易，「執筆緊者易迺，執筆寬者易媚。」蘇軾云：「執筆無定法，要使虛而寬。」（註十六）雖說無定法，實則虛寬，即定法，這裡的虛寬，即係指執筆鬆緊而言。梁武帝答陶貞白書云：「夫運筆斜則無芒角，執筆寬則書緩弱。」（註十七）也是另一種執筆經驗之論。則鬆緊之間，思過半矣！鄧散木對執筆鬆緊問題之解說，他以騎自行車作比譬，初學騎自行車，爲了怕摔跤，往往把車把攢得緊緊的，結果車身反而不易控制，且更容易傾倒。執筆也跟這個道理一樣。執得太鬆了，筆管容易掉落；太緊了，手就會戰抖，也容易累；所以要執得不鬆不緊，恰到好處。綜而言之握筆要適度而不宜過緊，即掌握毛筆要穩，但不可過分用力之意。

三、執筆之姿式

（一）唐太宗論執筆法云：「大凡學書，指欲實，掌欲虛，管欲直，心欲圓。」又曰：「腕豎則鋒正，鋒正則四面勢全，次實指，指實則筋均平，次虛掌，掌虛則運用便易。」（註十八）

（二）虞世南筆髓論曰：「指實掌虛」。（註十九）

（三）歐陽詢書法云：「虛拳直腕，指齊掌虛。」（註二十）

（四）張懷瓘論筆云：「筆在指端，則掌虛，運動適意，騰躍頓挫，生氣在焉，筆居半則掌實，如樞不能轉，豈能自由，既不能轉運迴旋，乃成稜角，筆既食矣，寧望字之生動乎？」（註二十一）

（五）徐璹筆法云：「置筆於大指中節前，居動靜之際，以指頭齊中指，兼助爲力，指自然實，掌自然虛，雖執之使齊，必須用之自在。今人皆置筆大指節，礙於轉動，而指塞掌，絕其勢力，況執之愈急，則愈滯不通，縱用之規矩，無以施爲也。」（註二十二）

（六）李華二字訣云：「用筆在乎虛掌而實指」（註二十三）

（七）盧雋臨池妙訣云：「用筆之法，拓大指，擫中指，斂第二指，拒名指，令掌心虛如握卵，此大要也。」（註二十四）

（八）韓方明指法：「置筆於大指節前，大指齊中指相助爲力，指自然實，掌自然虛。」（註二十五）

（九）林韞撥鐙序云：「虛掌實指，指不入掌。」（註二十六）

（十）劉有定之用筆法云：「以大指擫，中指斂，第二指抽，名指令掌心虛如握卵，名指拒中指，小指拒名指。」（註二十七）

（十一）豐坊書訣云：「虛掌實指者，指不實則顫掣而無力，掌不虛則窒得而無勢。」又云：「指實臂懸，筆有全力。」又云：「指能實則骨體堅定而不弱。」（註二十八）

（十二）宋曹書法約言云：「筆在指端，掌虛容卵，要知把握，亦無定法。熟則巧生，又須拙多於巧，而後眞巧生焉，但忌實掌，掌實則不能轉動自由，務求筆力從腕中來。」（註二十九）

（十三）蔣和書法正宗云：「虛掌，掌虛則運用便易。」（註三十）

（十四）姚孟起字學憶參云：「執筆之法，虛掌指實，指聚則實，指實則掌自然虛。」（註三十一）

（十五）包世臣藝舟雙楫云：「筆旣左偃，而中指力鈎，則小指易於入掌，故以虛掌爲難。」（註三十二）

（十六）康有爲廣藝舟雙楫云：「置筆當節，礙其轉動，拳指塞掌，絕其力勢。」（註三十三）

觀以上書家所論，都在强調指實掌虛的執筆要領，古人對於五指的關係主張「指實」，對於手掌的形式主張「掌虛」。什麼叫「指實」？古人解釋有：包世臣藝舟雙輯中云：「古之所謂指實者，謂五指皆貼管爲實，其小指實貼名指，空中用力，令到指端，非緊握之說也。握之太緊，力止於管，用而不注豪端，其書必拋筋露骨，枯而且弱。」包世臣的主張是說五指互相緊靠，把握筆管，使五手指間的力量，令其緊密結合成一體，而不致分散，同時對於五指握筆的力量，雖要抓穩而不必過緊，要輕鬆，以便靈活運轉。至於包氏原文中云：「非緊握之說，握之太緊，力止在管，用而不注豪端……」。康有爲在廣藝舟雙楫中曾撥其錯誤曰：「其說粗謬可笑。」又說：「此誠者千慮之失，余慮惑於慎伯之說，故亟正之。」按筆者觀，係其語意表達未能盡情，乃握筆要適度而不宜過緊，即掌握毛筆要穩，但不可過分用力之意。至於什麼叫「掌虛」？如前面各書家所述所能瞭解的掌虛，是指用指端執筆管，使大指與其他四指，圍成環形，掌中空虛能容卵，叫做掌虛。即手掌部應讓出空間，以配合書寫時之動作靈活與自然之要求。這些執筆上之原則，基本上都很正確，其最終目的是在求書者執筆和握筆動態之自然狀況，而容易達到書寫之表現，把字寫好。

指實掌虛，說起來好像是將指與掌分爲兩種形式，實際上是一致的姿勢，其目的是在運筆上臂肘腕手的協調與運用，使力能注筆尖而以和平書之。即是將全身的力氣經臂肘腕手而達筆尖之最好執筆方式，是一種合理而自然的握筆方法。

歷代書法家論執筆方式與運筆法，並沒有明確的界定；而且顯得含混而無規範。實際上所說執筆，係如何靈活的掌握穩毛筆，而是一種靜態的行爲，也就是說執筆而不作書寫之動作。但古人論執筆方式，是說手執穩筆管後，而靈巧的作書寫的動作。是動態的行爲，似乎有些應列爲「運筆」的範疇來研討，茲容於後分析。

四、執筆之方法

執筆的方法，是指五指而言，就是五個手指，握著毛筆筆桿，且每個手指各司所職，如何的作書寫之動作。通常古人稱爲指運法亦叫五指法，古人奉爲枕秘，歷代相傳也多不具體，一直到了唐代陸希聲才有撥鐙法的明顯說明行於世，所謂撥鐙五字法是也。說明五指如撮物一樣，後來書家都沿用它。現在首先將希陸聲的撥鐙五字法說明於下：（註三十四）（如圖一）

擫：「用大指（拇指）上節端、擫住筆管左方。」其意義是說明大指之用場，即用大指肚子出力緊貼筆管的內方，好比吹笛子，用指擫住笛孔一樣，但是要斜而仰一點，所以用此字說明它。

押：「用食指（第二指）上節端，厭定筆管右方，與大指齊力。」其意義是用來說明食指的用場的。押字有約束之意，用食指第一節斜而向下出力貼住筆管外方，和大指內外配合起來，把筆管約束住。這樣一來，筆管是已經捉穩了，但還得利用其他三指來幫助它們執筆任務。

鈎：「用中指（第三指）尖，鈎住筆管的前方。」其意義是說明中指的用場，大指、食指已經將筆管捉住了，於是再用中指的第一、第二兩節彎曲如鈎的鈎著筆管外面。

格：「用無名指（第四指）爪肉連接的地方，用力貼住筆管後方。」其意是說明無名指的用場。格取擋住之意，又有用「揭」字的，揭是不但擋住了；而且還用力向外推著之意，無名指用甲肉之際緊貼著筆管，用力把中指鈎向內的筆管擋住，而且向外推著。

抵：「用小指（第五指）靠緊抵住名指，輔助名指力量。」其意義是說明小指之用場，抵取墊著，托著之意。因爲無名指力量小，不能單獨擋住和推著中指的鈎，還得要小指來襯托在它的下面，去加一把勁，才能夠起作用。

後來傳至南唐李後主時，又增陸希聲之五字法，爲八字法，或七字法。（八字法中刪去拒字而爲七字，其實「抵」「拒」二字之意義相似，亦不無其道理。）即後主李煜所謂「書有七字法，謂之撥鐙。」（註三十五）現闡明如下：

擫：「大指骨節上節下端，用力欲直，如提千鈞。」其意爲大指骨上節下尖端用力，像提千鈞之重。

壓：「捺食指著中節旁。」其意爲食指用中節上端著筆管以上二指著力。

鉤：「中指著指尖，鉤筆令向下。」其意義爲中指用指尖鉤筆向下。

揭：「揭名指著指爪肉之際，揭筆令向上。」其意義爲名指既揭筆向上，又用中指頂住。

拒：「中指鉤筆，名指拒定。」其意義爲中指鉤住筆管向下，又用無名指頂住。

以上二指轉運

導：「小指引名指過右。」

送：「小指引名指過左。」

以上一指主宰過。

近代書法家沈尹默書法論中云：「撥鐙法是晚唐盧肇依托韓吏部所傳授而秘守著，後來才傳於林蘊的。它是推、拖、撚、　拽四字訣，就這四字的意義看來，實是轉指法。其詳見林蘊所作（撥鐙序）。把撥鐙四字訣和五字執筆法混爲一談，始於南唐李煜。煜受書法於䛒光，著有（書述）一篇，他說：『書有七字法，謂之撥鐙。』又說：『所謂法者，擫、壓、鉤、揭、抵、導、送是也。』導送兩字是他所加，或者得諸䛒光的口授，亦未可知。這是不對的，是不合理的，因爲導送是主運的，和執法無關。又元朝張紳說過：錢若水云，唐陸希聲得五字法曰：擫、押、鉤、格、抵謂之五字撥鐙法。但檢閱計有功（唐詩紀事）陸希聲條，只言：凡五字，擫、押、鉤、格、抵而無「謂之撥鐙法」字樣。由此可見李煜的七字法是參加了自己的意思的，是不盡可以爲

根據的。」（註三十六）

撥鐙二字究作何解，歷代書法家解釋各有不同，茲分列如下參考。

唐盧肇撥鐙法云：「以筆管著中指尖，令圓活易轉運，其法與今同，蓋足踏馬鐙淺，則易轉運，撥鐙二字，誠爲妙譬，蓋崔杜之舊軌，鍾王之正傳也。」（註三十七）

唐懷素云：「撥鐙法如人並乘，鐙不相犯。」（註三十八）

宋陳思云：「鐙，馬鐙也，蓋以筆管著名指中指尖，令圓活易轉動也。」（註三十九）

元陳繹曾云：「撥者筆管著中指名指尖，圓活易轉動也。鐙即馬鐙，筆管直，則虎口間空圓如馬鐙也。足登馬鐙淺，則易出入，手執筆管淺，即易撥動也。」（註四十）

清段玉裁云：「撥鐙法，執筆之勢彷彿用指尖持物，如挑撥燈心者然。」（註四十一）這是把「鐙」字當作油燈的「燈」字解釋。

清朱履貞書學捷要云：「書有撥鐙法。鐙，古（燈）字，撥鐙者，聚大指、食指、中指撮管，杪若執鐙，挑而撥鐙，即雙鈎法也。」（註四十二）

唐賢狀撥鐙之勢云：「如人並乘，鐙不相犯，蓋善乘者，脚尖踏鐙必內鈎，足大指著鐙，腿筋反紐，是紐並乘而鐙不相犯，此眞工於形式者矣。」（註四十三）

關於上述「撥鐙法」的名詞解釋，實在是有些攪不清楚。有的說「鐙」就是馬鐙子，寫字的執筆和人騎馬時踏馬鐙相似，脚踏在馬鐙上淺些，就容易轉動。手執筆也要淺些，才容易撥動。又有的說，鐙字就是燈字。寫字執筆的方法，就和拿竹簽子去撥油燈上的燈心一樣。所以撥鐙法中推、拖、撚、拽四種方法，就是撥燈心的方法。用筆寫字要和撥燈草一樣。還有的說撥鐙是王羲之所以愛鵝的原因，鵝在水中用蹼掌撥水而進，很像撥鐙。王羲之寫字研究筆法，看了鵝的游水姿勢，因而有所悟。試問？這些種種論調，究竟那一種給人一個清楚的執筆概念呢？其實這些理論，均是歷代書家根據己意對執筆法之經驗，以當時生活情況作比譬，作個人之觀點而論著的。他們所體會出的這些；手指與筆管之間作適當配合要訣，所比譬的事物至今日之生活已有相當之時代距離，例如撥油燈上的燈心來說，恐怕現今年輕的一代，實無法瞭解矣。而其所論，那些是正確的，而那些只是個人之習慣之書寫經驗，而必需要修正的，我們只有經由科學之實證，從生理的、心理的把最適當之書法執筆法，由體念中分析出來，這樣對我國書法研究的發展，是有重要的意義，否則的話；我們仍然只能在文字上繼續猜測和盲目摸索，很難有突破性的開展。

由前面各書家所論執筆方法看，很明顯的都是論的五指執筆之力量與方向，四面八方向著筆管圓柱，所以握管之力量，必須從四面八方來的向心力。方能堅牢穩定。執筆方式雖多，姑勿論其撥鐙之意義如何？但概以撥鐙五字法，或八字法；爲執筆之基礎。此法中之八字「擫、壓、鉤、揭、抵、拒、導、送。」前二字「擫、壓。」是指執筆未運動之時言；後六字「鉤、揭、抵、拒、導、送。」是指筆運轉時往來順逆的方法。其所不同者，謹略有小變動而已，古人將其分爲「指」與「變」兩種方式，「指」者通常之法，即五指法。「變」者乃一時之權宜，依書寫之環境而作適當之調整，茲分述於下。

（一）五指執筆法

五指法又分雙鉤執筆法和單鉤執筆法兩類。

雙鉤執筆法：就是食指與中指用鉤式握管而得名，雙鉤法，書法家又分兩派，一派爲虎口法又稱龍眼法；另外一派爲鳳眼法又稱鵝頭法，更有人又將鳳眼、鵝頭分爲二法，這些法式，皆係撥鐙法之演變，唯大指屈直稍有些不同而已；若大指彎曲，指節外突，與食指圍成圓形，如虎之口（或龍之眼），謂之虎口法或龍眼法，若大指梢直，與食指圍成圓形橢圓，如鳳之眼謂之鳳眼法，又因食指高峰狀如鵝頭，故名鵝頭法。古人傳授筆法，並沒有把此二派分得十分明確，且言詞神妙，往往把名詞、要領、手指法混做一起去解釋，以致弄不清楚。今按（圖二）說明，便可一目了然。書者無論採用何種方法。初學時當然是感不習慣；只要勤加練習，持之以恆，習慣成自然，不可稍因不便，而隨時改變方式，否則是不會成功的。

單鉤執筆法：就是以大指、食指、中指三指執管，無名指與小指附於中指的下面，其執法為食指鈎曲握管，中指拒於管下，托負筆管，大指如雙鈎法撐於食指第一節紋處；此法只有三指執管，運力較弱，且筆鋒不易出現中鋒用筆，不宜用於毛筆，最適用於硬筆書寫，如鋼筆和鉛字筆的執管。

（二）變法

執筆的變法，為了適應特殊書寫之環境，如書壁，摩崖、或於地上書寫，或棹面過高和過低等，正常的執筆法受其拘限，而無法按規書寫時，遂略變更方式，但仍不失原有之執筆要領。約有下列四種：所謂撮管、擨管、捻管、握管。茲錄書法正傳所載分別如下：（圖三）

撮管：「以撥鐙指法撮管頭，大字草書宜用。書壁尤宜。」此法實與撥鐙法無異，用手指抓在筆管上端，寫大字、草字可以用，在牆壁上寫字更為適宜。

擨管：「以大指小指倒垂執管，擨三指攢之，就地書大幅屏障。」此法以大指、食指、中指、無名指，小指倒垂抓筆管集中五指（應是五指）抓它，鋪紙在地上書寫大幅屏障最好。

捻管：「以大指與中三指，捻管頭書之，側立案左，書長幅釣字。」此法以大指與中指三指合力，捻住管頭書寫長幅釣字時，須側立書棹左旁。不能正面而作，且捻住筆頭，筆與幅適平行，又能揮灑自如也。

握管：「以四指中指節握管，沉著有力，書誥敕、榜疏。」此法以食指、中指、名指和小指的中節用力握住筆管，大指復加其上，就像握拳頭一樣，這樣就沉著有力，以書寫誥敕、榜疏等大幅大字都適合。

五、論腕之姿勢

關於以手指執筆之方式，前面已談論過，現在再談用腕之姿勢，書法中所稱之「腕」有兩種說法，一種是狹義的解釋，是指手掌與肱相連的關節地方叫「腕」，即我們所稱的「手腕」是也。另一種說法，是廣義的解釋，是指由手掌至肩的整體而言，包含全胳膊的臂、腕、肘、肱各部分；如臂力、肘力、腕力等等，均屬於腕法的範圍中。而腕法有三種，一枕腕，二提腕，三懸腕。茲分述於下：（如圖四）

（一）枕腕

陳繹曾翰林要訣云：「枕腕以書小字，以左手枕右手腕而書之。（註四十四）即寫字時將左手覆在桌面上，右手腕擱在左手背上書寫，叫枕腕。或以右手腕部，平置於桌面上來書寫，亦可稱為枕腕。（此處所稱的「腕」係指手腕部而言。）這兩種枕腕之方法；前者較後者為優。不過枕腕無論取那種方法作書，因爲運筆靈活度有限，所以只能一寸以內之小楷，且所書之字，亦無道逸之趣，枕腕爲初學者所慣用，這樣書寫至一段時期，抽去左手，右手也漸穩定，要不多久就可以練習懸腕書寫。

（二）提腕

陳繹曾翰林要訣云：「提腕以寫中字，提腕、肘著案而虛提手腕而書之。」（註同前）即是將右手腕部提起，不著桌面，更不用左手墊腕。惟右手肘骨放桌面上，肘骨爲支點，固定不動，而腕部懸在空中，在有限的範圍內，而任意書寫。此法較枕腕爲優，比懸腕之活動性較差，因提腕作書，肘骨固定，腕部移動範圍，仍然受到牽制。故只能作中字與小字，不能書寫較大之字。

（三）懸腕

陳繹曾翰林要訣云：「懸腕以書大字，懸腕，懸著空中而書之，最有力。」（註同前）此處之腕即廣義之腕，不但要懸腕，還要懸肱，懸肘，懸肩，即是整隻手，離開桌面而虛空懸著，全身氣力運於手臂，傳之於肘間，運之於筆尖，書寫於紙上而成字，這種方法，是書寫中字以上的大字用的，懸腕之要點，在腕骨和肘骨在一根直線上，古人所指腕平即指此意。又沈尹默書法論云：「前人把懸肘懸腕分開來講，主張小字只須懸腕，大字才用懸肘。其實，肘不懸起，就等於不曾懸腕，因爲肘擱在案上，腕即是懸著，也不能隨己左右地靈活應用，這是顯而易見的事情。」

學習書法的人首先要知道，一般論執筆是不論提腕，枕腕；而只論懸腕，因執筆法何者始爲正確，倘有爭論，而主張懸腕之說，則任何書家之論調，幾乎是一致的。學習書法的人，首先須要練習的就是懸腕，懸腕練習好了，枕腕、提腕，自然便會，是不需要學習就會的，能夠執筆，就能懸腕，便解決了書法上的基本問題。

圖一　撥鐙五字執筆法之三面觀圖

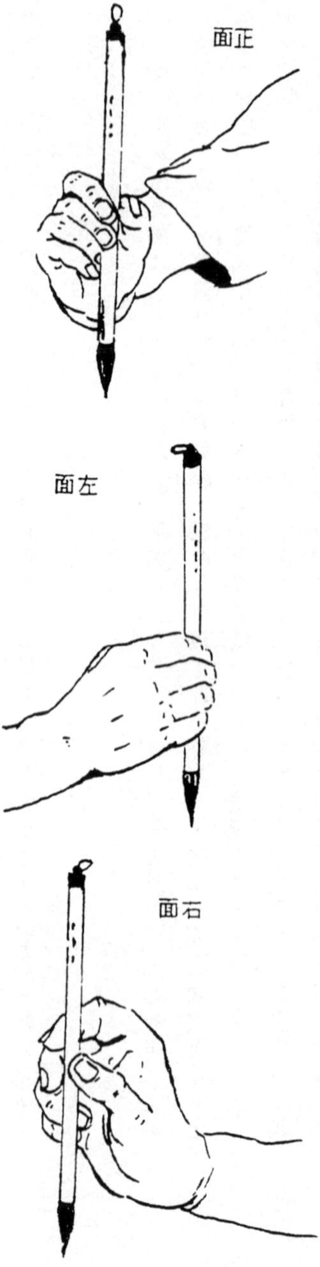

圖二　雙鉤執筆法圖

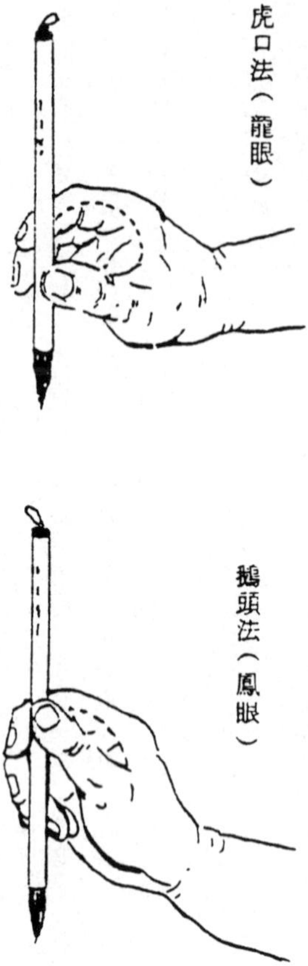

圖三　執筆變法圖

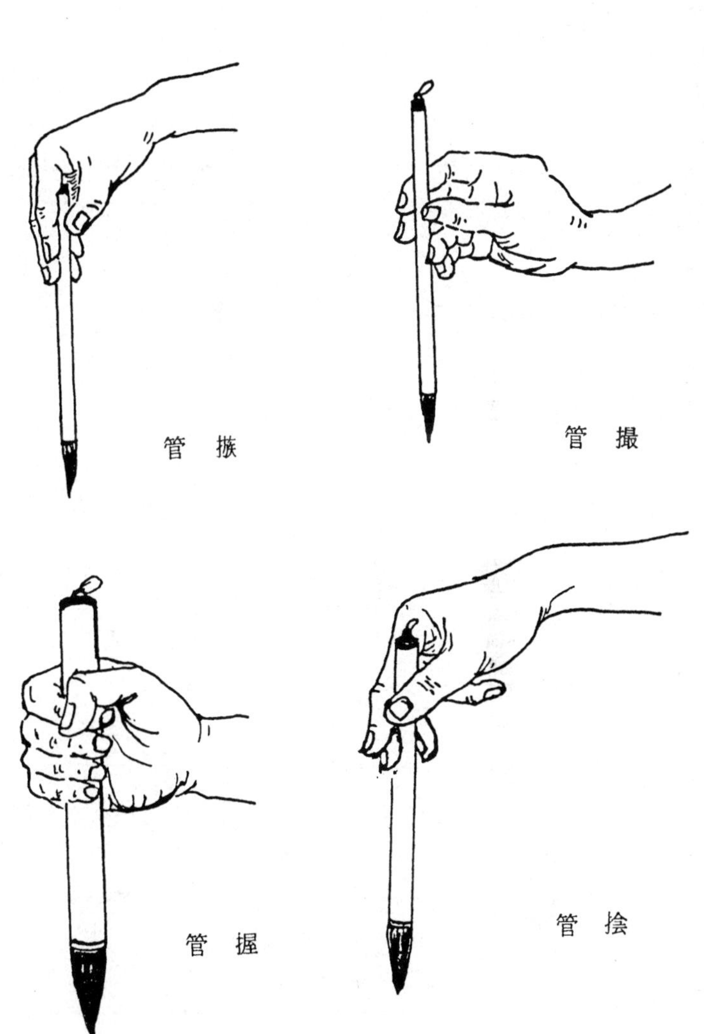

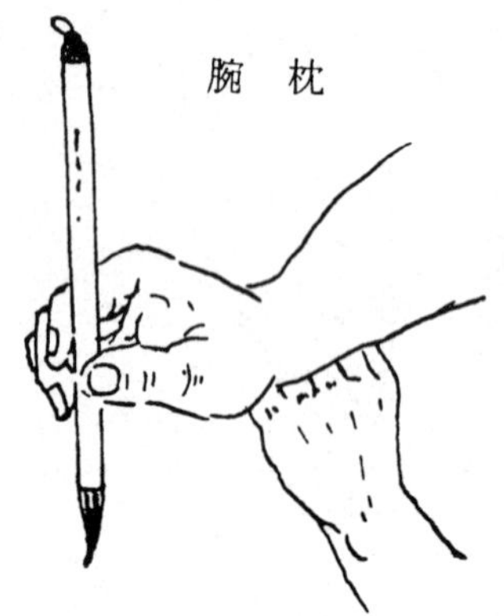

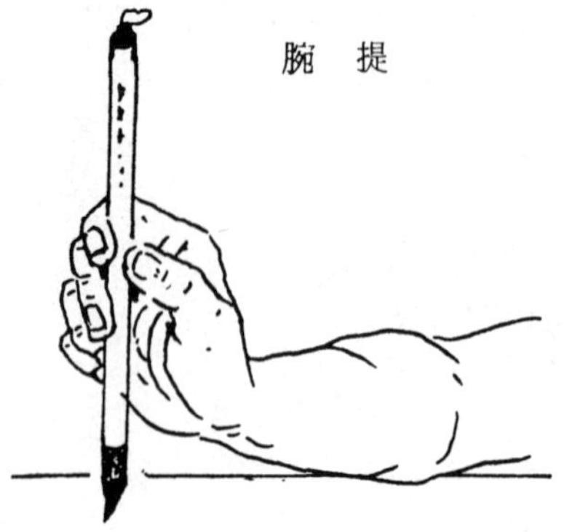

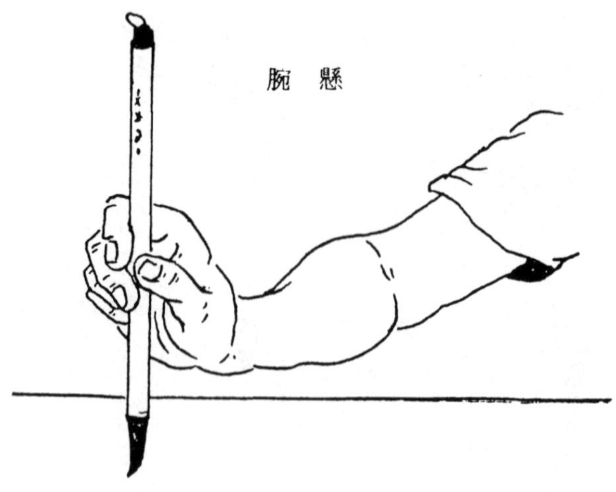

圖四　腕之姿勢圖

【附註】

註一：見馮武編書法正傳上冊八一頁，臺灣商務印書館，民國四十五年四月台初版。
註二：見歷代書法論文選上冊二○七頁，華正書局，民國七十三年九月初版。
註三：同註一書法正傳上冊一一三頁。
註四：見沈尹默，談中國書法一○五頁，莊嚴出版社，民國七十二年一月初版。
註五：見卞永譽輯式古堂書畫彙考第一冊一○四頁，正中書局，民國四十七年四月台初版。
註六：同註一書法正傳上冊八十頁。
註七：同註一書法正傳上冊八十六 頁。
註八：同前書法正傳八十一頁。
註九：同註二歷代書法論文選上冊一○一頁。
註十：同前一九五頁。
註十一：見明人書學論著春雨雜述第三頁，楊家駱主編，中國學術名著第五輯，藝術叢編第一集，第三冊，世界書局，民國五十一年十一月台初版。
註十二：同註二歷代書法論文選下冊五二七頁。
註十三：見書學格言疏證一九頁，祝嘉著，木鐸出版社，民國七十一年十一月台二版。
註十四：見廣藝舟雙楫卷五第八一頁，商務印書館，民國四十五年四月台初版。
註十五：見趙英山書法新義一九頁，商務印書館，民國七十二年十二月台初版。
註十六：同註十四廣藝舟雙楫卷五第八○頁。
註十七：同註一書法正傳上冊八十八頁。

註十　八：同註五式古堂書畫彙考第一冊一五二頁。

註十　九：見墨藪二十一篇唐韋續編虞世南筆隨論第十三。三十七頁，藝術叢書第一集第一冊，唐人書學論著，世界書局，民國五十一年十一月台初版。

註二　十：同註一書法正傳上冊九十三頁。

註二十一：同前註九十七頁。

註二十二：同前註九十八頁。

註二十三：同前註九十九頁。

註二十四：同前註九十九頁。

註二十五：見歷代書法論文選上冊二六二頁，華正書局，民國七十三年九月初版。

註二十六：同前註上冊二六五頁。

註二十七：同註一三書學格言疏證一一頁。

註二十八：同註二歷代書法論文選下冊四七一頁。

註二十九：同前註五二七頁。

註三　十：同註十三書學格言疏證一八頁。

註三十一：藝術叢編第一集，第四冊清人書學論著四三字學憶參一卷三頁，世界書局，民國五十一年十一月台初版。

註三十二：藝舟雙楫第四頁，台灣商務印書館，民國四十五年四月台初版，附於廣藝舟雙楫之後。

註三十三：同註十四廣藝舟雙楫卷五第八〇頁。

註三十四：同註十三書學格言疏證第七頁陳繹曾翰林要訣。

註三十五：同註一書法正傳李後主書述一〇七頁。

註三十六：現代書法論文選沈尹默書法論一六頁。

註三十七：同註十四廣藝舟雙楫卷五第八〇頁。

註三十八：漢谿書法通解校證三四頁，木鐸出版社，民國七十六年四月初版。

註三十九：同前

註四　十：同註三十四書學格言疏證第七頁陳繹曾翰林要訣。

註四十一：同註十五書法新義第三十四頁，及說文解字註鐙字

註四十二：同註二歷代書法論文選五五九頁。

註四十三：同註三十二藝舟雙楫四頁述書中。

註四十四：祝嘉書學格言疏八頁，木鐸出版社，民國七十一年十一月二版。

第二章　運筆之研究

前面談論執筆之方法各有差異，在運用起來當然也就會產生區別，古人對於指運、腕運與肘運之問題，歷代均有詳細的論著，茲分別敘述於下：

一、執筆指運法

包世臣藝舟雙楫云：「諸城（即劉墉）作者無論大小其筆如舞滾龍。左右盤闢，管隨指轉，轉之甚者，管或墜地。」（註一）

康有爲廣藝舟雙楫云：「以指運之說，惟唐人（翰林密論）乃有之，其法曰：作點向左以中指斜頓，向右以大指齊頓，作橫畫皆用大指遣之，作策法，仰指抬筆上，作勒法，用中指鉤筆澀進，覆畫以中指頓筆，然後以大指遣至盡處。自爾之後，指運之說大盛。」（註二）

二、提腕運筆法

朱履貞書學捷要云：（註三）米元章授陳伯修父子提筆之法曰：「以腕著紙，則筆端有指力，無臂力也。」又曰：「提筆可作小楷乎？」元章笑顧小史，索紙書其所作『進黼扆贊表，』筆畫端謹，字如蠅頭，而位置規模一如大字。伯修父子嘆服，因請其法。元章曰：「此無他，但自今以後，每作字時，無一字不提筆，久久當自熟矣。（註三）」故撥鐙懸臂之法，造詣無窮，古之能書者，無不皆然也。

姜夔續書譜云：「大要執之欲緊，運之欲活。不可以指運筆，當以腕運筆。執之在手，手不主運，運之在腕，腕不主執。」（註四）

姚孟起字學憶參云：「死指活腕，書家無等之咒也，指死則筆直，腕活則字靈。蠅頭楷，用大筆提空寫，勢乃開展。」（註五）

鄭杓衍極云：「寸以內法在指掌，寸以外法兼肘腕。掌指法之常也。肘腕法之變也。」（註六）

三、提肘之運筆法

包世臣藝舟雙楫云：「余既心儀道麗旨，知點畫細如絲髮，皆須全身力到，始歎此十年，學成提肘，不爲虛費也。」又云：「錢魯斯執筆，指腕皆不動，以肘來去。」（註七）

魏錫曾書學緒聞云：「今篆隸兼習，以順其性，提肘迴腕，以樹其體，羊毫濃墨，以振其力，使起筆不得不逆，住筆不得不到。」（註八）

康有爲廣藝舟雙楫云：「蓋常人執筆，腕斜欹案上，大指向上，筆管必斜右，毫尖必向左，落筆既順，畫則毫尖向上，豎則毫尖向左，其鋒全在邊線，故未能萬毫齊力。若腕能平，則手眼幾欲切案，則無論如何執法，管自向左，但鋒仍自外耳。惟以中指直擫之，則鋒自向內。又有大指橫撐直出拒之，食指亦橫出作橢圓形，以指尖推筆，故管自向左，鋒自迤後向左，名指控禁之，則鋒自定。筆在四指之尖，轉動空活，故類撥鐙。王待中『書訣』所謂中控前衝，拇左食右，各禁後從。」皆悉暗合。侍中用（衡）、（禁）二字尤精，蓋不用大指、食指尖推筆，則不得爲（衡），名指在外禁定其筆，只能謂之（禁），不能謂之（拒）也。然吾之暗合古法，亦不出（腕平欲置杯水而不傾，大指橫撐而出）二語而已。黃小仲云：『食指須高，如鵝頭昂曲。』欲其如是，大指橫撐出拒筆，食指自有是勢。故苟能腕平指橫，則王侍中石本之訣，少仲不傳之秘，仲瞿神授之說，慎伯累牘之言，皆已備有無遺，富哉言乎！故學貴有本，小藝亦其理也。」（註九）

四、懸臂運筆法

豐坊書訣云：「指實臂懸，筆有全力，擫衄頓挫，書必如木，則如印印泥：言方圓深厚而不輕浮也。點必隱鋒，波必三折，肘下生風，起止無跡，則如錐畫沙：言勁利峻拔而不凝滯也。水墨得所，血潤骨堅，泯規矩於方圓，遁鉤繩於曲直，則如折釵股：言嚴重渾厚而不必蛇蚓之態也。」（註十）

蔣寶齡墨林今話云：「抱翁書法，胎息河南，出入晉、宋，能懸臂寫蠅頭楷書。」（註十一）

蔣驥續書法論：「作書用全力，筆畫如刻。」又云：「作小楷能懸腕，已非下乘，惟能懸臂，則神氣益靜，非端坐不能爲此，此所以更高於懸腕一籌。」（註十二）

何紹基自述云：「窮日夜之力，懸臂臨摹，要使腰股之力，悉到指尖，務得生氣。每著意作數字，氣力爲疲苶，自謂得不傳之秘。」（註十三）

何紹基跋張黑女碑云：「每一臨寫，必迴腕高懸，通身力到，方能成字，約不及半，汗浹濡

矣。」（註十四）

程瑤田書勢云：「書成於筆，筆運於指，指運於腕，腕運於肘，肘運於肩。」（註十五）

以上所說，是有關前人論提腕、提肘、懸臂之理論。這些書寫方法，均係當時書法家個人的實踐與體驗中而得之心得，一般說來，提腕之目的是在使筆的運行幅度增大，和動作之靈活運用，以達到書寫之要求。但在提腕運筆之情況下。書者肘部之移動一般是不離桌面，而是隨著動作之需要，由肘部摩擦桌面或紙面來運作書寫。我們明白，執是手指的職責，運是手腕的職責，兩者必需很巧地相互配合起來，才能完成運筆之任務，提腕運筆時，其手指執筆和運指活動有兩種方式。其一是提腕運筆而手指只作執筆的責任，而不司其運筆活動。其二就是在提腕運筆而手指除了執筆之外，還司其運筆之活動，也就是說手，指的動作同時展開，以掌握筆的動態和變化，即是手指及手腕同時活動，前者即姚孟起所云之「死指活腕」和姜夔的「不可以指運筆，當以腕運筆。」後者即書家米芾，陳繹曾和鄭杓所强調之提腕運筆法，可謂「活指活腕」法。除了這兩種運筆法之外，由指、腕而再增大其手臂運動之幅度，即所謂提肘運筆法。提腕運筆法時書者之肘部是擱在紙面或桌面，腕即使懸著，也不能隨己左右地靈活運用，這是顯而易見的之事情。提肘法是書者肘部稍微提離桌面，使得書寫動作由手、指、腕、及肘各部分來配合運用。以完成運筆書寫之必要條件。此外指、手、腕的運用也會因人而異，有不同的看法和體念。姚孟起說的「提空寫」是主張手和指不動的，而由腕和肘運力來書寫。其中肘的移動性，似乎大於腕的動作。但因談及「提空寫」所指不明，當其在書寫之時，腕和肘是否活用，不得而知，但姚氏所言係指「提肘」運筆，是可以肯定的。包世臣所提及的錢魯斯執筆和運筆法，就非常明確；手、指、和腕是不動的。又魏錫曾所云「提肘迴腕」的「腕」也是不動的；也就是所謂的「死指」或「死腕」，其對筆之作用只是執其穩定性，而不涉及筆管的轉動，這是移動與筆之運轉，都交由肘部之動作來負責，也就是說筆之移動運轉全包函在肘之活動範圍內；可見肘部在書法運作之任務是非常重要的。這樣書者必須在「提肘」之情形下，方能自由發揮其創作之功能。雖然姚孟起和錢魯斯都主張提肘時。指、手皆不動，而後者更強調腕也不動的運筆原理。但是包世臣和康有爲兩人有關「提肘」運筆之看法，無論是說明自己或引述他人的經驗，都強調說明提肘在書法運筆之重要性；但並未提到「指、手、腕不動」之要求，僅對指、手、腕要負責積極的握筆和運筆的任務。康氏之「腕平指橫」是提肘法之重點，其基本精神是說明指運和腕運在書寫動作時的重要性。

豐坊，蔣寶齡和蔣驥論懸臂運筆法，都以書寫的動作或字蹟之大小作爲影響懸臂之先決條件。但是以陳瑤田之論點最具條理。要達到某一筆畫之要求條件，且在不同之書寫情況下，各個部位所掌握的運筆功能也就各不相同，須針對各種字體而機警應變。至於何紹基之通身力到之說法，前人書寫無不重視，玆錄於後。衛夫人筆陣圖後云：「下筆點畫，芟波，屈曲，皆須盡一身之力而送之。」（註十六）王羲之題衛夫人筆陣圖後云：「屈曲眞草，皆盡一身之力而送之。」王宗炎論書法云：「古人作書，皆以通身精神赴之，故能名家。」（註十七）且無論作何動作，亦皆使出全副精神或力氣，而付出之氣力；必須是輕鬆自然之巧力，如何產生巧力，也就是要在正確之姿勢下自然運力，方能得到良好之成果。而何紹基的「懸臂迴腕」運筆法，他的迴腕指的只是腕部的固定姿勢，在書寫動作中其腕是不動的，而是依賴臂的動態而運行，如這樣書寫，必依賴腰身推動肩部和臂部來書寫，而一字之轉折處，想要書寫出理想之筆畫，筆之中鋒，那就十分的耗費體力了，難怪會使他汗流夾背，實際上我們書寫時遇到轉折處，可運指將筆由側鋒轉向中鋒進行，這樣就輕而易舉；達到我們中鋒運筆之效果。而寫出所要理想之書法。

前面討論了不少古人執筆不傳之秘，和運筆之方法，現將其要點歸納於下：

(一)執筆無論如何都可以，以個人肢體形態而自覺舒適爲宜，但握筆要鬆緊適宜而牢穩。

(二)最好是雙鉤執筆法，指實、掌虛、懸腕、懸肘。

(三)運指、運腕、運肘、運肩、運腰、視所書字體大小而靈活運用。

(四)座位高低適當，座椅須正對桌面，不宜偏斜，座椅高度，約與膝同，坐時姿勢要正，兩脚要平開，用力著地，背要挺直，胸膛也要稍挺向前，桌面高度，則以兩手前能夠自然平放爲宜。高低因人而異。否則以執筆的變化來牽就其坐位，達到舒適自然書寫之條件，站立書寫亦然。

(五)貫注精神，放鬆心情，自然書寫。

【附　註】

註一：藝舟雙楫第五十一頁，台灣商務印書館，民國四十五年，四月台初版，附於廣藝舟雙楫之後。

註二：廣藝舟雙楫第八〇頁，台灣商務印書館，民國四十五年四月初版。

註三：歷史書法論文選下冊第五六〇頁，華正書局，民國七十三年九月初版。

註四：歷代書法論文選上冊第三五九頁，華正書局，民國七十三年九月初版。

註五：藝術叢編第一集，第四冊清人書學論著四三字學憶參一卷三、四頁，世界書局，民國五十一年十一月台初版。

註六：藝術叢編第一集，第二冊宋元人書學論著衍極卷五，三四六頁，世界書局，民國五十一年十一月台初版。

註 七：同註一藝舟雙楫第一頁及五五頁。

註 八：同註五清人書學論著書學緒聞一卷四頁。

註 九：同註二廣藝舟雙楫卷五第八一頁。

註 十：同註三歷代書法論文選下冊四七一頁。

註十一：蔣寶齡墨林今話，映雪草廬印本。

註十二：藝術叢編第一集，第四冊清人書學論著第五三頁、六〇頁。世界書局，民國五十一年十一月台初版。

註十三：何紹基自述。

註十四：見容天圻藝人與藝事一五一頁，何紹基的書法，台灣商務印書館，民國五十七年十二月初版。

註十五：同註十二，清人書學論著，書勢第三頁。

註十六：藝術叢編第一集第一冊，唐人書學論著、法書要錄卷一晉衛夫人筆陣圖三頁，世界書局，民國五十一年十一月台初版。

註十七：同註十二，清人書學論著，論書法第三頁。

第三章　筆法之研究

前面數節所討論的是執筆的方法，所談論的是握筆的技術和指腕掌肘臂肩之運動姿式，再進一步討論的便是筆法。何謂筆法，古人稱謂亦多，但都包涵執筆在內。曰：「運筆」；曰：「用鋒」；曰：「行筆」；曰：「運行」；曰：「筆法」；曰：「綴法」；等等名稱，名稱雖異，函意大略相同。蓋運筆是說如何運用一支毛筆。用鋒是指如何運用毛筆之筆鋒，行筆是指筆毫在紙上行動的疾徐緩急竣澀的意思。運行是說如何運用筆毫凝散收斂。並包括行筆之意在內。筆法是指從執筆到運筆，結合起來，寫出筆畫的總名稱。而綴法除涵筆法之意外，並包涵結字之意；涵意更爲廣泛，這些名詞不能按字眼去詳加解釋，我們可視爲同一事件，簡單的說，就是手執穩毛筆，如何寫出生動自然的筆畫來。劉熙載藝概云：「書重用筆，用之存乎其人，故善書者用筆，不善書者爲筆所用。」（註一）

用筆一詞，包括「執筆和運筆，兩個內容。」執筆之法甚多，運筆亦然，結合起來就千變萬化，產生出各種不同風格之筆畫與書法，也就是我們所要討論的事。若執筆方式既定，落筆如何作各種點畫，其變化也有多端，如起筆與住筆（落筆與收筆）。方筆與圓筆之分類，各種用鋒之方式，提按輕重與行筆疾澀等等。宋曹書法約言云：「凡運筆有起止，有緩急，有映帶，有回環，有輕重，有轉折，有虛實，有偏正，有藏鋒，有露鋒。」（註二）這些說明用筆變化雖多，但亦有法度可尋，謹歸納前人所述，分別研討於后：

一、起筆與收筆

筆法在求點化之工妙，書法中之點畫不是描繪出來的線條，而是毛筆作一次運行，不得重複填描，寫出來的。其所產生之點畫或稱筆法，乃是構成某些形式風格之書法基本要件，將這些要件組織起來，便構成文字及書法。而點畫之工妙決定於起筆與住（收）筆，即筆畫之兩端起止。姜夔續書譜云：「橫直畫者，字之骨體，欲其堅正勻淨，有起有止。」又云：「下筆之初，有搭鋒者，有折鋒者，一字之體，定於初下筆時。」（註三）包世臣藝舟雙楫云：「用筆之法，見於畫之兩端。」（註四）此皆說明其筆畫起止之重要，而筆畫起止如何，一點一畫，皆逐部由提按頓挫而成。故每一種筆畫均各有其起筆與住筆之方法。由於方式不同，便產生各種不同風貌之筆畫。進而構成不同風格之書法。

當代書法家王狀爲書法中之筆法源流載：「我從研究書法而將筆法提出來研究，更從諸多筆法中找出原始的基本筆法——尖筆、圓筆、方筆三種。更認知筆法的重要關鍵在於筆畫的兩端——起筆與住筆。筆畫所表現出來的體態性格，都由這兩端的筆法產生，而中間筆畫進行的部分則作用不大。如尖筆的銳利，圓筆的含蘊，方筆的險峻，都是由起筆住筆之尖、圓、方所造成。其在於長大的主要筆畫，作用尤其顯著。尖筆的兩端是最早自然出現的。圓筆則由「迴鋒」而來（以橫筆爲例，由前一筆的末端停住續寫下一筆的起端時，筆鋒落紙乃自右方而來再轉回左方，或自上而下道理亦然。）再進一步，將筆鋒自右方向左在筆畫的中間落紙再折反右方，則起筆一端現出圓頭。住筆時亦然，只是反方向而已，這是所謂「藏鋒」。其筆鋒起止乃是藏在筆畫之內，表面上是看不到的。方筆起筆寫法是直畫筆鋒橫下，住筆筆鋒急頓迅速離紙。橫畫起筆筆鋒直下向右進行，住時筆鋒微向右下或微向右上迅速離紙。此即所謂磔法。這都是就楷眞書主要筆畫而言。事實上楷眞書除了方圓筆畫以外，還有不少尖筆，如撇、捺、鈎、挑、大直畫下端出鋒（所謂懸針）等，所佔的比重也很大。這些楷書中的尖筆都是草書中殘留下來的筆法。還有，就是起端尖筆也有若干大家用在楷書之中，這應當是來自南方的所謂啓牘書體。雖然不是直入的尖筆，其稍斜的尖入起筆，也成爲筆法中的主要一格。於此應該特別注意的是，自從草書，磔法被書家看重，筆畫獨立的章草變爲筆畫連屬的今草（唐人之名），進而將草筆與隸書獨立的筆畫混合穿揷起來成爲楷眞書體之後，這時尖筆、圓筆，甚至分兩不重的方筆，老早就混合使用，任憑書家的自由支配。變化莫測，各有特長。不過大致而言，尖筆圓筆應用的較多，方筆的分量較少。這可以從隋唐政治上出現統一以後，各大家的書法中看得出來。下及宋元明清，這種形勢一直延續，沒有什麼特殊的大改變。可以說都是三種基本筆法的綜合運用，其中只有若干的偏重而已。」（註五）此段中所言基本筆法，尖筆、圓筆、方筆，是指筆畫兩端之形狀，皆由逆筆回鋒，藏鋒而成，但有些末端之尖筆，如撇、捺、鈎、挑，大直之下端出鋒等。均是由中鋒運筆而成。

關於起止筆必求方圓分明、完美潔淨。再舉前人論書來加以說明如後：

包世臣藝舟雙楫云：「起筆處，順入者無缺鋒，逆入者無漲墨。」又云：「凡下筆須使筆毫平輔紙上，另四面圓足。」（註六）

清周星蓮臨池管見云：「凡字落筆，皆從起點，點定則四面皆圓，筆有主宰，不致偏枯草率。」（註七）

清馮武書法正傳云：「夫作字之要，下筆須沉著，雖一點一畫之間皆須三過其筆方爲書法。」（註八）

清張廷相玉燕樓書法六則云：「善書者，一點一畫有三轉，一波一拂有三折，一撇一竪有三

體。」（註九）

姜夔續書譜云：「無垂不縮，無往不收」。（註十）

前所謂無缺鋒，即言筆畫前端形狀完美之意，無漲墨，則言筆畫無滲出之墨渣而潔淨勻整，至於起筆順入成方，逆入則成圓，即起筆處用逆鋒先頓，使成點後將筆鋒微提，則筆鋒自然散開平舖紙面上。毫鋒平舖，則萬毫齊力，一頓一提，方圓之形自然容易表現。再所謂三過其筆、三折、三轉、三體。皆指筆畫起止之方法，其意是相同的，謹各家說詞不同而已。意即每一筆畫，均有三個程序，若作一橫畫時，筆原本是右行的，但須向左一折，然後向右爲二折，收筆回向左行爲三折。所謂無垂不縮乃指直畫之收筆法，無往不收，則指橫向之筆畫，皆指收筆之要領。即或末端成尖筆形狀，如撇、捺、鈎、挑、直畫之下端出鋒，又稱懸針，亦須筆鋒送到後速提筆於空中作收勢。也就是說往下之意動力量中都含有縮回的力量，去的力量中都含有回復之力量。

綜合前面所論，意思都是一致的，無論點、橫、撇、捺、鈎、挑、直畫等任何筆畫，都得有去有回，不可只去不回，換句話說，就是任何筆畫，都要「逆筆回鋒」。何謂「逆筆」？（如圖五）即言起筆時筆鋒逆入，即前所謂三過其筆、三轉、三折之謂也。茲再敘述於下。比如橫畫本自左向右，起筆時先逆筆向左，到筆畫端點，往下輕按，再向右行去；直畫本自上向下，寫時先逆筆向上，到起筆頂點，向右下方輕按再向下行去。何謂「回鋒」？（如圖六）即住筆時筆鋒回進而止。其他點畫亦然，均強調兩端之用筆，起筆以「藏鋒」「逆筆回鋒」爲原則，其方、圓、尖之形狀，則自然運筆而形成矣。收筆則以「無往不收，無垂不縮」爲原則。

逆筆

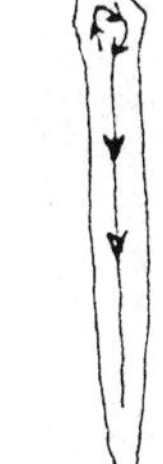
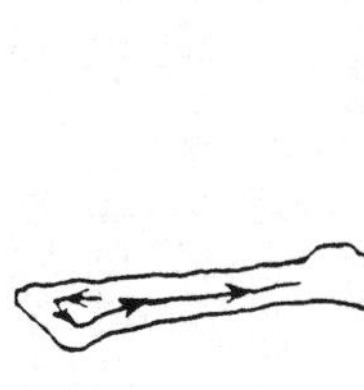

圖五 逆筆圖

回鋒

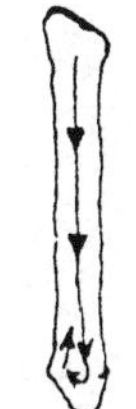

圖六 回鋒圖

二、方筆與圓筆

書法中的方筆與圓筆，究竟如何，在歷代論著中，含義甚廣，康有爲廣藝舟雙楫綴法篇云：「書法之妙，全在運筆。該舉其要，盡於方圓。操縱極熟，自有巧妙，方用頓筆，圓用提筆。提筆中含，頓筆外拓，中含者渾勁，外拓者雄强，中含者篆法也，外拓者隸之法也。提筆婉而通，頓筆精而密，圓筆蕭散超逸，方筆者凝整沉著。提則筋勁，頓則血融，圓則用軸，方則用挈。圓筆使轉用提，而以頓挫出之。方筆使轉用頓，而以提挈出之。圓筆用絞，方筆用翻，圓筆不絞則痿，方筆不翻則滯。圓筆出以險，則得勁。方筆出以頗，則得駿。提筆如游絲裊空，頓筆如獅狻蹲地。妙處在方圓並用，不方不圓，亦方亦圓，或體方而用圓，或用方而體圓，或筆方而章法圓。」（註十一）康氏此段對書法方圓之論雖說得十分詳細，大致說來似乎含有四種意義在內，（一）筆畫兩端起止之方圓形狀。（二）筆畫本身之方圓線條形象。（三）筆畫轉折之形象。（四）字體形狀之方圓，茲分別研討於下：

（一）筆畫兩端起止之方圓形狀問題，在前節已敘述甚詳不再重述。

（二）筆畫本身方圓線條形象問題。康氏在上段中云：「方用頓筆，圓用提筆，提筆中含，頓筆外拓。中含者渾勁，外拓者雄強，中含者篆法也，外拓者隸之法也。」劉有定釋衍極並註云：「古文、籀、隸，同源而殊流。篆直、分側，」又云：「則直筆圓，側筆方。」（註十二）此皆言篆書與隸書之筆畫所不同之處，　也就是說筆直且提起，其筆畫就圓。筆側頓挫，其筆畫就方。詳細的說，就是使筆直立，筆之尖鋒在正中，所行之筆畫，中央之墨跡較多，在日光中映視之中間有一更濃的一絲痕跡，筆畫兩側因係由筆之腹部所寫出，其墨跡較淡，整體看來，像圓柱，但其中央有一細軸，也就是古人所云：「綿裡裹針」就是這樣的筆畫，筆尖在中央而兩側由筆肚（腹）所寫之筆畫，換句話說就是筆鋒埋藏在筆畫之中央。（如圖七）也就是所說的篆書筆劃。筆側頓挫使筆鋒全毫平舖像刷子一樣，所寫出之筆畫全由筆鋒所寫出之筆劃，映視之就會看見線的兩沿似乎較黑，中間平，有方感，所以叫方筆，（如圖七）也叫隸書筆劃，古人所云「萬鋒齊力」就是這樣之筆劃。由於實際上筆畫方圓不同，並不是用筆不同，用筆之法總歸不外提按，所謂藏鋒近乎圓筆，多由於提，多有渾融飄逸之趣；所謂出鋒，近乎方筆，多由於按，多有駿利沉著之趣。

（三）筆劃轉折之形象問題。康氏所云：「圓筆使轉用提，而以頓挫出之。方筆使轉用頓，而以提挈出之，圓筆用絞方筆用翻。」（註十三）姜夔續書譜云：「轉折者，方圓之法，眞多用折，草多用轉，折欲少駐，駐則有力，轉欲不滯，滯則不遵，然而眞以轉而後通，草以折而後勁，不可不知也。」（註十四）包世臣藝舟雙楫云：「字有方圓，本自分篆，方者用翻，圓者用絞。」又云：「字有骨肉筋血，以氣充之，精神乃出，不按則血不融，不提則筋不勁，不平則內不勻，不頓則骨不駿，圓則按提，出以平頓，是爲絞轉，方則平頓，出以按提，是爲翻轉。知絞翻則墨不自枯，而毫自不裹矣；此使轉之眞詮，古人之秘密也。」（註十五）

前面所言之轉、折、頓、提、翻、絞，是說明筆畫行進方向轉變時所運筆之方法，也就是說明中鋒用筆時，不論是方筆或圓筆，在同一方向行進時其筆鋒是順著一定方向運行而不會零亂開叉，故能產生所需之圓筆與方筆，當其方向轉變時，其鋒亦必跟著變換，否則其鋒必亂而分叉，或出現偏鋒之筆畫。因此轉折即成了書法之重要方法問題。這裡所說之方圓問題，除了筆畫起止有方圓和筆畫本身有方圓之外，再就是筆畫的轉折所成轉角的形象問題。以隸書與楷書之折角來看，其折角處是由兩筆畫而合成，其形象是方之轉角。而篆書與草書之轉角處是由一筆而成，其形象是圓角。以其書寫之方法來說，前者之筆畫是在折角處中斷後。將筆鋒翻回中鋒，再從斷處復上另起一筆，其筆鋒仍然是中鋒用筆。故稱眞（隸）用折，方筆用翻。後者之筆畫是在轉角地方，將筆鋒慢慢轉向另一方向（下方）其筆畫是連續不斷的，其筆毫運行時，是順筆毫而迴旋的，且筆鋒乃然是中鋒轉向，故稱絞轉，所以稱草（篆）多用轉。圓筆用絞。張隆延書道微言云：「方筆之使轉爲折——斷而後起……圓筆之使轉爲轉——換而不斷。」（註十六）即是此意。蔣夢麟書法探源以圖示說明轉折法如圖（圖八）。且詩云：「翻轉突折成直角，絞轉毫滾心如旋。」（註十七）此說明方圓之形甚爲明顯。

（四）字體形狀之方圓問題。

王羲之筆勢論視形章云：「視形象體，變貌猶同，逐勢瞻顏，高低有趣。分均點畫，遠近相須；播布研精，調和筆墨，鋒纖往來，疏密相附，鐵點銀鈎，方圓周整」。（註十八）

康氏所云：「妙處在方圓並用，不方不圓，亦方亦圓，或體方而用圓，或用方而體圓，或方而章法圓，神而明之存乎其人矣」。（註十九）

姜夔續書譜云：「方圓者，眞草之體用，眞貴方，草貴圓，方者參之以圓，圓者參之以方，斯爲妙矣。」（註二十）

前面所言，方圓周整。或體方而用圓，或用方而體圓或方而章法圓。方圓者，眞草之體用。此皆係指字之形體而言。故書法文字除了筆畫之方圓外，尚有整體結構上之形體方圓，中國文字，自古代一直沿用至今，也是世界上最古老文字之一，在古籍中稱文字爲「書」。許愼說解字敘有「倉頡之初創書」；和著於竹帛謂之書等，便是稱「書」之證明。因爲中國文字，保有其獨特之風格，而自成一個系統，在字形上大小一律，作四方形，故近代學者習慣上稱之爲「方塊字」；字體結構由繁而趨簡，且每一文字都有它自己的特性，其結構、組織，都像一座小小的建築物。由點、鈎、橫、豎、撇、捺等筆畫和構而成，其大小約一致，不像拼音文字那種長短參差；故寫出來整齊美觀，可作爲一種藝術來表現，同時每個字所佔的地方是一樣大的，可以在方格內任意變化其形狀，或長方，或正方，或扁方，或圓形等，均可依照字體剛柔肥瘦，形式美妙多姿，極富於藝術性，如篆有大篆、小篆，分有分書隸書，行草有行書、章草、今草，楷有各體，細分起，尚不止此，以字畫來說，少則一二畫，多則二三十畫，結構起來，變化多端，字雖方塊，但有方圓大小長短錯綜變化之形。在書法發展上仍然是極有利的，以形體結構部份來論方圓，實與筆畫轉折發生密切之關係，字形方正者，其轉折處必方，字形圓者，其轉折處亦圓轉，此自然之理。唯其筆畫本身方圓，則可未必一致。項穆書法雅言云：「圓爲規以象天，方爲矩以象地。方圓互用，猶陰陽互藏，所以用筆貴圓，字形貴方，既曰矩，又曰之至。是圓乃神圓，不可滯也；方乃通方，不可執也。此由自悟，豈能使知哉？」（註二十一）姜夔續書譜云：「然而方圓曲直，不可顯露，直須涵泳，一出於自然，如草書尤忌橫直分明，橫直多則字有積薪，束葦之狀，而無蕭散之氣，時參出之，斯爲妙矣」。（註二十二）此皆書體，「方中有圓」，「圓中有方」之最好論正。

圓筆（筆鋒在中央兩側由筆肚所書之筆畫）

方筆（筆鋒平舖所書之筆畫）

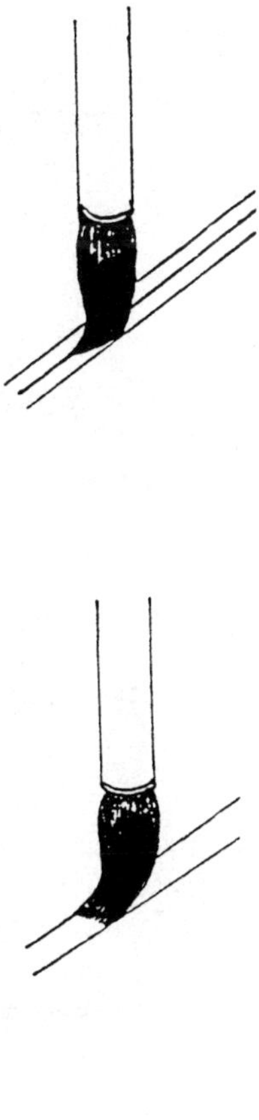

圖七　圓筆與方筆筆畫圖

圖八　蔣氏轉折法圖

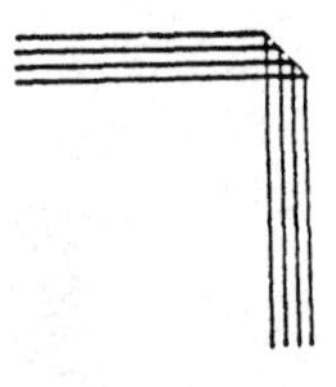

翻轉折法

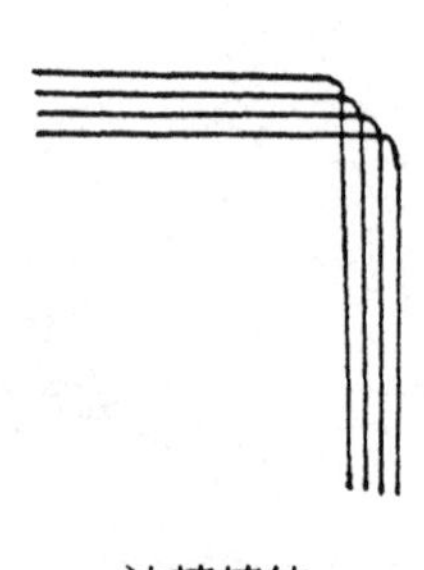

絞轉轉法

三、筆鋒使用方式

書法與寫字不同，寫字之線條筆畫沒有書法那樣講究用鋒之重要，只要結體清楚正確，不論是否有鋒與無鋒，或如羲之所云：「平直相似，狀若算子，上下方整，前後齊平。」也沒有什麼關係，只要能夠認識其字即可，而書法則不然，需要講求用筆之目的，如何使用毛筆筆鋒之特性，使點畫表現健勁有力，活潑生動，雄偉莊嚴，其筆畫是書者情感之所寄；不是用筆在紙上平拖直過描繪的，而是有節奏，有變化的書寫運動，表現出生命力和生活的氣息；這就是用筆之目的，而用鋒是用筆之重要關鍵。何謂用鋒？首先解釋「鋒」之意義，鋒即兵器之端，凡物之銳利尖刃謂鋒，筆鋒就是筆毫的尖銳鋒芒。古人對筆鋒之解釋如后：

姜夔續書譜云：「筆欲鋒長勁而圓，長則含墨，可以取運動，勁則剛而有力，圓則研美。予嘗評世有三物，用不同而理相似；良弓引之則緩來，舍之則急往，世俗謂之揭箭；好刀按之則曲，舍之則勁直如初，世俗謂之回性，筆鋒亦欲如此。」（註二十三）

蔣驥續書法論云：「筆之言鋒皆毫爲之耳，毫少則薄，毫輕則弱，故善書，必重料好毫，使毫盡食墨，按下運行，而毫端聚墨最濃，外注在畫中，乃得中鋒之道，鋒之在畫者，如人之筋骨，鋒之兩旁者，如人之肌理，肌理細膩，筋骨內含，斯中邊俱到。」（註二十四）

按前兩段所言筆鋒之意義，是就筆而言。是說筆毫之好壞，以筆鋒須尖，拿在陽光底下照看，靠近筆尖處有一段比較透明的，就是鋒，所謂長鋒，即透明的一段較長，一般以爲筆毛長的就是長鋒，其實不對，古人論筆之鋒是以「尖、齊、圓、健」爲標準，舊稱「四德」。無論那種筆，均要具備這四個條件，方能謂好筆，所謂「尖」，就是筆毛聚攏時筆鋒要尖銳。所謂「齊」，就是把毛捺扁時看去要整齊。即用手指把筆頭捻開、捺扁，看是不是內外都齊，像篦子的齒一樣沒有參差長短。所謂「圓」，就是寫起來，四面都圓轉如意。必須整個筆頭像初出土的肥筍，圓渾飽滿，沒有凹凸。所謂「健」，是指有彈性，把新筆發開，蘸些水，在姆指的指甲上來回打圈兒，筆鋒要圓轉如意，筆毛不會開叉，而毫無阻滯，圈攏提起，筆尖自然收束，回復尖挺，這就是健。曾以三樣東西作比譬，功用不同而道理是相同的，好的弓拉開時緩緩地向身邊過來，一鬆手就很快的彈了回去，世俗稱它爲「揭箭」。好的刀用手一按就彎曲，一放手就挺直如初，世俗稱它爲「回性」。筆鋒也要求能這樣，如一按撳就彎屈，提起則回復原狀，也就是要有彈性，方能揮灑自如。且毛筆之筆鋒皆由筆毫所構，要有前述四條件之優點，故毫須上好的，要肥厚些，不要瘦兒薄的，這樣筆毫始能含墨，流注於筆畫的中央，才合於中鋒用筆之意。筆鋒在畫的正中，像人的肌肉，肌肉細閏，筋骨在中間，筆力始能中邊均到。

書法家對筆鋒的看法不止這樣，而是說筆鋒在紙上運行時所寫出來的筆畫而言。因此筆鋒最主要之解釋，是應以書寫出來字之筆畫方面而言，凡筆畫成尖角鋒芒處，都稱筆鋒，實際上就是說：筆畫均應由筆毫所行之軌跡而成。書法之筆畫，最好是均由毛筆筆鋒運行所留軌跡而言，也就是書家所稱之中鋒用筆。古人對此義之說法如后：

笪重光書筏云：「橫之住鋒，或收或出；豎之住鋒，或縮或垂；撇之出鋒，或掣或捲；捺之出鋒，或迴或放。」（註二十五）

顏眞卿述張史十二筆意云：「鋒爲未，子知之乎？曰豈非未已成畫，復使鋒健之意乎？曰，然。」（註二十六）

劉熙載藝概云：「每作一畫，必有中心，有外界，中心出於主鋒，外界出於副毫。鋒要始中俱實，毫要上下左右皆齊。」（註二十七）

綜前所述，筆鋒之意有二，一就是指筆毫尖銳之鋒芒；也就是整個毛筆頭全部筆毫之尖端部份。二就是指筆毫著墨後，於紙上書寫之筆畫而言。

古今書家，對筆鋒之運用各有妙悟，謹分析於后：

周星蓮臨池管見云：「書法在用筆，用筆貴用鋒。用鋒之說，吾聞之矣。或曰正鋒，或曰中鋒，或曰藏鋒，或曰扁鋒。知書者有得于心，言之了了，知而不知者，各執一見，亦復言之津津，究竟聚訟紛紜，指歸莫定。所以然者，因前人指示後學，要言不煩，未嘗傾筐倒篋而出之；後人摹仿前賢，一知半解，未能窮追極究而思之也。余嘗辨之，試詳言之；所謂中鋒者，自然要先正其筆。柳公權曰：『心正則筆正』筆正則鋒易於正，中鋒即是正鋒，自不必說，而余則偏有說焉。筆管以竹爲之，本是直而不曲，其性剛，欲使之正，則竟正；筆頭以毫爲之，本是易起易倒，其性柔，欲使之正，卻難保其不偃。倘無法以驅策之，則筆管豎，而筆頭已臥，可謂之中鋒乎？又或極力把持，收其鋒于筆尖之內，貼毫根于紙素之上，如以筯頭畫字一般，是筆則正矣，中矣，然鋒已無矣，尙得謂之中鋒乎？或曰，此藏鋒法也。試問所謂藏鋒者，藏鋒于筆頭之內乎？抑藏鋒于字畫之內乎？必有爽然失，恍然悟者。筆藏鋒畫內之說，人亦知之，知之而謂藏鋒乃是中鋒，中鋒無不藏鋒，則又有未盡然也。蓋藏鋒之法，如匠人鑽物然，下手之始，四面展動，乃可入木三分，既定之後，則鑽己深入，然後持之以正。字法亦然，能中鋒自能藏鋒，如錐畫沙，如印印泥，正謂此也。然筆鋒所到，收處結處，掣筆映帶處，亦正有出鋒者，字鋒出，筆鋒亦出，筆鋒雖出，而仍是筆尖之鋒，則藏鋒出鋒皆謂之中鋒，不得專以藏鋒爲中鋒也。至側鋒之法，則以側勢取其利導，古人間亦有之。若欲筆之正鋒，則有意于正，勢必至無鋒而後止，欲筆筆側鋒，則有意于側，勢必至扁鋒而後止，琴瑟專一，誰能聽之，其理一也。畫家皴石之法，三面皆鋒，須以側鋒爲之，筆鋒出則石鋒乃出，若竟橫臥其筆，則一片模糊，不成其爲石矣。總之作字之法，先使腕靈筆活，凌空取勢，沉著痛快，淋漓酣暢，純任自然，不可思議，能將此筆正用，側用，順用，逆用，重用，輕用，虛用，實用，擒得定，縱得出，遒得緊，拓得開，渾身都是解數，全仗筆尖毫末鋒芒指使，乃爲合拍。鈍根人，膠柱鼓瑟，刻舟求劍，以團筆爲中鋒，以扁筆爲側鋒，猶斤斤曰：『若者中鋒，若者偏鋒，若者是，若者不是。』純是夢囈！故知此事雖藉人功，亦關天分，道中道外自有定數。一藝之細，尙索解人而不得。噫，難矣！」。（註二十八）

周氏所論用筆，於鋒之正鋒、中鋒、側鋒、藏鋒、出鋒、扁鋒等，解說得十分詳盡。然實際上用鋒名目尙不止於此，於前曾敘及的有露鋒、回鋒、塔鋒、折鋒等。未見於前者有，頓鋒、挫鋒、按鋒、提鋒、縮鋒、衄鋒、趯鋒、搶鋒、裹鋒、轉鋒、逆鋒、收鋒、駐鋒、蹲鋒、尖鋒等。謹歸納說明於后：

（一）中鋒：所謂中鋒，亦稱正鋒，自來有各種不同的說法簡而言之，即是能使筆鋒在點畫中暢行之謂。筆鋒在點畫之中央，不偏不倚運行之方式，一是筆毫凝聚成尖鋒而運行出來之筆畫，筆鋒藏於筆畫之中央，此謂之藏鋒，也就是前曾所述。就筆畫而言謂之圓筆。其另一種是筆毫平舖像扁刷一樣，所行駛出來的筆畫，其兩邊筆毫均衡，看來似乎無尖鋒藏於畫之中央，但其筆痕是由筆頭之每一根毫鋒均衡的書寫出來的筆畫，這樣筆畫均由筆鋒所合成，謂之出鋒。亦前曾述之方筆是也。於此看來，藏鋒、出鋒、圓筆、方筆之與中鋒關係可想而知也。

包世臣藝舟雙楫云：「魯斯書名藉甚，嘗語余曰：『古人用兎毫，故書有中線；今用羊毫，其精者乃成雙鈎。吾耽此垂五十年，才十得三四耳。』余言書不能佳，然下筆輒成雙鈎。……銳精仿習一年之後，畫中有線矣，每以熟紙作書，則其墨皆由兩邊漸燥，至中一線細如絲髮，墨光晶瑩異常，紙背狀如針畫。自謂於書道頗盡其秘。」（註二十九）此乃言書之精者，圓筆用提，提筆中含，所以畫中有線；方筆用頓，所以畫旁聚墨成線如界而成雙鈎，不關兎毫、羊毫。而與提頓功夫的深淺有關。

中鋒之道，爲古今書家所趨之正途，其書法之優劣，其關鍵就在能否用中鋒，能用中鋒，所成的書，當然優，不會用中鋒的人，很難寫出理想之書法。

笪重光書筏云：「能運中鋒，雖敗筆亦圓；不會中鋒，即佳穎亦劣。優劣之根，斷在於此。」（註三十）中鋒之於書法重要性可想而知也。

（二）藏鋒：書法之藏鋒有二種意義，第一就是作書運筆，筆毫之鋒芒隱藏匿在點畫起止中，不顯露在外邊，謂之藏鋒。古人對於藏鋒之意思，解說得十分詳細，在前起筆與住筆中亦曾提及，今再列舉如后：

蔣驥書法論云：「藏鋒者，點畫起止，不露芒鍛也。」（註三十一）

蔡邕筆法九勢云：「藏鋒、點畫出入之跡欲左先右，至回右亦爾」。（註三十二）

康有爲廣藝舟雙楫云：「古人作書皆重藏鋒。中郞曰：藏頭護尾。右軍曰：第一須存筋藏鋒，滅跡隱端。又曰：用尖筆須落筆混成，使無毫露，所謂築鋒下筆，皆令完成也。錐畫沙，印印泥，屋漏痕，皆言無起止而藏鋒也。」（註三十三）

藏鋒之法是筆鋒著紙後，橫畫則鋒向左逆入取勢而後相向右運行。如豎畫則鋒向上逆入取勢而後向下運行。「藏鋒入筆」與「回鋒收筆」之作用，其目的是使筆力內斂。

藏鋒另一個意義是將運筆之力量留駐於筆畫間的意思，也就是前述之圓筆、方筆之關係，鋒是藏在筆畫之中。或由筆頭所有之毫鋒平刷而寫出之筆畫。亦稱出鋒之筆畫。梁同書頻羅庵論書云：「藏鋒之說，非筆如鈍錐之謂，自來書家，從無不出縮者，古帖具在，可證也。只是處處留得筆住，不使直走。米老云：無垂不縮，無往不收。二語是書家無等等咒。」（註三十四）

以上藏鋒二種意義，一是以筆畫起止爲著眼點。另一是以筆畫本身爲著眼點。解釋雖有不同，但並不矛盾。只是藏鋒之意包函較廣也。

（三）偏鋒：偏鋒亦稱側鋒。即筆尖運行在點畫之一邊，而另一邊由筆之腹部橫掃而成之筆畫謂之。（如圖九）

偏鋒有時出現在點畫轉折處，或有時出現點畫起止處。書者在一字之點畫內，或一幅字行中，偶而有一二筆偏鋒出現，並不會感覺運筆不統一，反而覺得增加筆趣。可是正統作書仍以中鋒爲主。不可以偏鋒爲尚。而我國書家認爲是字之毛病，不足爲法的。蔣驥續書論云：「晉魏唐宋大家，皆一脈相傳，自成一體者，不免有偏鋒之別，學者知中鋒可不趨向此途，然亦偶有峭拔逸偏正同功者，即事臨池，亦宜深省，嘗觀米老書，落筆飛動，運筆常如跳丸舞器，故靈妙不測，

矯變異常，絕不規矩正格，然至末筆，必收到中鋒。」（註三十五）

用偏鋒在現代書法中常常出現，此即受日本前衛書法之影響，因日人執筆習慣用單鈎（鉛筆、原子筆、鋼筆之執法）。不容易寫出中鋒之故。且其書法與水墨畫之用筆結合，以少數字之筆墨結構變化，與紙面之空白，形成一幅抽象之畫面，有些像我國前代之市儈字、江湖字，如錢莊開銀票之字，或道士之畫符等等，偏鋒用筆雖可增加書體風格之開發領域，但正統書法家乃然強調中鋒，而力避偏鋒，故初學者，宜盡量避免使用偏鋒運筆為妙。

（四）露鋒：藏鋒之相同詞，用筆不注意藏回之法則即會露出筆鋒，用露鋒入筆或出筆，可表現活潑生動姿態優美之筆畫，行草書偶而用之，但往往因鋒芒太露而缺少含蓄。

姜夔續書譜云「用筆不欲多露鋒芒，露則意不持重。」（註三六）

（六）回鋒：即收筆時筆鋒回進，比如橫畫到收筆處，稍向右上，再向右下輕輕一按，向中間回進；直畫到收筆處；向左上輕輕一提，再向中間回進。此即藏鋒住筆之運筆法則之一也。

（七）衂鋒：衂，讀音ㄋㄩ　衄之俗體，語音ㄋㄧㄡ謬，說文「衂，從血　丑聲，縮回之意，筆鋒向下頓挫而縮其鋒，即運筆之回筆也。李陽冰稱之謂「縮筆」直垂露懸針，即衄之餘勢，抽筆成懸針，住筆成垂露。解縉論書法云：「衄之使之凝」。（註三七）陳繹曾翰林要訣云：「衄以圓之」「衄以補缺也」（註三八）即衄筆之功用，使筆鋒不外露，在點畫的起筆與收筆處，使用衄筆。或有時補填氣與墨不足之處，使用衄筆。古人對於回筆與衄筆往往混為一談。回筆即衄筆也。但嚴格看來，應有區分。回鋒是用圓轉法，而衄鋒是用直逆法。回鋒之範圍較廣，凡點畫中的回行之筆，皆曰回鋒。而衄鋒是在起筆與收筆處，為藏鋒，為水墨潤澤，或為補缺等而略行回筆（即衄筆）其範圍較狹，似筆毫一伸即宿回也，故稱直逆法。

（八）收鋒：隸書的橫畫，常用波磔而不大見到收回，曰收鋒。即是用在筆畫之收筆處，例如作橫畫，筆毫由左向右運行至端點，筆毫略作一蹲注之勢，然後順勢將筆毫提起而收之。即隸書橫直畫寫到盡處，要停筆時而出鋒之謂。

（九）折鋒：筆鋒欲左先右，欲右先左，欲上先下，欲下先上，叫折鋒，其運筆方式有二。一為折疊，二為折轉。

折疊：用在點畫起筆處，或收筆處，為使筆鋒不外露，毫尖隱藏，所以運筆用折疊之筆法，也就是筆鋒在運行時，直接折回，使筆鋒重複疊置之謂。

折轉：筆毫在運行時，不取折疊而回的方式，乃是折轉而回的方式。即前所謂一筆三折運筆，可以用在任何點畫之起筆與收筆處，同時亦可用在鈎趯之用筆。

（十）轉鋒：是筆毫左右轉行，有圓轉回旋之意。孫過庭書譜云：「轉，謂鈎環盤紆之類是也」。此說明轉筆之意義，多用在圜環行筆的轉彎處，如回、同、口、白、田、己、勾、刀、力等字之轉彎，或蹲趯處。作書在轉彎處，用蹲而後轉，其書必方，如用提而後轉，其書必圓。笪重光書筏云：「數畫之轉接欲折，一畫之自轉貴圓，同一轉也。」（註三九）凡寫篆草必當使筆毫圓轉運行，才能形成婉而通的形勢。它在點畫中行動時，是一線連續著而又時時帶有一些停頓傾向，隱隱若有階段可尋，連和斷之間，有著不可分而可分的微妙作用，尤其要注意到方圓結合著用筆才好，此即圓轉或提轉之意。若幾畫連在一起，其轉折之處，要用方筆的頓折法，畫才雄健，結構才茂密。此稱為轉折，與前述之折轉意義不同，不可混為一談。

（十一）搭鋒：上筆帶下筆，上字帶下字之意思，即承上多是搭鋒，二、三字於起筆處用弱筆也。與折鋒相對。朱履貞書學捷要云：「書法有折鋒、搭鋒，乃起筆處也。用強筆者多折鋒，

用弱筆者多塔鋒，如歐書用强筆，起筆處無一字不折鋒；宋之張樗寮，明之董文敏用弱筆，起筆處筆多塔鋒。」（註四十）

（十二）頓鋒：力集中於毫端，筆重按下並停住，能力透紙背，謂頓鋒。多用在點畫起筆處，有時亦用之於點之收集處。

（十三）挫鋒：頓後把筆略提，使筆鋒轉動，離開頓處，叫挫鋒。凡轉角及趯行的地方用它。但挫鋒不能單獨運用，必需與頓鋒，蹲鋒等配合運行，否則不是挫鋒，也就是提按換筆之處用之。

（十四）蹲鋒：用筆像人蹲下的動作，不要重按。而微有提意，用於轉折處或收筆處。

（十五）駐鋒：既不可頓，又不可蹲，而筆鋒運行在紙面上，有時很迅速，有時很遲慢。即書寫時，需要急行則速，需要遲行則慢，所謂遲速適度，就是駐鋒之意，像捺畫之起止，及平捺的彎處，便是用它，遍聚於指，流於管，注於鋒，力透紙背的爲頓，力比頓小的是蹲，力一到就須行筆的是駐。

（十六）尖鋒：筆畫兩端成尖銳之處叫尖鋒。如撇畫末端多尖筆，毫斜拂出鋒。包世臣藝舟雙楫云：「後人作仰橫，多尖鋒上拂。」（註四一）即趯橫（挑）是也。直畫懸針出鋒亦尖。

（十七）趯鋒：書法之筆鋒上出者叫趯鋒，向上的一種挑鈎筆畫。唐太宗筆法訣云：「趯需存其筆鋒，得勢而出。」（註四二）亦即鈎畫到盡，筆斷不能飄浮，也不能停止使鋒不出，才不失趯鋒之意。

（十八）提鋒：收筆（住）是提，不欲重按之筆是提，所謂提並不僅指將筆鋒提開紙面叫提，只要在筆按下之後，在運行之時，稍微上提一些且不到離開紙面之程度亦謂之提，提鋒是每一點畫中全部行程之一。如頓後必須提，蹲於駐後也要提，先有落筆（起筆）然後才有收筆，提的分量，也是看落筆的分量。提是把筆提起，減少頓的分量，和蹲於駐的分量。提鋒活動範圍甚廣，包括所有點畫，如提頓、提收、提趯、提蹲等等。

（十九）按鋒：起（落）筆是按，與提是相對的，而用筆之一切都是提按的變換與連續。事實上每一筆畫之運行均離不開按，按有輕重之別，須與提相互而用，按多提少曰重按，按之分量大於提之分量，提之分量必小於按之分量，否則成了收筆。提按分量決定筆畫之粗細變化。一切筆畫之產生，均由按鋒與提鋒連續之動作而形成。而一畫之中就有很多的按鋒和提鋒之應用。

（二十）搶鋒：筆鋒之法，是回折筆，似與折鋒相同，其法多樣，正蹲下來，就直回折；側蹲下來，就側回折；出鋒的畫，就從空中回折，不在紙上回折。從「折之分數多，搶之分數少，折之分數實，搶之分數半虛半實，圓蹲直搶，偏蹲側搶，出鋒空搶。」由此數句中，可知搶與折之區分。

（二十一）裹鋒：即絞其筆鋒之意。如合繩一樣糾紐，使外層副毫把筆鋒包裹，不使展開，與古人所說的「萬毫齊鋪」相反。裹鋒見於包世臣藝舟雙楫「吾子書專用筆尖直下，以墨裹鋒，不假力於副毫，自以爲藏鋒內轉，祇形薄怯。凡下筆須使筆毫平鋪紙上，乃四面圓足，此少溫篆法，書家眞秘密語也。」此系對包氏裹鋒之批評。包氏似乎也知此鋒之不甚合理。又云：「余既心儀道麗之旨，知點畫細如絲髮，皆須全身力到。始歎前此十年，學成懸肘，不爲虛費也。」「至於作勢裹鋒，歛墨入內，以求條畼手足，則一畫既不完善，數畫更不變化，意恒傷淺，勢恒傷薄，得此失彼，殆非自主」。裹鋒在書法上看，會產生枯乾露骨之毛病，但在繪畫之來看，其用途就多矣。

前述筆鋒之名稱，雖未能全概，但對筆鋒之性能，想亦有八、九分之領略。實際上就前總歸起來看，不外乎均是提與按之運用。而目的是中鋒用筆，也就是「令筆心常在點畫中行」再就是起止「不露筆痕」回鋒用筆。所謂藏鋒，近乎圓筆，多由於提，所謂出鋒，近乎方筆，多由於按。一切筆畫皆離不了提按，至於轉折亦然。故用鋒在表現形式上來看，主要的是應掌握好「藏峰」和「出鋒」兩種；在筆鋒之位置上來看，則應掌握好「中鋒」，尤以中鋒爲一切用鋒之基礎。

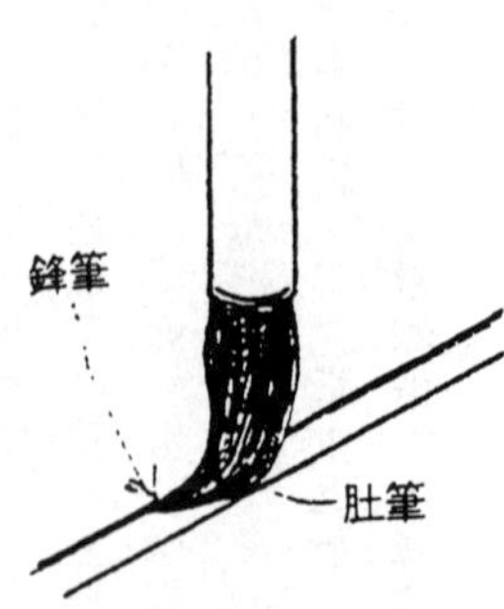

圖九　偏鋒圖

四、輕重與疾澀

書法中之輕重問題，實際上在用筆上來說，是與提按動作是相合而不可分的，是二而一的，提按是書寫之方法而輕重是施力之大小。也就是施力之分量。提按之輕重，配合運行之速度，在書法中稱疾澀，進而產生了前節所述之各種筆鋒，與筆畫之粗細，節奏，轉折，方圓等問題。我們知道書法藝術之筆畫，是著了墨的毛筆之筆毫，在紙上運行所留下之書跡。但任何物體，從靜止狀態，進行運動，都必須靠外力作用。當然毛筆之運行也不例外。書者不能單靠意志力去驅使毛筆運行，而是經過手執筆後用力去使其運動。依物理力學觀念來說，力有三要素，大小，方向，和著力點。物體受力之表示，可以用達因（力之單位名稱，即一公克重等於九百八十達因），空間與位置來表示，但以書法之書寫情形看來，其著力點應是筆毫之尖端處，也就是筆鋒與紙面接觸的地方，提按產生輕重之壓力，即垂直方向大小之力，是上下的，但紙面在棹面上不能隨筆鋒作上下方向之運動，而筆毫是軟而富彈性的，因之紙面上產生反作用力，使筆毫發生曲折之現象，書法上以幾分筆身來表示其曲折之位置與長度，筆身是筆鋒至筆毫根部（與筆桿連接處）的全部，以筆身來作分數之分配。

胡小石書藝略論云：「次辨輕重，用筆輕者，其效果爲超逸秀發。用筆重者，其效果爲沉著溫厚。書之使筆，率不令過腰節以上。二分筆身，分處爲腰，自腰及端，復三分之。至輕者用端部之一分，其書纖勁，所謂蹲鋒。至重者用腰部之三分，其書豐腴，所謂鋪毫。界乎腰端之間者爲二分。古鼎彝用一分筆者，如『齊仲姜鎛』、『王孫鐘』。二分者如『毛公鼎』、『虢季子白』。三分者如『散氏盤』、『兮甲盤』。漢石用一分筆者，如『禮器』、『楊震』。二分者如『張遷』、『衡方』。三分者如『西狹頌』、『郙閣頌』。北碑用一分筆者如『張猛龍』、『劉玉』。二分者如『鄭文公』、『石門銘』。三分者如『文殊碑』、『唐邕寫經』。唐代用一分者如虞、如褚、如薛曜。二分者如柳公權、如沈傳師。三分者如唐玄宗、蘇靈芝。宋代，徽宗、蔡京用一分，黃米用二分。蘇用三分。元代，趙用二分，康里子山、倪雲林用一分，楊鐵崖用三分。然此非鐵定不可易。有一人之書，先後而輕重不同。褚書。『雁塔聖教序』用一分，『孟法師碑』則用二分。顏書『東方畫贊』、『中興頌』用三分，『顏勤禮』等用二分，『宋廣平』則用一分。李北海書『李思訓任令』則用一分，『李秀端州石室記』則用三分。清人劉石庵中年用三分，有墨豬之誚，晚歲妙跡則改用一分。亦有一碑中輕重不同者，如漢之『衡方』用二分，隋之『龍藏』等用一分。兩碑之額則用三分。甚至有一字之中諸分畢具者，魏晉及北朝經卷中多見之。惟風格之厚薄與强弱，初不關筆畫之肥瘦。有肥而反薄弱，瘦而反剛厚者，學者所宜審也。於此，有一要義需深切注意者，凡用筆作出之線條，必須有血肉，有情感。易言之，即須有豐富之彈力，剛而非石，柔而非泥。取譬以明之，即須如鐘錶中常運之發條。不可如湯鍋中爛煮之麵條。如此一點一畫，始能破空殺紙，達到用筆之最高要求。」（註四十三）

胡小石對輕重用筆之高論，雖說得十分詳細，然其以古書跡爲例，並擬舉出用幾分筆者。實際上這些理論根據，是以其個人習慣用筆之體念，以古書跡對照研究而得之妙想，所發表之論調。要知書法創作時，輕重用力的情況，是非常複雜，提按之運用，與執筆方式，毛筆之大小種類，運指腕肘臂之部位，墨之濃淡，紙張之性質，書者之精神狀況等，均有密切之關係，任何書家各有其書寫之習慣，但其筆鋒在紙面上所施之力，如果以今科學儀器去測量，當可測知，此力之數值想像亦不會太大的，如以個人全身之力的總量相比較，恐是微不足道的，此力雖小，但不可忽視，俗語云：「善書者，輕而亦舉。不善書者，提筆千斤。」難到這筆眞有如此之重嗎？要能懸臂於空間，使筆衡久在一定位置，並能提按運行之控制力量。就得勤於練習，所謂熟能生巧，臻於自然，書法之輕重表現，由於提按適當，且有助於點畫之趣味，提與按二字，有相合而無相離之關係。王僧虔筆意贊云：「粗不爲重，細不爲輕，纖微向背，毫髮死生。」（註四十四）故用筆重處須飛提，用筆輕處須實按，這樣才能免去墮、飄之毛病。也就是說：這是善於使用筆鋒與著墨得法之緣故，且提和按能相結合運用。能做到如此，每按必從提著之根本按下去，提則要在著實按著的動作下提起來，這樣寫在紙上之筆畫，即使粗些，也不會感到笨重而無生氣，細些也不會感到虛浮而無份量的筆畫。輕重之於書法，可想像而知矣。

再要談的另一方向所表示之行筆速度。當我們書寫之時，筆鋒在紙平面上運行，其方向是東、西、南、北四面與八方。其所使之力，在書法運筆上稱「導」與「送」。由導送之力產生筆鋒在紙面行駛之速度。但筆鋒在紙面上輕重接觸，與紙面之粗細，會發生摩擦之阻力，進而影響筆鋒運行速度之快慢。古今論書篇中，對於行筆速度之用詞甚多，如遲、緩、徐、慢、與速、急、疾、快等形容速度快慢之詞。而與紙面發生摩擦所生之阻力稱澀，阻力小者稱滑，都是表示行筆速度快慢之意，古今書家，對筆速用詞各有習慣，詞雖不同，而意義是相同的，謹就歷代對疾澀之論著例述如后：

蔡邕筆勢云：「書有二法：一曰疾；二曰澀，得「疾澀」二法，書妙盡矣。夫書禀乎人性，疾者不可使之令徐，徐者不可使之令疾，筆惟軟則奇怪生焉。」(註四十五)

徐璹筆法云：「執筆在乎便穩，用筆在乎輕健，輕則須沉，健則須澀，謂藏鋒也。不澀則險勁之狀無由而生，太流則成浮滑，浮滑則俗。故點畫須依筆法，然後書同古人之跡而合於作者矣。」（註四六）

張懷瓘用筆十法云：「遲澀飛動，勒鋒側筆，字須飛動，無凝滯之勢，是爲得法。」（註四

十七）

宋曹書法約言云：「筆意貴淡不貴艷，貴暢不貴緊，貴涵泳不貴顯露，貴自然不貴作意。蓋形圓外潤，勢疾則澀，不宜太緊而取勢，不宜太險而取峻。遲則生妍，而姿態媚；速則生骨，而筋絡勿牽。能速而速，故以取神，應遲不遲，反覺失勢。」（註四十八）

馮武書法正傳載：「簡緣云：八體之中，有疾有澀，宜疾則疾，不疾則失勢。宜澀則澀，不澀則病生。疾徐在心，形體在字，得心應手，妙出筆端。」（註四十九）

林蘊撥鐙序載：「翰林禁經云：筆貴饒左，書尙遲澀，此君臣之道也。」（註五十）

孫過庭書譜云：「至有未悟淹留，偏追勁疾，不能迅速，翻效遲重。夫勁速者，超逸之機，遲留者，賞會之致。將返其速，行臻會美之方；專溺於遲，終爽絕倫之妙。能速不速，所謂淹留；因遲就遲，詎名賞會！非夫心閑手敏，難以兼通者焉。」（註五十一）

姜夔續書譜云：「遲以取妍，速以取勁，先必能速，然後爲遲。若素不能速而專事遲，則無神氣，若專務速，又多失勢。」（註五十二）

以上所論，皆係前人對行筆疾澀之論調，其看法大致是一致的，言書法有二要訣：一個是「疾」字，一個是「澀」字，得「疾、澀」兩法則，書法就極妙了。書寫之快慢，是與書家個性有關的，急性子之人書寫就快，令其寫慢是不容易的，慢性之人書寫就較慢，令其寫快，亦不亦做到。以軟毫之筆方可寫出生動自然，健勁有力優美之筆畫來，下筆快則可以寫出險勁之筆畫，下筆緩則可以寫出姿媚之筆畫來。此全靠疾澀之效果。古人論筆，多強調「澀」字。以物理力學觀念來說澀字。即是摩擦力，或反作用力、阻力之意思，逆亦同於澀之意。如張旭有「挑夫爭道」、蘇東坡有「逆水撑船」之比譬。（註五十三）此皆指「澀」字之意思。就「挑夫爭道」來說，意即挑夫身負重擔，還得趕路行進。重擔之重力，即外加之阻力。使其行進困難多了。而東坡「逆水撐船」意即撐船前進之力必須大於水流之阻力。此二種阻力，即好比是筆鋒與紙面發生之摩擦阻力。也就是「澀」的意思。總之都是說明：用筆鋒之逆勢澀進，與紙面發生摩擦力之作用，筆畫才能雄強，行筆不但有緩和疾，而且有澀和滑之分。一般來說，緩和滑容易上手，而疾和澀較不易做到，要勤於練習始能運行自如，然一味的疾，一味的澀，也是不適宜的，必須疾緩澀滑相互配合運行。澀的動作並非阻滯不進，而是行筆時快時慢的用力推進，有克復障礙似地，有如「挑夫爭道」或「逆水撐船」一般。這樣書寫之筆畫，才顯得自然健勁。其筆畫有如顏眞卿之書語「屋漏痕」之比譬，是自然的，屋漏痕是指屋漏水滴在牆壁面上，而自然的向下方流去，但因牆壁面是粗糙的，水滴似受阻滯一樣，慢慢左右作甚微小之搖擺向下疾澀而流，其留下之水痕，自然美妙極了。（此係筆者對屋漏痕之解釋。其書法上另一解釋，謂屋漏痕是要其起筆收筆能藏鋒而不露筆痕之意。）按此「挑夫爭到」、「逆水撐船」。是形容疾澀運筆之方法，而「屋漏痕」是筆畫之比擬。這樣對疾澀之意義，想是不難理解的。

運筆疾澀似乎是水平方向的動作，實關鍵在於提按。按能使寫出之筆畫粗些，但不可以重濁；提可使筆畫稍細但不可輕浮。用筆最忌平拖。疾澀與提按是筆畫粗細，節奏、輕重、轉折、自然之關鍵，亦即筆畫之生命。輕重與疾澀之於書法之用筆，其重要可想而之，學書者不得不勤於練習，此點尤爲要緊。

【附　註】

註　一：歷代書法論文選下冊六五九頁，華正書局，民國七十三年九月台初版。
註　二：同前註下冊五二六頁。
註　三：同前註上冊三五七頁、三六四頁。
註　四：藝舟雙楫第一〇六頁，台灣商務印書館，民國四十五年四月台初版，附於廣藝舟雙楫之後。
註　五：見中國書法國際學術研討會論文、行政院文化建設委員會、中國書法學會。
註　六：同註四藝舟雙楫第一一頁。
註　七：同註一歷代書法論文選下冊六七九頁。
註　八：書法正傳上冊第二十二頁，台灣商務印書館，民國四十五年四月初版。
註　九：清人書學論著二五頁，世界書局，民國五十一年十一月初版。
註　十：同註一歷代書法論文選上冊第三五七頁。
註十一：廣藝舟雙楫八三頁，台灣商務印書館，民國四十五年四月台初版。
註十二：同註一歷代書法論文選上冊第四三八頁。
註十三：同註十一廣藝舟雙楫八三頁。
註十四：同註一歷代書法論文選上冊第三五七頁。
註十五：同註四藝舟雙楫第一四頁。
註十六：見中日文化論集續集二冊第三一一頁。
註十七：見書法探原第四十一頁，世界書局，民國五十一年，十二月台初版。

註十　八：同註一歷代書法論文選第二九頁。

註十　九：同廣藝舟雙楫卷三第八三頁。

註二　十：同註一歷代書法論文選上冊第三六二頁。

註二十一：同註一歷代書法論文選下冊第四八五頁。

註二十二：同註二十歷代書法論文選上冊第三六二頁。

註二十三：同前註歷代書法論文選上冊第三六〇頁。

註二十四：清人書學論著，續書法論第五八頁，世界書局，民國五十一年十一月初版。

註二十五：同前清人書學論著，書筏一卷清笪重光撰第四頁。

註二十六：同註一歷代書法論文選上冊第二五四頁。

註二十七：同前註歷代書法論文選下冊第六五九頁。

註二十八：同前註歷代書法論文選下冊第六七〇頁。

註二十九：同註四藝舟雙楫第二頁。

註三　十：同註一歷代書法論文選下冊第五二四頁。

註三十一：同註二十四清人書學論著，書法論第五八頁。

註三十二：同註一歷代書法論文選上冊第六頁。

註三十三：同註十一廣藝舟雙楫八四頁。

註三十四：同註二十四清人書學論著，頻羅庵論書第四頁。

註三十五：同前註清人書學論著，續書法論書第五十九頁。

註三十六：同註一歷代書法論文選上冊第三五七頁。

註三十七：同前註四六三頁。
註三十八：同前註四五〇頁。
註三十九：同註一歷代書法論文選下冊第五二二頁。
註四　十：同前註五六三頁。
註四十一：同註四藝舟雙楫論書一第六頁。
註四十二：同註一歷代書法論文選上冊第一〇六頁。
註四十三：見現代書法論文選第四五頁，華正書局，民國七十三年十二月台初版。
註四十四：見歷代書法論文選上冊第五八頁，華正書局，民國七十三年九月台初版。
註四十五：見書法正傳上冊第八十頁，台灣商務印書館，民國四十五年四月初版。
註四十六：同前九十八頁。
註四十七：同前九十六頁。
註四十八：見歷代書法論文選下冊第五二八頁，華正書局，民國七十三年九月台初版。
註四十九：同註四十五書法正傳上冊第八十頁。
註五　十：同註四十四歷代書法論文選上冊第二六五頁。
註五十一：見孫過庭書譜箋証第一〇九頁，河洛圖書出版社，民國六十四年九月台景印初版。
註五十二：同註四十四歷代書法論文選上冊第三六四頁。
註五十三：同註四藝舟雙楫論書一第一〇頁。

第二篇 篆書研究

篆書其含義甚廣，凡甲骨、金文、籀文、大篆、小篆，從它們形體來說，都可歸屬於篆書一類，秦統一文字以前之各種字體，甲骨文（龜甲獸骨文字）。金文（鐘鼎文字）籀文（石鼓文），通稱古文（大篆）。小篆（說文）秦代標準字體。總稱爲篆書。玆分別說明於下：

第一章 甲骨文

甲骨文，是龜甲獸骨文字的簡稱，文字是以刀刻劃於甲骨上的，故又名「契文」或「契刻」，文字的內容，除紀事外，大部分是當時王公問卜的記載，故又稱「卜辭」、「貞卜文」、「商卜文」。因出土於河南省安陽縣（古代殷都所在地），所以又稱爲「殷墟文字」或「殷商文字」。民國後始定名「甲骨文」。是我國迄今發現最早的古文字。從前論書追溯原始時，只能推到大篆爲止，大篆以前的古文字就很難探討了。

清末光緒二十四、五年間（公元一八九八—一八九九年），殷虛甲骨始出於河南彰德府（安陽縣）西北五里之小屯村；其地在洹水之南，三面環之，史記項羽本紀所謂洹水南虛上者也。初出土後，當地人稱「龜板」、「龍骨」以作瘡藥。落入藥店及古董商手中。爲金石學家王懿榮偶然購得刻有古文字之甲骨（圖一）龜板，乃托藥店老闆繼續搜購，一時所出，先後購得約千餘片。二十六年（公元一九〇〇年）義和團事件，八國聯軍攻陷北平，王氏殉難。其所收藏之甲骨復歸幕下劉鶚（鐵雲）。並繼續蒐集，所藏至三四千餘片。二十八年（公元一九〇二年）劉氏乃從中選出千餘片拓印成冊，名「鐵雲藏龜」公刊於世，自謂僅識四十餘字。後經學者潛心探討，詮釋其文，迄今可識者已達千餘字。在書法上來說，也增加了對中國最古的一種書體的瞭解，並且得知大篆從古文演變之由來。甲骨學便已成爲中國最重要一門學問。

甲骨文之發現後，自民國十七年至三十八年（公元一九二八年—一九四九年）中央研究院歷史語言研究所陸續發掘中，又獲得甲骨一萬三千餘片，學者繼續研究更有歐美傳教人士及日本學者，在我國搜購甲骨甚豐，並有專著，據統計執筆者有一百八十七人之多，其中我國學者一百五十人，日本學者二十人，英國學者七人，美國學者四人，德國學者三人，法國學者一人，俄國學者一人，眞可說是學者風從。

甲骨學之著述自「鐵雲藏龜」始已有八十餘種，論文達九百七十多篇，對考證中國古代史實十分重要，在書法上來說，也增加了研究書法源流和書法藝術重要之資料。玆略舉其要如下。

鐵雲藏龜（一〇五八片）　劉鶚　公元一九〇二

契文舉例　孫詒讓　光緒三十年

殷商貞卜文字考　羅振玉　宣統二年

殷虛書契考釋　羅振玉　民國三年

殷虛書契菁華　羅振玉　民國三年

殷虛書契前編　羅振玉　民國元年

鐵雲藏龜之餘　羅振玉　民國四年

殷虛書契後編　羅振玉　民國五年

龜甲獸骨文字附鈔釋　日人林泰輔　民國三年

殷虛卜辭　The Oracle Records of the Waste of Yin 1917.　明義士　民國三年

戩壽堂所藏殷虛文字　附王國維考釋　哈同氏　民國八年

簠室殷契類纂　王襄　民國十年

簠室殷虛徵文附考釋　王襄　民國十四年

殷墟文字類編　商承祚　民國十二年

福氏所藏甲骨文字附考釋　商承祚　民國廿二年

殷佚存附釋文　商承祚　民國廿二年

殷契鉤沉　葉玉森　民國十二年

說契　葉玉森　民國十二年

研契枝譚（與說契合訂） 葉玉森 民國十二年

鐵雲藏龜拾遺附考釋 葉玉森 民國十四年

殷虛靈契考 陳邦福 民國十七年

殷契辨疑 陳邦福 民國十七年

新獲卜辭寫本 董作賓 民國十七年

甲骨文斷代研究例 載慶祝蔡元培先生六十五歲論文集 董作賓

殷虛文字存眞附考釋 關百益 民國二十一年

甲骨文字研究 郭沫若 民國十九年

卜辭通纂 郭沫若 民國二十二年

考釋索引 郭沫若 民國二十二年

甲骨文編 孫海波 民國廿三年

甲骨學文字編 朱芳圃 民國廿二年

甲骨學商史編 朱芳圃 民國廿四年

殷契卜辭附釋文及文編 容　庚 民國廿二年

甲骨文字之發現及其考釋　容　庚　民國廿二年

契學概論　陳　晉　民國廿二年

殷契通釋　徐協貞　民國廿二年

甲骨集古詩聯　簡琴齋　民國廿五年

集契彙編　嚴一萍　民國五十八年

以上略舉有關甲骨學的著述中有拓本，有摹本，有考釋，其收錄甲骨有重覆的，總計推定數目約計十萬餘片。三千年前的資料能完整的保存，爲後人研究書法留下了一份寶貴的遺產。

甲骨文字是用刀刻的，但在早期甲骨上字畫之刻漏處，往往可見一些朱書墨書之筆跡，尚未契刻，且發現其先書好後刻，而刻字筆順則先直後橫，有些還塡朱塡墨的，幸而能得窺見三千多年前之眞蹟。這說明當時縛毛爲筆而書是很普遍的，又從甲骨文字中發現「聿」字（筆之古寫）。可想見當時就有類似今日毛筆之物是無庸置疑的。甲骨文中的□、□、□等字，就很適合用毛筆書寫，如果此一推斷不錯的話，那就在殷代已經有了毛筆，但至今還沒有其他可供考據之資料足以證明。

甲骨文的用筆，由於刀刻之緣故，以方折爲主，筆畫以直線居多，曲線次之，線條也相當細膩，文字刻得十分整齊而美觀，字大的約超過半寸，小的筆畫纖細如毫髮，且像芝麻大小似的，其筆畫順序也很不固定，向左向右沒有一定之寫法。就字體而看，有些是象形一類，在古文以前就有的；有些繁縟一類的，又與籀文相同，另外還有與小篆，和金文相同的，從其結構看，象形字、指事字、會意字、形聲字，假借字此時均已具備，已達成了六書系統化之成熟階段。甲骨文字體的變化，當時變化是非常之大，筆畫數還未能完全固定，常有一個字就有很多不同的結體。如龍、鳳、龜、魚等字雖屬象形字體。就有七體以至八、九體；又如羊字，竟多達四十餘體之多。（圖五）

殷墟甲骨文字的書法，從一些字數較多的甲骨看，不僅點畫、結構、章法都具備了書法藝術的要素，而且還有一定的藝術風格。著名甲骨文學家董作賓認爲殷墟是殷朝後半期的帝都遺跡，就是自盤庚遷都至帝辛（紂）之滅亡，大約二百七十餘年，此一時期，文字書體具有顯著變化，表示複雜字形，具有自然之勢。董氏解讀大版龜甲上多刻有卜辭，經過四個月長期研究，發現記載卜文的卜人有署賓貞、㱿貞等數人，董氏認爲這些卜人是藉龜卜以貞問於天的司貞之人，呼之爲貞人，又在甲骨卜辭貞人群中發現殷祖先王號，遂將甲骨卜辭製作年代分爲五個時期：

第一期盤庚武丁時代（公元前約一四〇〇—一三〇〇年）的書法風格，至爲宏放雄偉，以甲骨大版大字爲代表作品，字大且筆畫彫刻粗而有力；並填有朱墨。其他如小字甲骨，其刻字工整秀麗的作品，亦復不少，這些都是承受中興英主武丁風格，其氣魄之宏放，技術之熟練，頗爲驚人。（圖一、二、六、七）

第二期祖庚祖甲時代（公元前一三〇〇—一二五六）書法風格較爲謹飭。繼第一期武丁大業的是祖庚，祖甲兄弟，都是守成的君主，當時卜師嚴守舊規，一成不變，所以構成嚴飭工麗的書風。（圖八）

第三期　辛康丁時代（公元前一二五六—一二四四）書風轉變，陷於頹靡，前期老書家去世，當時書家筆力，幼稚軟弱，筆畫錯誤亦多。豪放書風，一掃而盡，是墮落時期。（圖九）

第四期武乙文丁時代（公元前一二四四—一一九六）此期貞人在卜辭中不署名氏。可是在武乙，文丁時代新興書家，一洗前期之弊，作品風格勁峭生動，常呈現出放逸不羈之趣味。（圖十）

第五期帝乙帝辛時代（公元前一一九六—一一〇〇）書風評爲嚴整，各卜辭分段，行，字，排列端正，文字極小，有如「蠅頭小楷」書寫非常嚴肅整齊。（圖十一）

以上是董氏所著甲骨文字書風之記載，甲骨文字雖說是先以筆書後而契刻於甲骨上，在一定程度上也表現出筆法，起止轉折，亦可明晰可見，每一筆多不藏鋒，直起直落，行筆中間用力較重而顯得壯實，轉折方圓不拘，十分自然。與現代書法藝術來說，實有其時代之距離。今人學習古文字書法，是以毛筆書寫於宣紙，棉紙上，其字體雖以古代出土之甲骨文，金文拓本爲範本來練習，但這些範本並非墨跡，而所拓之原文字跡微小，又經過時日風化腐蝕，離時久遠而呈現出自然古樸之特色，以及古今書寫工具與表達素材有異，在研究用筆時與古文字實際書寫方式相去甚遠，僅能臨摹其自然和諧之結體，體會其當時之筆趣，以毛筆線條表現其自然古拙之書風。嚴一萍集契彙編序云：「故雖習甲骨亦必首治小學，且貞人書契，筆寫之，刀刻之，遒麗挺勁，精妙入神，若集契諸作，但得形似，不能比擬於萬一，是故揮毫臨摹，務求墨拓，庶幾取法乎上；而後名家可期也。」（註一）（圖十二．十三）是羅振玉，董作賓等所臨寫甲骨文書法作品。雖同臨自甲骨原拓，而各自有其筆趣及風格，從其書法墨跡中，可見其筆法中均顯示出篆書之根基。甲骨文之書法，和後來篆書法雖屬同一類型；但在用筆上要乾淨利落，直來直去，轉折處要圭角分明，行筆同樣是中鋒用筆，收筆時可用出鋒。但在結構上與大、小篆顯然還是有所區分的地方。一幅之中，其疏疏落落，極爲錯綜；或密密層層，十分嚴整。每字之結構和整幅排比，較之鐘、鼎彝器之款識，更覺得精神爽朗，古趣生新。綜之，甲骨書法之資料豐富，且均系原刻，它對研究中國書法藝術，是有重要參攷之價値。謹依圖片分別介紹如下：

一、殷甲骨文（祭祀狩獵塗硃牛骨刻辭）獸骨全形。此甲骨文乃殷商武丁時期刀刻文字之一。河南省安陽縣殷墟小屯封出土。（圖一）

圖一　殷甲骨文

圖二一　前甲骨文拓片

二、殷甲骨文（龜甲全形拓片）（公元前一四〇〇—公元前一三〇〇年）河南省安陽縣殷墟小屯村出土。現存台北中央研究院。（圖三）

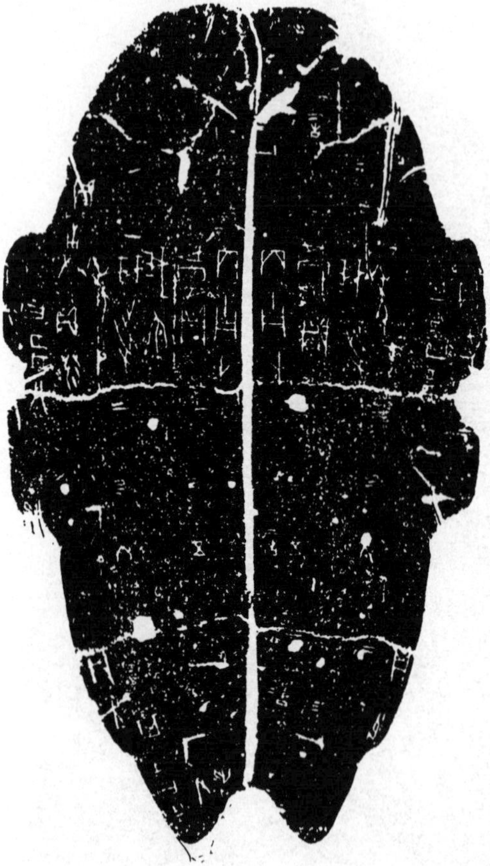

圖三　殷甲骨文（龜甲全形拓片）

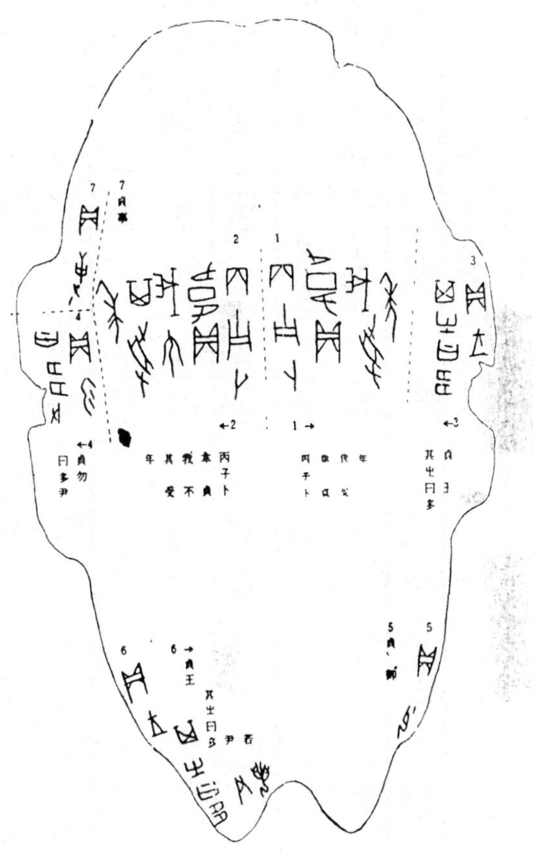

圖四 前圖龜甲全形拓片譯文

龍、鳳、龜、魚、羊、之甲骨象形字體（錄自朱芳甫著「甲骨學」文字編。」（圖五）

龍

鳳

龜

魚

羊

三、商武丁時期甲骨文（公元前約一四〇〇年—公元前一三〇〇年）此兩塊牛甲骨上刀刻文字。書法端秀鐫刻精美。河南安陽殷墟小屯村出土。（圖六）

圖六　商武丁時期甲骨文

四、商武丁時期牛甲骨拓片。刻辭四行、約二十四字，記載商代東西南北四方神名及風名。字跡挺拔爽利，刀法渾穆高古。技術熟練，氣魄宏放。武丁時期代表書體。河南省安陽縣殷墟小屯村出土。（圖七）

圖七　商武丁時期牛甲骨文

五、商祖庚祖甲時期甲骨文（公元前一三〇〇至公元前一二五六年）。圖右甲骨殘存約四十六字，紀貞卜祭祀之年，書法嚴整工飭，行款勻齊妥帖。此甲骨殘存約三十五字，字跡大小一致，鍥刻規整。此二塊風格一致。河南省安陽縣小屯村出土。（圖八）

圖八　商祖庚祖甲時期甲骨文

六、商廩辛康丁時期甲骨文（公元前一二五六—一二四四年）第三期書風頹靡軟弱，筆力幼稚，筆畫多有錯誤，此甲骨文結構布局亦不太講究。河南省安陽縣小屯村出土，現存台灣中央研究院。（圖九）

圖九 廩辛康時期甲骨文

七、武乙文丁時期（公元前一二四四—一一九六年）。此甲骨文字大者徑逾半寸。爲第四期書風，一改前期頹靡之風，筆畫勁峭生動，體態洒脫自如，呈現放逸不羈之趣味。河南省安陽縣小屯村出土，現存台灣中央研究院。（圖十）

圖十 武乙文丁時期甲骨文

八、商帝乙帝辛時期（公元前一一九六－一一〇〇年）。刻在牛胛骨上之文字，鍥刻文字線條爽利，筆畫肥瘦適宜，字跡雋秀平整。整篇行氣貫通，橫豎成行，佈局井然有條。開金文纖勁之風，後世小篆多受此影響。河南省安陽縣小屯村出土。（圖十一）

圖十一　商帝乙帝辛時期甲骨文

九、羅振玉（清同治五年—民國二九年）公元一八六六年—一九四〇年）字叔蘊，一字叔言，號雪堂。貞松老人，抱殘老人。浙江上虞人。長期收集幷研究甲骨文，精鑒書畫。此墨跡，臨自甲骨文，字形奇詭難識，用筆婉轉圓活，字形方整，具小篆之筆意。（圖十二）

圖十二 羅振玉書甲骨文

臨甲骨文

羅振玉

十、董作賓　清光緒二十一年－民國五十二年（公元一八九五－一九六三），原名作仁，後改作賓，字彥堂，一字雁堂。河南南陽人。一身從事學術研究，爲甲骨曆法之權威，任職中央研究院歷史語言所爲研究員、院士。公餘之暇，兼及篆刻書法，此甲骨文書法，結體謹嚴，筆勢剛健宏肆，筆畫雖用篆法但表現出契刻之神彩，意境高古。（圖十三）

圖十三　董作賓甲骨文

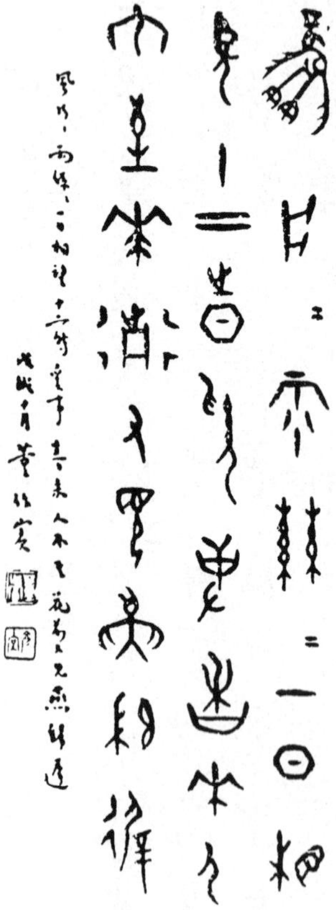

第二章　金　文

殷商和西周時代之書法，主要是刻鑄在青銅器上之銘文；較之甲骨文字更爲豐富多采，稱爲「銅器銘文」。且有數種不同之稱謂。就器物性質而論，古代把銅稱爲金，有堅結吉祥之意，故稱「吉金文字」。就器物種類而言，以鐘鼎彝器爲大宗，故又稱爲「鐘鼎文」。以其刻鑄方式而論，陰文（凹字）爲款，陽文（凸字）爲識，是以又名「鐘鼎款識」，凡刻於鐘鼎或其它金屬器皿上的文字，統稱爲「金文」。後世也有把文字鑄刻在銅器上的，但這裡所指之「金文」，是專指周代以前鏤刻銅器上之文字而言。銅器種類繁多，彝器、樂器、兵器、符璽、錢幣、鏡鑑等物，其中多數爲殷周時所製；因此殷周時代也是金文之鼎盛時期。

殷周時代銅器上之書體，沒有統一的規範，不同之青銅器上相同的字體各式各樣之結體，此種金文上承甲骨文，下啓秦代小篆，以篆籀爲主，世傳周宣王時，名曰籀之史官製作了被稱「大篆」之字體，即所謂「大篆十五篇」是也，其留傳字跡，多刻於鐘鼎彝器之上，大篆較甲骨文更能保存原字書跡，在共同時代風格中，又有多樣之風格。至於殷商和西周金文風格之演變，我們在其出土之鐘鼎款識上，以其時代之先後，可以窺見其大概，字體由簡而繁，文句由一圖形而漸增爲數百字之演變歷程，風格由雄渾壯實，趨向典雅工飭。筆法已顯得多樣化。起筆和收筆有露鋒，也有藏鋒，有圓筆，也有方筆；向左右轉折下行的筆畫，在行筆時逐漸重按而使其成肥筆，短畫多作米形點狀，兩端尖形，橫畫有時亦作實圓點狀，這種多樣之筆法，是由於是在泥模（銅器翻沙時之初模型）上刻字遠比在甲骨上容易而自由。且字形較大，故容易表現出毛筆書寫之筆畫。爲了加粗和修飾點畫，在刀法上不得不來去復刀，使得筆畫勻整，也就出現了方筆和圓筆，而想出了藏鋒用筆之法。筆畫粗細大體均勻之筆法，出現於西周中期。習寫金文最重要的還是要中鋒用筆。金文之結體較不規整勻稱，而是參差自然，錯落有致，在章法上大小、疏密、偏正、對比等亦較爲强烈。也不像小篆那樣規整勻稱。金文之形體複雜，異體字亦較小篆爲多；常有偏旁重選互換之現象，亦生差錯，或出現自造字，故寫金文，應有所據，要勤查工具書，最主要的還是要有較好的文字學基礎。

一、殷商金文

殷商時代保存到現今之銅器甚多，其銘文有的是很簡單之圖形組合，這些圖象體，有的表徵氏族之旗幟，且種類繁多，有一器一字或數字，且多配有象形物，甚至只有一個圖形，全然沒有文字的。又有既非文字，又非圖畫的，只好說爲圖象文字了。這些金文，大致可辨別的，有人形、動物、兵器、家室、舟車、器物，及有關戰爭與經濟的，有關生活與風俗方面的想像圖案。起初只是圖象，不久演生爲文字性符號，在組合上，亦顯示並列與均衡構成法則，可說是漢字之原始字體，字數多的約有數十個者，字體粗肥，皆大於甲骨文字。其文字之筆畫，並非以一筆一畫之線條構成，而有些部份是重復奏刀；有意加粗使肥，可說是圖象之特徵。字與字之距離行間很近，而每字有上下不齊左右爭讓之情形，具有一種古拙樸茂之風格。（圖十四、十五、十六、二十）

二、周代金文

西周前期金文之風格，大致和殷金文沒有顯著之區分，如大豐殷，傳此器爲道光晚年，與毛公鼎同時在關中出土。由於文中有「丕顯考文王」之字樣，故專家們認爲是武王時代之物，若由器形造法上觀之，則又有人認爲是康王時代之物，不論孰是孰非，總之是西周前期之作品，其銘文八行，每行字數不定，約有七十七字，字形承襲殷末的甲骨文字，大小相差頗鉅。較之後期金文具有雅拙之感。（圖二十）

令敦、令彝，是民國十八年（一九二九），在洛陽出土之成王東征時期的彝器，相傳爲周公之史官所鑄，文字筆畫下筆與收筆皆呈尖銳，中間也較爲肥大，有的近於圖象，粗細配合恰到好處。銘文共十二行，字數百十一字，非常均衡，有整齊嚴飭之風，謂之史官體，是西周前期之代表風格。（圖二十二、二十三）

西周中期之金文，字形小而整齊，筆劃減瘦，沒有什麼顯著的特別作風。如墻盤、永盂等（圖二十六、二十七）

西周後期金文，最大之變化是肥筆完全消滅，筆畫線條保持一定粗細。字與字、行與行間之距離，則已疏密平衡，直橫處理得整齊劃一，實際上已達金文之成熟階段。接近籀文之雛形。如史頌段（圖三十三），已成直橫方格之排列。其銘文共十五行，每行十字，行行字字，直橫排列，每字約佔一方格之地位，筆畫之多少不論，均各佔一格。看起來井然有序。較之以前因筆畫多少而形成字體大小之情形，是一種重大之改變。然而相反的使得文字在書寫方面，又好像大受限制，不但造成形式化；也缺乏了生動感。試觀此期之大克鼎（圖二十九之一、二），毛公鼎（圖三十八），散氏盤等（圖三十四），雖不拘於此限，而有放任古拙之意，但多少於書寫時心中受此規格之影響。對於以後篆、隸、楷書方格排列之寫法，則又可說是始原於此。

至於春秋戰國金文，則大多體長畫細，漸漸形成小篆之風格。

康有爲廣藝舟雙楫云：「鐘鼎亦有扁有長，有肥有瘦，章法有疏落，有茂密，與隸無異，擇而採之，亦河海之義也。章法茂密，以商『太己卣』爲最古，至周『寶林鐘而茂密極矣。疏落之體，乃蟲篆之餘，隨舉皆然。闕里孔廟器以商『冊父乙卣』爲最古，焦山『無專鼎』亦其體。『楚公鐘』奇古雄深，尤爲傑作矣。長瘦之體，若楚『曾侯鐘』、吳季子逞劍，字窄而甚長，極婀娜之致。『齊侯鎛鐘銘』，銘詞五百餘字，文既古渾，書亦渾美，『詛楚』之先驅也。『邿季敦』、『魚治妊鼎』，茂密匾美，甚近漢篆。『壽敦』、『蘇公敦』，體亦相同。皆可用於秦分體者也。『正師戈』字如屈玉，又爲『石經』之祖，若此類不可枚舉，學者善用其意，便可前無古人矣。」（註二）康氏精澈之說理，可謂極其高明矣！

近來書法界逐漸重視金文，遂產生臨寫金文之傾向，於是爲滿足學書者之要求，乃有不少著錄金文之書籍流傳於世。其最適合於臨習者有：毛公鼎（圖三十八）、散氏盤（圖十九）、盂鼎（圖二十一）、虢季子盤（圖三十七—一）、頌鼎（圖三十五）、克鼎（圖廿九）、墻盤（圖二十七）、拼伯簋（圖二十一）、秦公殷等（圖三十），皆極爲有名。目前又有放大複製本；及集聯「專供學者臨摹之用。此外，或蒐集古銅器文字拓本，輯印成冊，或加以編次排比，纂成字典。前者如劉心源之奇觚室金文述。吳大徵之愙齋集古錄，羅振玉之貞松堂集古遺文等；後者如容庚之金文編（正、續）等，爲數頗多，不一一枚舉。此種古銅器文字，蓋即世人所稱之大篆是也。謹依圖片分別敘述於後。

一、殷商晚期（公元前一三七三—前一一〇〇）金文。器腹內鑄銘文「魚父癸」三字。魚字尙保留其象形性，活似一條鯉魚造形，早期之青銅器銘文數字甚少，多以之作爲族氏之旗幟與族徽標記。金文與甲骨文同時，金文富有圖象，字大於甲骨文字。筆畫粗肥，活靈活現，十分可愛，可說是圖象之特徵。（圖十四）

二、殷商晚期（公元前一三七三—前一〇〇〇年）金文。器內底鑄一「庚」字。（圖十五）

圖十四 魚父癸

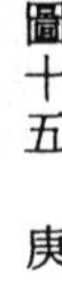

圖十五 庚

三、殷商晚期（公元一三七三年—前一一〇〇年）金文。器足內底鑄銘文「㠱父癸」三字。文中「子」字上部象一雙小手在上下活動。而下部是身形裹在襁褓之中。「異」字亦爲一人舉雙手狀，文字如畫十分可愛。（圖十六）

圖十六　㠱父癸

四、殷商晚期金文，器內鑄銘文一「鄉」字，當爲氏名，此字亦屬象形文字，像兩人相對跽坐，中放食器，左人勸右人就食狀，當爲「餐」之雛形字。朴實無華，圖象意味甚強。可說是一幅上古先民的生活。（圖十七）

圖十七　鄉戚

五、戊嗣子鼎，殷商晚期金文，銘文三行，約三十字，記殷王子窮間賞賜戍嗣子貝二十朋。金文筆畫屬瘦硬之一類，字跡挺秀，起止皆出鋒芒，間亦用肥筆，勁利百餘而渾圓不足，行氣疏密有致，當屬晚商書法之道美者。（圖十八）

圖十八　戊嗣子鼎

六、小臣艅尊（公元前一三七三—前一一〇〇年）金文。清道光年間於山東省壽張縣出土，今藏於美國舊金山亞洲藝術博物館。銘文四行二十七字，其書字跡稍豐肥，用筆道健，爲殷墟晚期金文之典型。（圖十九）

圖十九　小臣艅尊

七、大豐殷，又稱天亡簋，（朕簋）。西周武王（公元前一〇二七年—前一〇二五年）金文，清道光年間出土於陝西省岐山縣。器內壁鑄銘文八行七十六字。記周武王于辟雍祭天，頌揚前王功烈，結束殷王統治，爲周立國之重要史料，其書法隨形而施。或疏或密，大小參差，錯落有致。章法與甲骨文有相似之地方，而結體凝重，行氣連貫筆勢自然流轉，是周銘文中之佼佼者。（圖廿）

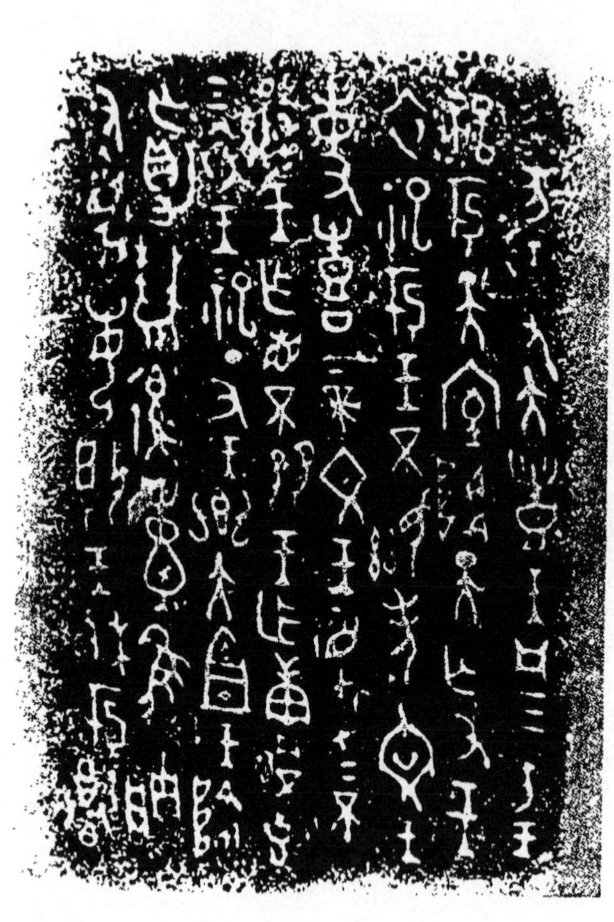

圖二十　大豐殷

八、大盂鼎（公元前一〇〇四年—前九六七年）西周康王金文。清道光初年出土于陝西省眉縣禮村。書法銘文大字，體勢謹嚴。起筆之銳圓因勢而異，「⌒」頭作銳頂聳肩狀間亦施肥筆，整幅看來，壯美譎瑰，氣度恢宏，實爲西周前期金文之典範。（圖二十一）

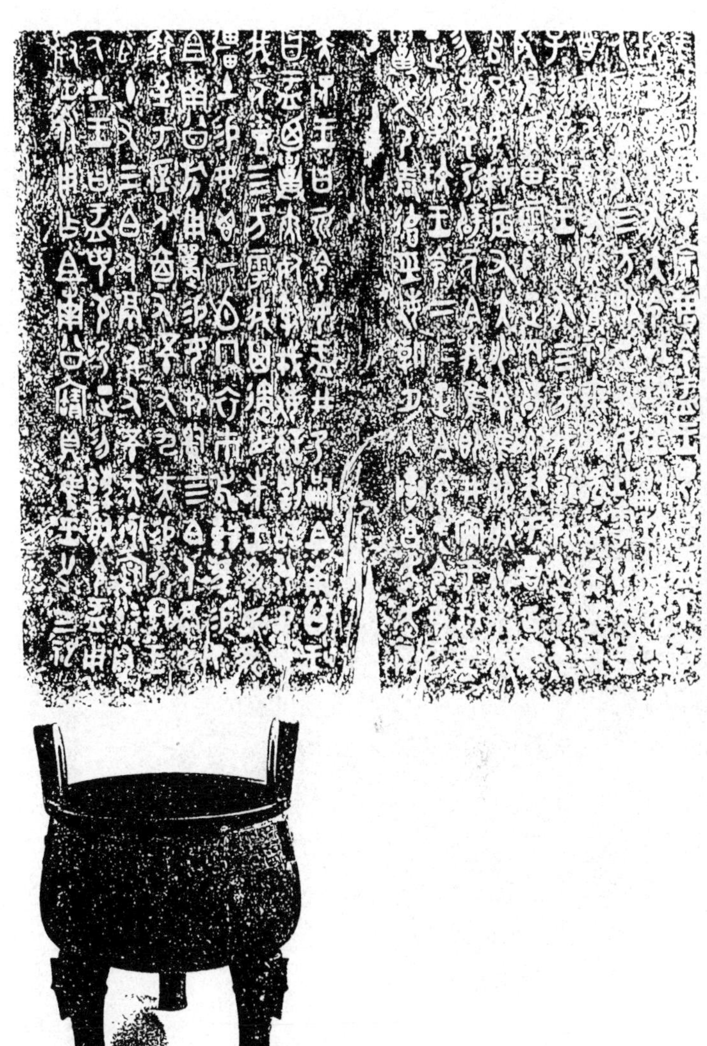

圖二十一 大盂鼎

九、令殷（公元前九六六—前九四八年）西周昭王金文。傳民十八年出土於河南洛陽邙山馬坡。共兩器，現存法國巴黎，書法結字大小參差，筆畫粗細結合，遒勁流暢，起筆收筆之筆鋒銳利，已有波磔之意，爲西周早期遒美瑰麗風格作品之少見者。（圖二十二）

圖二十二　令殷

十、令方彝，西周昭王（公元前九六六年—前九四八年）金文，傳民國十八年出土於河南省洛陽縣邙山馬坡，現存美國，器蓋各鑄銘文。書法工整遒美，運筆起止多銳鋒而摻以肥筆，行款不拘，與令殷書風近似，較其體勢更爲端莊嚴整。（圖二十三）

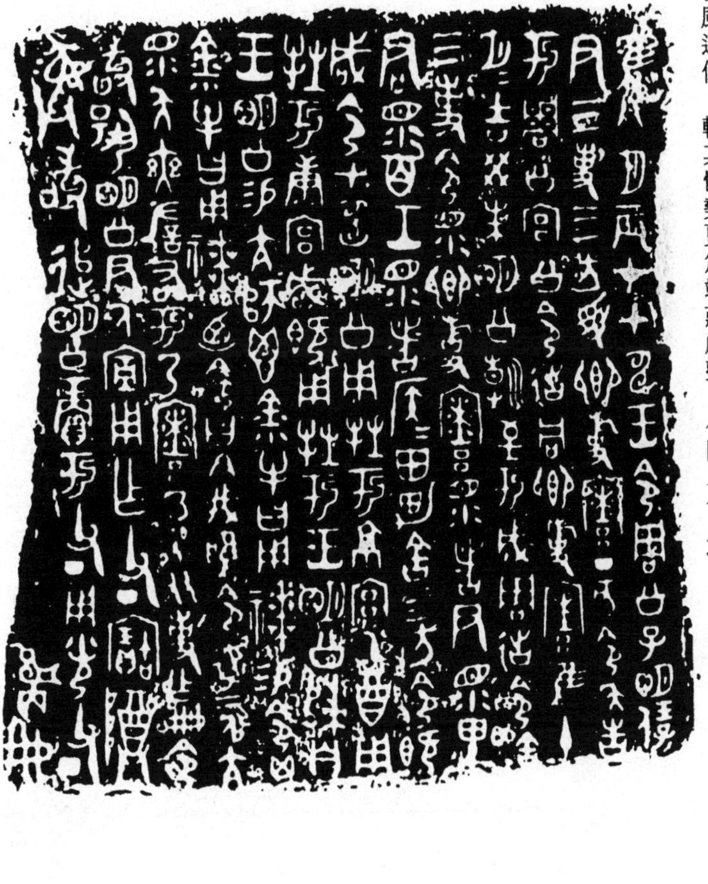

圖二十三 令方彝

十一、魚爵，西周早期金文（公元前一一〇〇年—前八四一年）。爵鋬下鑄一「魚」字。爲一象形文字，較晚商「魚父癸觶」中魚字筆畫簡略許多，其象形化已漸漸滅退。此爲證明漢字發展由圖象向符號化演變之實證。（圖二十四）

圖二十四　魚爵

十二、强伯簋，西周早期金文（公元前一一〇〇年—前八四一年）器底鑄銘文二行七字，民國六三年出土於陝西寶雞市茹家莊，現藏於陝西寶雞市博物館，書法筆畫圓潤，內蘊渾厚，尤以取勢不定或左或右，揖攘有致爲其特色。（圖二十五）

圖二十五 强伯簋

十三、永盂　西周共王金文（公元前九二七年—九〇八）民國五十八年出土於陝西省藍田縣，今藏予陝西省文物管委員會，銘文十二行一百二十二字，其書法結體嚴整，行氣舒鬆，筆畫圓勻，書體類似「墻盤」，爲共王時期之篆書之典範。（圖廿六）

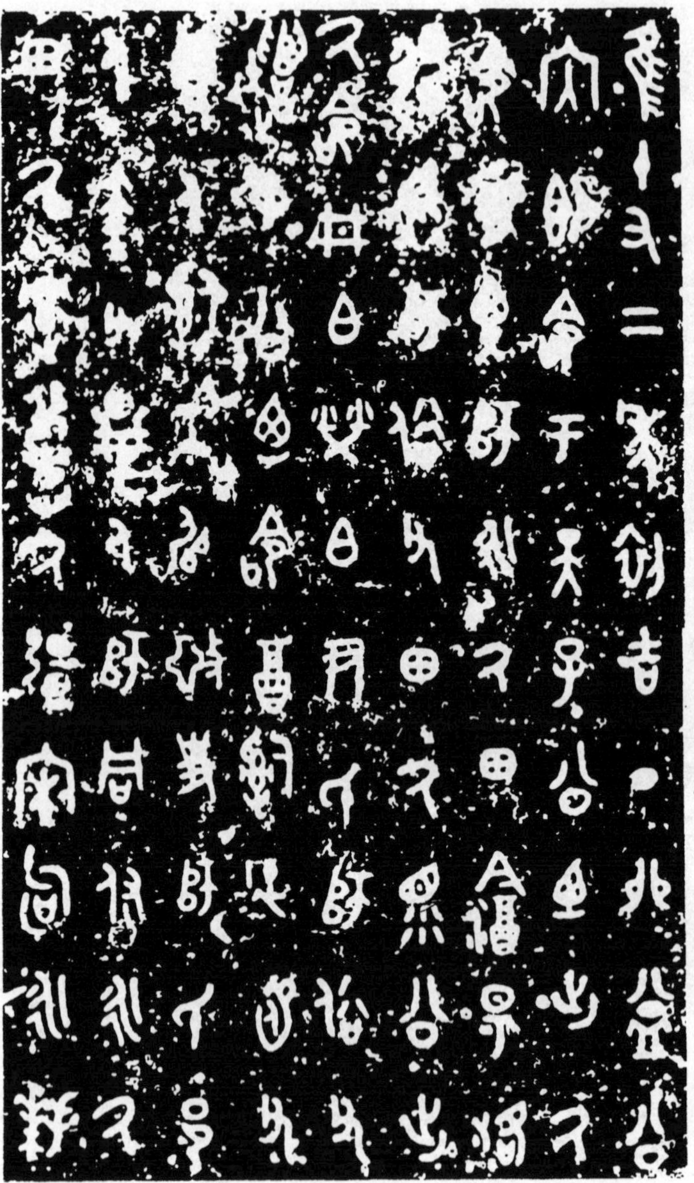

圖廿六　永盂

十四、墻盤，西周共王（公元前九二七年—前九〇八年）民國六十六年出土於陝西省扶風縣莊白窖藏，銘文十八行，二百八十四字。爲西周中期金文銘辭之長者。書法結體均衡，起筆收筆皆用藏鋒，筆畫圓潤遒美，章法齊整，橫豎成行，行氣凝練，是共王時代篆書之傑作。（圖二十七）

圖二十七　墻盤

十五、曶鼎，西周懿王金文（公元前九〇七年—前八九八年）爲著名之重器，惜在晚清時毀於兵火，銘存二十四行，四百一十字，其下端漫漶，失十三字。書法行款工整，體勢謹嚴，運筆轉爲自由，漸趨舒鬆之跡象。（圖二十八）

圖二十八　曶鼎

十六、大克鼎　周孝王（公元前八八四—前八七〇）金文。光緒十六年出土於陝西省扶風縣法門壽任村。爲西周重器，銘文二十八行，二百九十字，銘文大字，用筆厚重挺健，形體壯實，爲西周中期大篆之典範。（圖二十九之一、二）

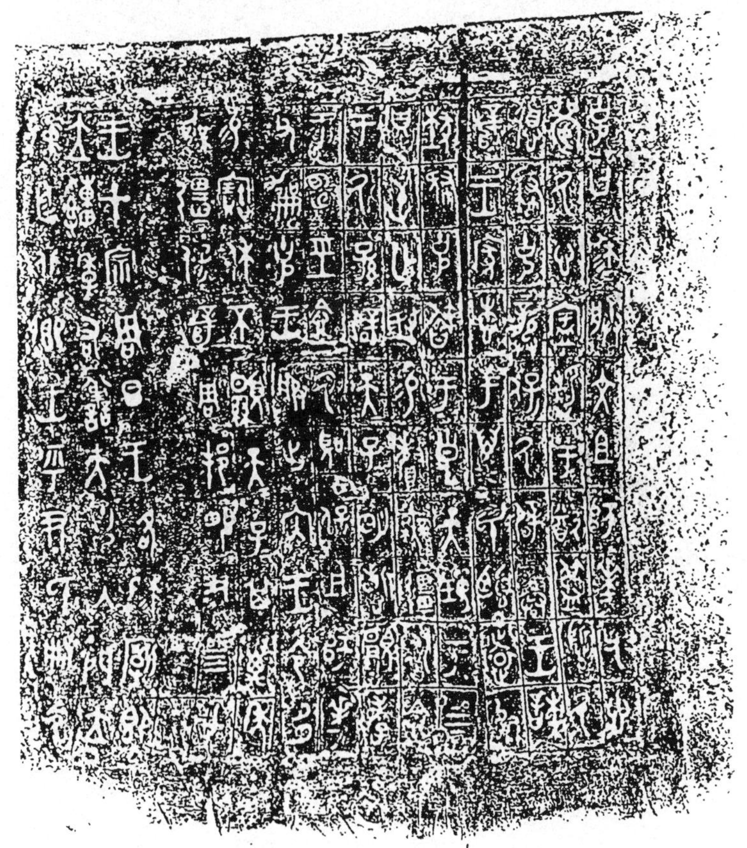

圖二十九　大克鼎之一

圖二十九　大克鼎之二

十七、秦公段　西周時期（公元前一一〇〇—前七七一）金文。此器蓋內有文，其蓋與器之銘文系同一人所書，蓋之銘文結體端莊嚴謹，近於秦篆，用筆婉轉通暢，線條渾厚古樸。器之銘文章法較前緊湊，行距略小，行間隱見白文檻線，字體平實規整，用筆回鋒婉轉。線條粗細勻稱，為秦篆之先驅。（圖三十）

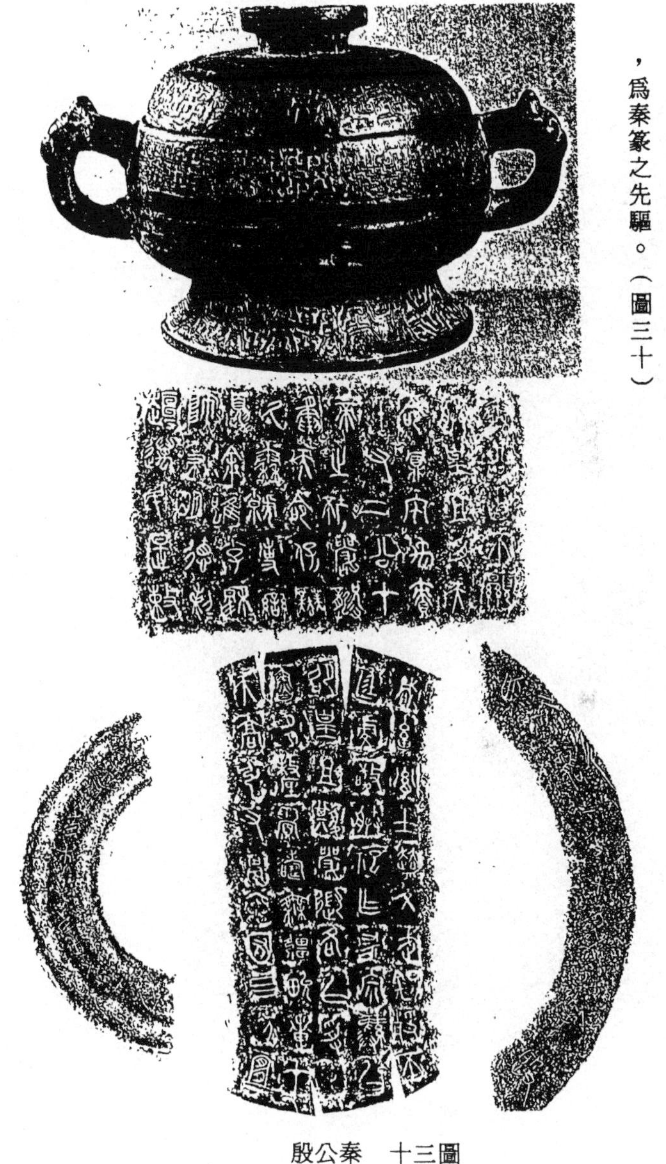

圖三十　秦公段

十八、楚簋　西周中期金文（約公元前一〇〇〇）器內底及蓋各鑄相同銘文七行，七十一字。書法體勢稍縱。行氣寬鬆，布局參差，顯得十分自然，運筆皆用中鋒，起止藏鋒，寓嚴謹於不經意中，書文俱佳。（圖三十一）

圖三十一　楚簋

十九、中簋，西周中期金文（約公元前一〇〇〇年），蓋及器底各鑄「中作旅簋」四字，民國六十三年出土於陝西岐山縣蔡家坡。此銘書法工整峻拔，筆畫平直者如玉箸，渾圓似銀鏈，簋字最後一筆有早期金文之波磔遺風。因字數少，易於表現，氣勢開合，頗富古意。（圖三十二）

圖三十二 中簋

二十、史頌殷　西周厲王時期金文（公元前八五七年—前八四二年）書法結體因形而施，大小錯落，各盡其姿。中鋒用筆，道麗宛轉，如錐畫沙。整幅觀之，其布局章法，疏密相間，瀟瀟洒洒，如滿天星斗，實爲金文中不可多得之佳品。（圖三十三）

圖三十三　史頌殷

二十一、散氏盤亦稱矢人盤，周厲王金文（約公元前八五七—前八四二年）文十九行三百五十字，內容是有關周代土地界限設定之契約記錄，爲考察西周土地制度之重要史料，銘文爲大字，結字寓奇于正，蘊巧於拙，用筆中鋒，厚重質朴。行間中散溢著壯實遒邁之氣象。此銘文書風富於個性化。（圖三十四）

圖三十四 散氏盤

二十二、頌鼎　西周宣王金文（公元前八二七年—前七八三年）。銘文十五行，一百五十字。此銘文書法結體嚴謹，中鋒用筆，優雅圓潤，章法整齊，行氣隨器形而貫通。是西周晚期成熟之篆書。（圖三十五）

圖三十五　頌鼎

二十三、犴伯簋　西周宣王時金文（公元前八二七年—前七八二年）。器內銘文　四行，一百五十字。此銘書法乍看之下工穩端靜，實則結體多采多姿，中鋒用筆富于變化。風格渾厚章法疏岩，韻味雋永，稚拙可愛。爲難得之傑作。（圖三十六）

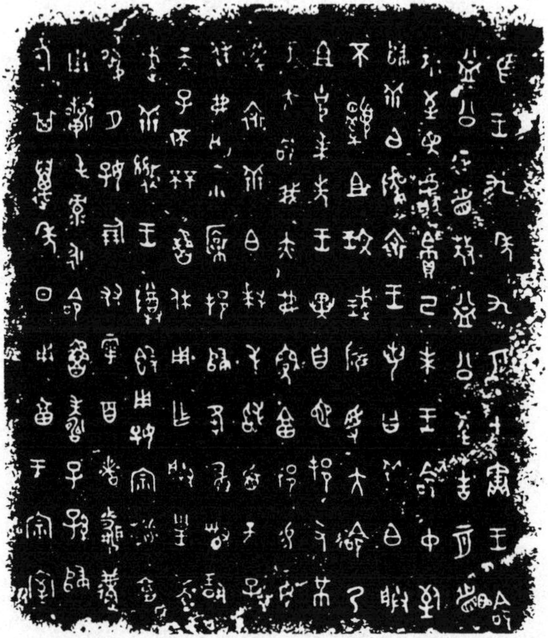

圖三十六　犴伯簋

二十四、虢季子白盤，

西周宣王時金文（公元前八二七年—前七八二）清道光年間出土於陝西寶雞虢川司—長一三〇・二公分，直徑八二・七公分。高四一・三公分，爲現存盤中最大者，四面各有二具環獸首。四脚極短，口下有夔文，腹部繞著含有公字形的波狀文，環爲繩形。銘文刻於盤底，記載虢季氏白征伐玁狁之賞文。其書大字，結體嚴謹，章法疏朗，用筆圓潤優雅。西周書體至此一變，其書法之優美，宣王以後尙不可多見。當即史書所稱之籀文或其濫觴。（圖三十七）

圖三十七　虢季子白盤

圖三十七之一 虢季子盤銘文

二十五、毛公鼎　西周宣王時金文（公元前八二七—前七八二）清道光末年，于陝西岐山縣出土，此鼎爲西周重器，銘文共三十二行，四百九十七字，是現存之青銅器之銘文中最長者，內容天下四方動亂，王命毛公父瘖輔協事。銘文精巧細密，用筆圓勁遒美，結體嚴謹章法精湛，行氣隨器形而貫通神采絢麗飛動，此種筆畫圓勻均衡，首尾如一，不露鋒芒之書法特點。是西周晚期之書法風格。（圖三十八）

圖三十八　毛公鼎

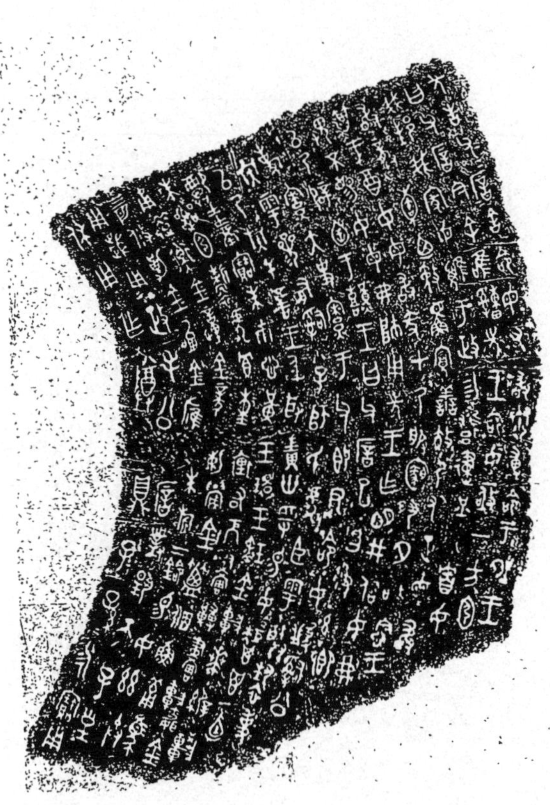

圖三十八之一　毛公鼎

二十六、兮甲盤　西周宣王金石文字（公元前八二七—前七八二），此盤亦西周重器，有銘文十三行，一百三十三字，此盤浸損嚴重，字多漫漶，筆畫粗允浮厚，當爲剝蝕所致，然尚能見其形體質樸，憨厚可愛之處。今在日本書道博物館。（圖三十九）

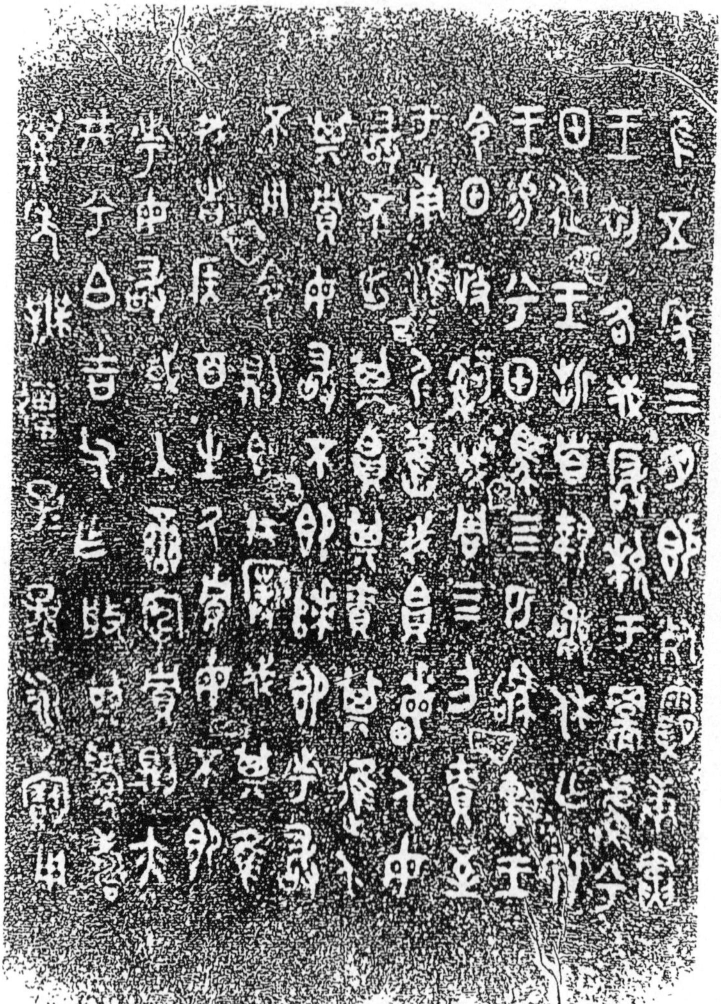

圖三十九　兮甲盤

第三章 大篆

大篆又有稱爲籀文、籀篆、籀書、史書等名。鄧散木篆刻學云：「大篆亦曰籀文，許氏說文自敘，有周宣王太史籀著大篆十五篇之語，後人誤以籀爲人名，故名之曰籀文。案：漢書藝文志謂：『史籀十五篇，周宣王太史作。』太史下未著籀字。又謂：『史籀篇者，周時史官教學僮書也。』是僅名其篇曰史籀，亦未直指籀爲人名也。漢人更稱爲史篇。漢書王莽傳：『徵通史篇文字。』說文解字奭、姚、匋、三字下皆引史篇云云。段玉裁曰：『許三稱史篇，皆說史篇者之辭。』凡此皆足證籀之非人名。說文解字自敘又曰：『學僮十七以上，始諷籀書九千字，乃得爲吏，此籀字訓讀書，與宣王太史籀非可牽合，或因之謂籀文者九千字誤矣。』王國維曰：『史篇字數，張懷瓘書斷謂籀文凡九千字，說文字數與此適合，先民謂即取此而釋之。近世孫氏星衍序所刊說文，猶用其說，此蓋誤讀說文敘也。說文敘引漢尉律諷籀書九千字，諷籀即諷讀。漢書藝文志所引，無籀字，可證。且倉頡三篇，僅三千九百字，加以揚雄訓纂，亦僅五千三百四十字，不應史籀篇反有九千字。』案：說文所列籀文僅二百二十餘字，其不列者，必與篆文同體。……籀文既起於周宣王，則凡宣王以後鐘、鼎彝器所載文字，應皆屬之籀文，而王國維氏史籀篇疏證序曰：『戰國時，秦用籀文，六國用古文。』是欲見史籀文字，又含秦器莫屬矣。秦器之見於世者，最著莫過於石鼓文，而後出之秦公敦，亦甚籍籍人口。」（註：二）關於此段對「史籀」釋義，而是篇名，又認爲「籀」乃「讀」之同聲同文字。「諷籀」二字連讀，即誦讀之意。並非人名。是否人名，而漢書藝文志，就認爲史籀十五篇是史官所制，凡九千字，謂之史書，用以教授，亦即此意，究否有無其人，在後來書法論著中，則都認爲大篆是太史（史官名）籀（人名）所創造的，以上異議，然不論孰是孰非，史籀作大篆十五篇之說，則是衆所公認的。

大篆從甲骨文演變而來，是無疑的。從甲骨文裡面可以看到許多繁密一類之字，是和大篆相類似和相同的，足以證明其演變之跡像。

籀文之稱大篆，而大篆十五篇久已遺失，無從得見，在現存傳世之金石文字中，當以石鼓文最具代表性，石鼓文唐朝初年發現於天興三時原上（今陝西寶雞境內）。此石傳說爲史籀所寫，由於其刻石形狀似鼓，石高三尺，直徑約二尺許，文字刻於四周，計有十個，大小略異，原文七百餘字，屬四言體，類似詩經體裁，內容爲歌頌狩獵事蹟，故世稱之爲「獵碣」。後漢書竇憲傳註：「方者謂之碑，圓者謂之碣。」（註四）（圖四十）

石鼓文字體似小篆，與周代金文相比較，顯得寬廣整齊，是介於周代金文與秦代小篆之間之過度文字。與近代發現之「虢季氏白盤」（周代）（圖三十七）、「秦公敦」（春秋時代　圖三十）、「詛楚文」（原石不存，台灣故宮博物院存宋搨絳帖中有拓片）（圖四十一）等字體極相類似，可知確是秦代以前之物是成定論，應屬於籀書之系統，如對後來小篆而言，可稱爲大篆。其筆畫圓潤、道麗，形體規正。故可說是大篆之代表字體。（圖四十、四十之一）

康有爲廣藝舟雙楫云：「若石鼓文則金細落地，芝草團雲，不煩整裁，自有奇采，體稍方扁，統觀蟲籀，氣體相近，石鼓爲中國第一古物，亦當書家第一法則也。」（註五）可見其康氏對石鼓之贊賞備至，石鼓文向爲藝林所重視，尤爲書法家所推重。如清末之書法家吳大徵，吳昌碩等人之篆書，莫不得力於此，是初習大篆書法的優良範本。（圖八十六之一之二、圖八十九之一、二）

圖四十 石鼓文

石鼓文 第一鼓吾車

石鼓文 第二鼓汧殹

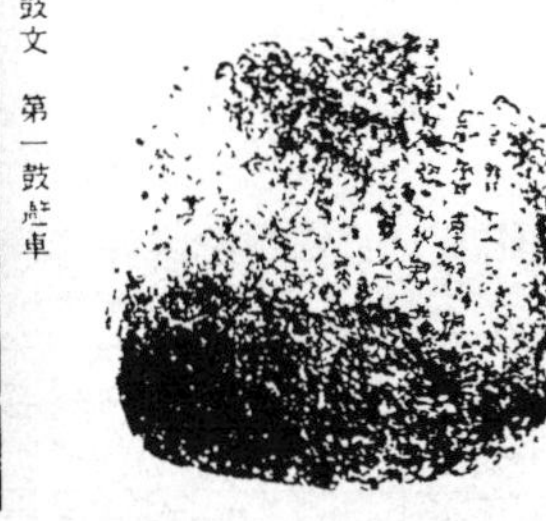

春秋戰國 石鼓

石鼓文 第三鼓田車

石鼓文 第四鼓䜌車

圖四十之一　石鼓文之一

詛楚文拓片

秦刻石（原石不存）此拓片係台灣故宮博物院存宋絳帖中之一拓片。書體方正，體勢整齊，筆力婉轉穩健，筆畫起止略成尖鋒。對後來小篆而言可稱大篆。（圖四十一）

圖四十一　詛楚文拓片

第四章　小篆

小篆又名秦篆，秦丞相李斯所作，秦始皇統一天下，詔同文字，故許氏說文解字敘謂：「七國文字異形，秦初兼天下，丞相李斯，乃奏同之，罷其不與秦文合者。斯作倉頡篇，中車府令趙高作爰歷篇，胡毋敬作博學篇，皆取史籀大篆，或頗省改，所謂小篆是也」。由此而知，小篆乃是取自史籀大篆，整理簡化，由不規則書體而變爲規則，創爲小篆，漢書藝文誌不稱小篆，即稱秦篆，蓋小篆係對大篆而言，因其作於秦時之故，是爲當代官用文字。

秦代書法遺跡，自秦始皇二十六年後，殘存者以權量爲最多，其次爲詔版，再次爲刻石。這些皆爲研究書法之重要資料。（圖四十七、四十八、四十九）

秦始皇巡行天下，到處歌功頌德，刻石以記其事，其刻石凡六：即秦山、琅琊、之罘、嶧山、會稽、碣石六碑；其存於今者僅「秦山刻石」十字，「琅琊台刻石」十數行，都是丞相李斯所書，標準秦代小篆。其餘四刻，或已亡佚，或爲後人重刻。（圖四十二、四十三、四十四、四十五、四十六）

秦山刻石；明代拓本僅存二十八字，原石清代燬於火，今殘存於山東泰山之岱廟中，僅十字可見。字形工整嚴謹；筆畫圓轉勁健，猶如玉箸（即筷子），後人稱爲「玉箸篆」。爲小篆之標準字形。（圖四十二）

琅琊台刻石；今所存之拓本，有十三行本，十二行本，十一行本三種；拓本依時代之先後而異，以清阮元精拓十三行本字數最多，計八十六字，文字已剝泐模糊。亦有翻刻本。原石已毀滅

無跡。字形較泰山刻石長，筆畫亦較生動，亦爲典型之小篆字體。（圖四十三）

之罘刻石；原石原拓，俱已不存。

碣石刻石；漢時已沉於大海。（圖四十五）臨本

會稽刻石；唐時猶存，宋時亡佚，元時曾經重刻，石置會稽黌舍，清又被磨滅，其翻刻拓本有錢泳、焦山本。（圖四十六）

嶧山刻石，唐時已燬於火，杜甫詩云：「嶧山之碑野火焚，棗木傳刻肥失眞。」可見現流傳之拓本，均翻刻本。其體式工整，筆畫勻細，俗稱「鐵線篆」，較玉箸篆略細，字體雖不肖李斯文字，然欲知秦代小篆之眞面目，自不可不觀當時所刻之金石，而秦代金石文字之現存者無幾，這些摹仿本不可說不是研究小篆文之最好資料也。（圖四十四）

從現存秦代小篆書跡來看，可分爲兩派。刻石爲標準者，橫平竪直，布白整齊，由於使用於正式場合，因此寫得端正嚴謹，一絲不茍。權量詔版是自由體，字跡大小參差，布白亦不勻稱，兩者相較，前者得形式之美。後者得天趣之意。大約權量詔版，爲各地方政府可自行仿制，文字非書家謹嚴之作，而係刻工隨意所書。從小篆之用筆來看，有它獨自的特色。秦代小篆雖源出於周代金文，但已變其用筆，鐘鼎多曲筆，小篆多直筆，體式工正，筆畫均勻，結構多對稱均衡。整體章法秩序井然，有節奏韻律。小篆在我國文字，書法衍變發展過程中，佔有極重要之地位。爲我國早期最有係統的文字書法。

漢代之許愼將通行之小篆整理編著爲說文解字。使得後人得以瞭解小篆之字體。此書所收字數甚多，大致以李斯所造小篆爲基礎，敘述文字之成立與變化；可謂今日中國字典之鼻祖。雖然就其解釋而言，在殷周古銅器出現較多之今日觀之，難免含有不少尙待商榷之處；但此書傳下秦

代小篆字體，其功自不可沒。

秦代書法，還有一點值得所提的，是行文的行式，甲骨、鐘鼎中不固定，左右行不拘。自秦以後，一律從右至左，無一例外，這在中國書法史上也是一件大事。

小篆特點，一般說到小篆書家，都以二李—李斯、李陽冰爲代表，正因爲其筆法，確證是西周以來正統篆書之典型。由現存世之李斯所書「琅邪台刻石」（圖四十三）、「泰山刻石」（圖四十二）、李陽冰所書之「三墳記」（圖五十九）、「般若台記」（圖六十一）、「城隍廟碑」（圖六十）等，以及徐鉉所摹「嶧山碑」來看（圖四十四）來看，共同特點是：

一、起筆與收筆均是逆筆藏鋒；行筆都是中鋒用筆。

二、整個字之筆畫與整幅字之筆畫，粗細基本一致，字形成長方形。

三、橫畫須平，豎畫須直，字之間架筆畫平行且成等距，布白均勻。

四、曲線形筆畫左右對稱。

五、筆畫轉折之處，不露圭角，亦無停頓重按之筆，要不見筋節而一氣連貫之筆畫。

六、筆畫交接處，不見接痕，不露起收痕跡。

這種小篆筆法看起來似乎甚難，實際說來因有規矩可尋，學起來實要比其他各體、棣、楷、行、草等不規則之用筆要容易多了，因其筆畫粗細一般，結體均勻對稱，只須長期多加練習，自能運用自如。不像其他各體要注意到粗細，輕重提按，疏密變化等之要求。最重要的還是在文字學上應多下功夫。

一、秦泰山刻石　秦始皇二十八年（公元前二一九年）始皇東巡泰山，丞相李斯等爲歌頌秦德而作，小篆、書法圓潤婉轉，遒麗厚重，結體謹嚴工整，較嶧山碑粗壯。（圖四十二）

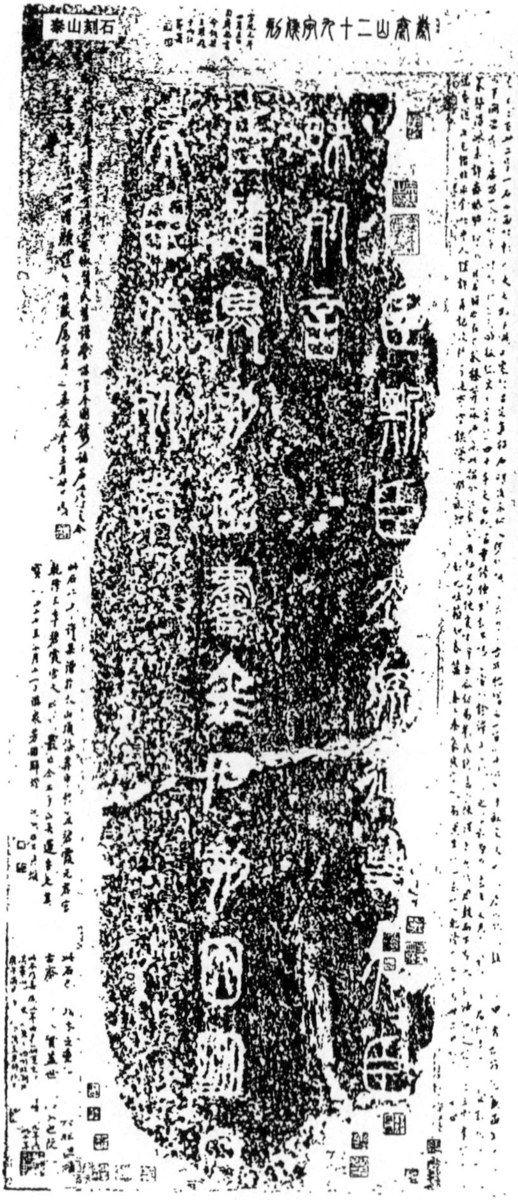

圖四十二　泰山刻石

二、瑯琊台刻石　秦始皇二十八年（公元前二一九年）始皇東巡登琅玡，丞相李斯等頌秦德而立，其書法婉轉圓潤，嚴謹工整。（圖四十三）

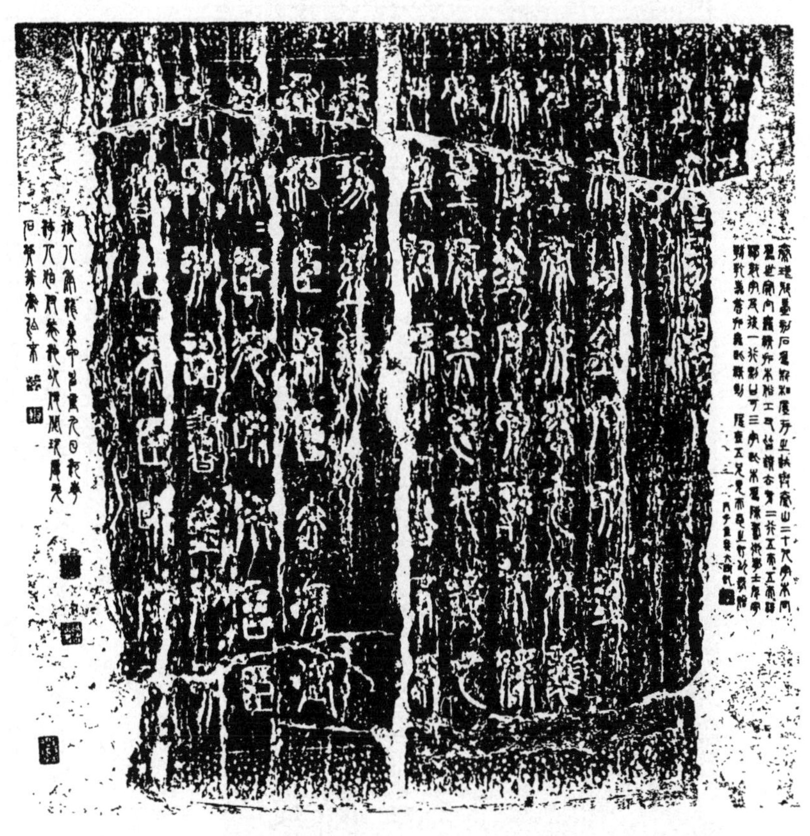

圖四十三　瑯琊台刻石

三、嶧山碑　秦始皇二十八年（公元前二一九年）始皇東巡登山東嶧山，丞相李斯等頌秦德而立。此爲始皇刻石之始。嶧山刻石婉轉通暢，整潔細瘦，實爲李陽冰，徐鉉之先導。此拓本傳乃宋淳化四年（公元九九三年）鄭文寶據南唐徐鉉摹本重刻於長安者，世稱長安本。（圖四十四）

圖四十四　嶧山碑

四、碣石頌、秦始皇三十二年（公元前二一五年）始皇東巡至碣石（今河北省昌黎縣西北）丞相李斯等爲頌秦德而立。小篆、石久佚。清嘉慶二十一年（公元一八一六）錢泳重刻於焦山，筆意完全仿「嶧山碑」遇到「嶧山碑」所無之字則神趣索然。此爲清人楊沂孫臨本，筆畫工穩流暢，運轉自如，從中可以窺見臨者功力之深，亦可想見眞跡之風采。（圖四十五）

圖四十五　碣石頌

五、會稽刻石　秦始皇三十七年（公元前二一〇年）始皇五次巡行登會稽山（今浙江紹興東南）丞相李斯等爲頌秦德而立。石久佚。元至正元年（公元一三四一年）元申屠駉以摹本重刻於紹興學宮，其書體近似「嶧山碑」用筆均勻細瘦，圓轉勻適。一絲不苟，法度謹嚴，而較「嶧山碑」則稍遜而略感刻板。此類篆法對後世影響甚大。（圖四十六）

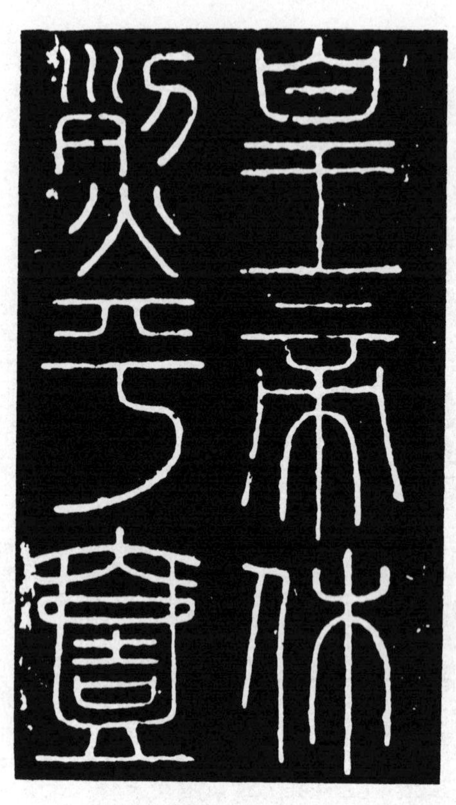

圖四十六　會稽刻石

六、秦銅量銘：秦始皇二十六年（公元前二二一年），篆書，四行，四十字。爲秦始皇統一度量衡之詔書。此銘文已由大篆變化爲小篆之過渡文字。其中有的字體，完全是小篆結構，然方折較多，體態取勢亦方。並不似小篆那樣圓轉宛通。漢封泥書體多受此影響。（圖四十七）

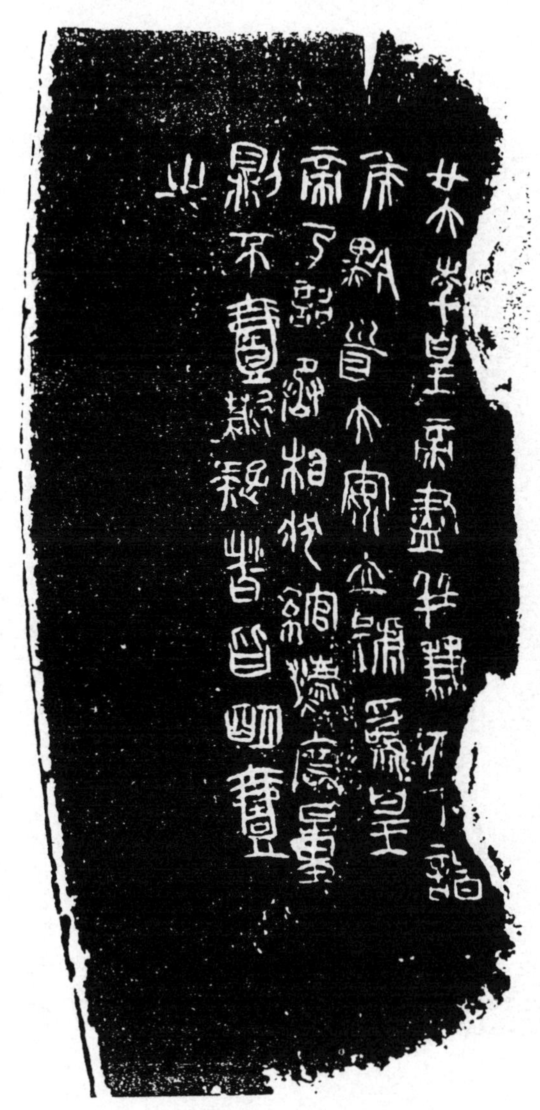

圖四十七　秦銅量銘

七、秦詔版　秦始皇二十六年（公元前二二一年）篆書六行，四十字，此爲秦始皇統一度量衡的詔書。也稱爲「秦量詔版」青銅製，版之四角有孔，用以釘在木制的量器上。其書法大小大不一，或二字僅占一字之格，或一字獨占二字之格，不拘成法，用筆方折較多圓轉漸少，顯得挺勁有力。（圖四十八）

圖四十八　秦詔版

八、秦瓦量，亦爲秦始皇統一度量衡之詔書。（圖四十九）

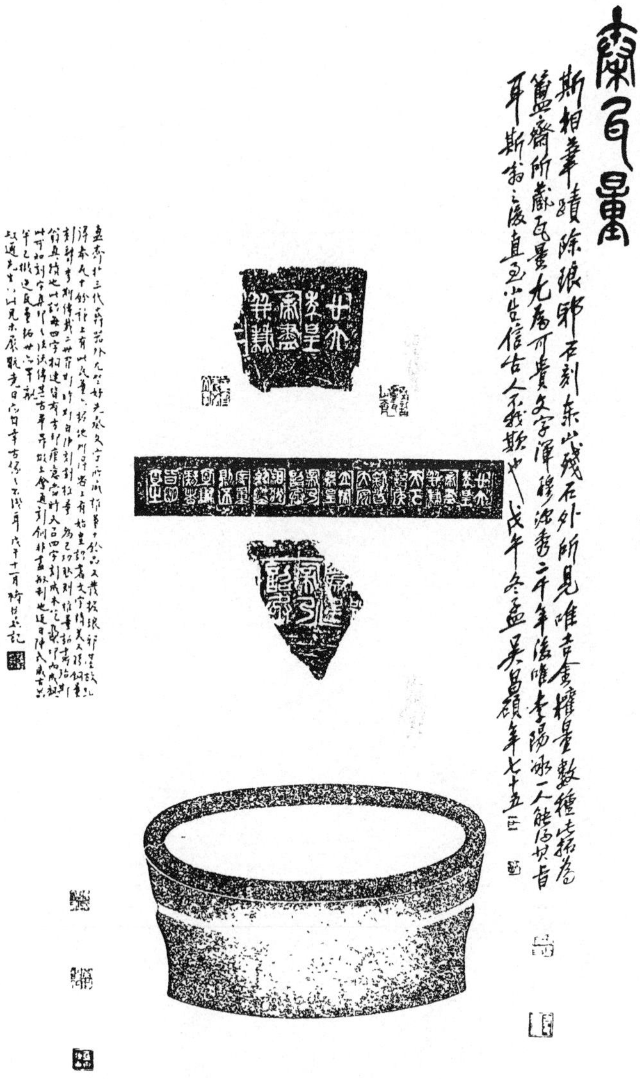

圖四十九 秦瓦量

第五章 漢代以後篆書

小篆又有秦篆與漢篆兩種，秦篆前面已述，有瑯琊台刻石，泰山刻石，會稽刻石，嶧山碑等，皆李斯所作，爲秦正體，體並圓長，秦權秦量，則變方扁，漢人承之而稍加變易，與秦篆無大差異，雖名漢篆，實同一小篆。漢代盛行隸書，篆書已逐漸失去實用價值，僅用於特別正規之地方，如題字、碑額等；而成爲純藝術之創作。漢篆存世者，只有「群臣上壽刻石」（圖五十）、「少室神道闕銘」（圖五十三）、開母廟石闕銘」（圖五十四）三碑，其結體、筆畫，茂密渾勁，近時洛陽出土有「袁安」（圖五十一）、「袁敞」（圖五十二）二碑，兩碑筆勢瘦勁，結體寬博約相一致。此外有些漢碑額 題以篆書來裝飾。茲略舉數碑如孔宙碑額、韓仁碑額、尹宙碑額、鄭固碑額、張遷碑額、白石神君碑額、華山碑額等碑額書體（圖五十五之一、二、三、四、五、六、七），高妙逸麗，惜字數 太少，研習難得豐富資料。

三國魏、吳篆書，曹魏篆書現存世者，僅「三體石經」（圖五十六）一種，吳有「天發神讖碑」（圖五十七）。此碑相傳是皇象所書，書體方折，若篆若隸，字勢雄偉。另有「封禪國山碑」（圖五十八），其筆法較多圓轉，與神讖碑的方折迥不相同。

唐人小篆，六朝時候，南北書派均趨向行楷，篆書幷不多見。到了唐朝李陽冰以篆書聞名，後人稱其爲唐代篆書之代表，陽冰亦自稱「斯翁之後，直至小生」。此種自負之氣概，可以想見。李陽冰的遺蹟石刻，多半毀滅。三墳記（圖五十九）、謙卦、城隍廟碑（圖六十）等等，都是翻刻，惟獨般若台記（圖六十一）和怡亭銘（圖六十二）兩種是其原跡。是李陽冰刻意摹仿李斯

小篆筆法。唐代尚有瞿令問、袁滋，都是工篆書的。（圖六十三、六十四）

南唐時候，徐鉉、徐鍇兄弟二人因講小學，而長於小篆。其石刻今傳有宋拓許眞人井銘（圖六十五）。其篆法精熟奇絕，點畫有法，係以玉箸體小篆，遒圓勁健，體方筆圓，體勢縱長。直追秦、漢。

宋人小篆，宋代能寫小篆者甚多，如郭忠恕、僧夢英、唐英、王壽卿、蘇唐卿、汪藻、上官佖、楊恒、李寂、陳孔碩、常杓等人，均是工小篆者，其中王壽卿所寫之穆氏塋表，摹仿李陽冰，維妙維肖。僧夢英有，說文字原及千字文（圖六十七）；唐英有勃興頌，刻入「陝本廟堂碑」後，上官佖有王母宮頌；李寂有昌黎王箴；蘇唐卿有醉翁亭記、鬱林觀石刻；陳孔碩有處州孔子廟碑。常杓有宋人詞（圖六十八），以上所舉各碑，原石尚存。

元人小篆，元人能寫篆書的也不少，如趙孟頫、吾邱衍、吳叡、泰玉華、周伯琦等。趙孟頫篆書有碑額、及千字文等（圖六十九、七十、七十一）。吳睿精於篆書，有千字文（圖七十二）。吾邱衍著有「學古編」及「十五舉」，論篆書及治印；泰玉華著有「學古續編」，石刻有王烈婦碑，他的小篆參以石鼓文之筆勢，用筆流暢，絕不似學李陽冰，可說是清代鄧石如派之先聲；周伯琦石刻有李公殿，筆勢厚重淵雅，幷著有「六書正訛」和「說文字原」。

明人小篆，明人篆書流傳甚少，無突出成就。黃子高續三十五舉云：「屠長卿論，明朝篆人李東陽、滕用亨、程南雲、金湜、喬宇、景暘、徐霖、陳道復、王穀祥、周天球，凡十人。按十人中，西涯（李東陽之別字）最負盛名，今皆未之見也。」（註六）又云：「古無草篆之名。有之自趙寒山（名宧光）始，偶見石刻一紙，使我十日惡」。存世有李東陽篆書題簽（圖七十三）。祝允明篆書碑額（圖七十四），趙宧光篆書楹聯。（圖七十五）

清代篆書，由唐至明，凡作篆書的都是筆畫細而圓的一類，所謂玉筋篆或稱鐵線篆是也。直到清代習篆風氣盛行，小篆發達，在清康熙、乾隆兩代，講金石寫篆隸的很多，因爲這個時代，正在大興文字獄，一般學者，因文字獄牽涉太廣，有時過於穿鑿附會，近於無理取鬧，於是一般學士大夫專從考據方面下功夫，不僅促使古代遺跡發掘與調查積極進行，金石學研究之風更爲鼎沸，在書體與造字之研究上也大有斬獲，因爲研究小學，附帶寫篆字和古文，於此時期，寫篆字的人們，多半以小篆爲主，一倡百和，造成時尚。其寫小篆著名者有，如康熙時的王良常（名澍），乾隆時的桂馥，洪亮吉、孫星衍、錢坫等。這些人所書小篆乃爲玉筋篆，用筆細瘦呆板，布局勻適。這派小篆，他們號稱是學李斯、李陽冰的。其中王良常可稱爲清代初期小篆之發起者。（圖七十六、七十八、七十九、八十）

錢坫也學李陽冰，用功不下於王良常，晚年右體偏枯，改用左手寫，也很精良。他嘗自負其所書小篆，嘗刻一印：「斯冰之後，直至小生」，意思是說，他是越過宋、元、明而直接李斯、李陽冰的，其實同樣是誇大可笑。

錢坫所書小篆（圖七十八），比王良常（圖七十六）來得古樸些，結構也不平凡，因其不講工整勻適，而以自然爲主，並且含有金石氣味，受了銅器之影響，晚年用左手寫的更好，是在王良常以上，更非孫星衍（圖八十）、洪亮吉（圖七十九）兩人所能及。孫星衍寫小篆和王良常同流，也是篤守舊法。有人說其小篆，是用綢子捲（用細薄的綢子束成小捲以代筆，用以寫勻適小篆，比用細線束縛切去筆尖的筆，更爲好用）寫的，工整雖不及王良常，在筆姿方面，似乎高於良常。洪亮吉所書小篆，和王良常一樣，惟工整差些，筆力也較軟弱。以上四人所書小篆，雖號稱寫法二李，其實是學宋篆，因其都是以嶧山碑和三墳記等類宋代翻刻碑爲摹習範本。我們可以稱其爲寫篆守舊派。

鄧石如（名琰，號完白）之篆書（圖七十七），結體氣勢磅礴，不像王澍、孫星衍、洪亮吉、錢坫等篆書厭厭無生氣。他起初喜歡刻印章，並且最愛模仿漢印。包世臣藝舟雙楫載完白山人傳云：「顧獨好刻石，仿漢人印篆甚工，弱冠孤露，即以刻石游。性廉而尤介，無所合，七八年，轉展至壽州，時亳人前巴東知縣梁巘主講壽春書院，巴東以工李邕書名天下。山人爲院中諸生刻印，又以小篆書諸生箑，巴東見之嘆曰，此子未諳古法耳，其筆勢渾鷙，余所不能，充其才力，可以輘轢數百年鉅公矣。因爲山人治裝，而致之江寧舉人梅鏐，舉人爲文穆公季子，文穆雖貧宦，然梅氏自北宋爲江左甲族，閏人十數，弆藏至富，文穆又受聖祖殊遇，得祕府異珍尤多，蓋秦漢以來金石善本備在焉。山人既至，舉人以巴東故，爲小人盡出所藏，復爲具衣食楮墨之費，山人既得縱觀，推索其意，明雅俗之分，迺好石鼓文，李斯嶧山碑泰 山刻石，漢開母石闕，敦煌太守碑，蘇建國山及皇象天發神讖碑，李陽冰城隍廟碑三墳記，每種臨摹各百本。又苦篆體不備，手寫說文解字二十本。旁搜三代鐘鼎及秦漢瓦當碑額，以縱其勢博其趣，五年篆書成。乃學漢分，臨史晨前後碑、華山碑、白石神君、張遷、潘校官、孔羨、受禪大饗各五十本，三年分書成。山人篆法以二李爲宗，而縱橫闔闢之妙，則得之史籀，稍參隸意，殺鋒以取勁折，故字體微方，與秦漢當額文爲尤近。」（註七）看了包世臣所述，對鄧石如在篆書上鑽研和用功，可以明瞭其大概。鄧石如改變王良常等寫小篆之舊規律，獨出心裁，用新法來寫小篆，雖有少數知名人士加以批評攻擊，如錢坫、錢魯斯二人皆當時有名書法家，起初對鄧石如很稱讚，後來錢坫批評其所書小篆不合六書規律，錢魯斯則評其執筆不合法度，孫星衍批評其遜於古雅，譏其匠氣，他雖受此種種打擊，並不因此灰心，而終成一代寫篆大師，其筆法創新，一洗以往寫小篆之拘束和呆板之習氣，風氣亦爲之而大變，被尊爲碑學的典範，名書家如吳讓之（圖八十一）、趙之謙（

圖八十三）、胡荄甫（圖八十四）、吳大徵（圖八十七）、吳俊卿（圖八十八之一之二）等受其影響很深。然亦有不善於接受其新觀念者，如徐三庚（圖八十五）、王孝禹二人便是。所以說鄧石如是清代寫篆書的開創新局面的人。

其後，他的門生吳熙載（圖八十一）師承其法，又加以變化。以後的莫友芝也學鄧，但字體結構變得寬博整齊。到了清咸豐（公元一八五一—一八六一）時候，楊沂孫（圖八十二）寫篆書參以金文的結體。後來吳大徵的篆書（圖八十七），更多秦詔版筆意。

清末民初，寫篆書的有丁弗言，能寫甲骨和金文，羅振玉則專寫甲骨；章炳麟（圖九十一）則以小篆合籀文，用筆剛勁，別有古趣；吳俊卿專寫石鼓，結體改作長形而帶斜勢。筆畫凝練遒勁，具能自出新意，形成一種迥異於他人的獨特風格。學他之人很多。

一、漢　群臣上壽刻石（公元前一五八年）漢初趙王遂時刻。碑文篆書，成於西漢文帝後元六年，刻石在河北永年。（圖五十）

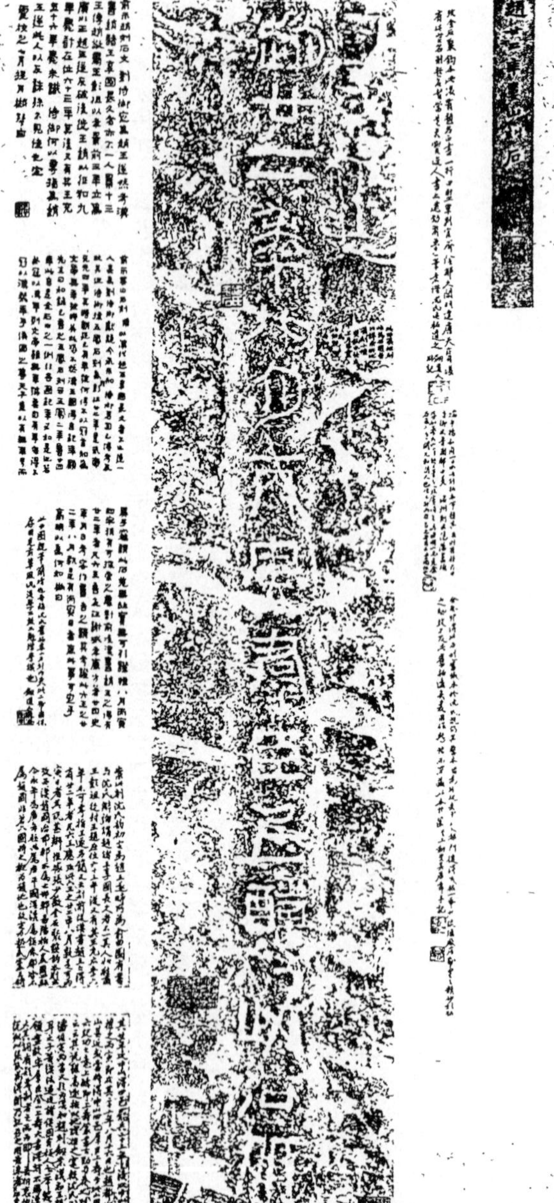

圖五十　漢群臣上壽刻石

二、袁安碑　東漢永元四年（公元九二年）立，小篆，於民國十八年出土於河南洛陽。碑文共十行，行十六字，每行皆損一字，袁安後漢書有傳，與碑文相合，此碑書法結體不同於秦篆，結構平穩，寬博疏朗，筆勢圓轉自如，筆畫粗細均勻，柔中帶剛，華美流暢，爲漢碑之杰出者。（圖五十一）

圖五十一　袁安碑

三、袁敞碑　東漢元初二年（公元一一五年）立，民國十二年出土於河南洛陽，篆書，此碑書法與袁安碑字體相似，可能出於一人之手，其結體方寬博，筆畫均勻，瘦勁圓轉，華美自然（圖五十二）。

圖五十二　袁敞碑

四、嵩山少室石闕銘　東漢延光二年（公元一二三年）立，篆書，此銘文用筆圓通婉麗，結體平整勻衡，筆畫粗細均勻，略帶漢隸筆意與「嵩山開母廟石闕銘」風格相似。（圖五十三）

圖五十三　少室石闕銘

五、嵩山開母廟石闕銘　東漢延光二年（公元一二三）立，此銘在河南登封，與嵩山泰石闕銘，少石石闕銘合稱嵩山三闕。銘文二十五行行十五字，下方題名十二行，行七字篆書，結體呈方形，用筆圓轉，筆畫厚重豐茂。（圖五十四）

圖五十四　開母廟石闕銘

圖五十五 漢碑額

圖五十五之二 韓仁碑額

圖五十五之一 孔宙碑額

圖五十五之三　尹宙碑額

圖五十五之四　鄭固碑額

圖五十五之六 白石神君碑額

圖五十五 張遷碑額

圖五十五之七 華山碑額

六、魏三體石經　三國魏正始間（公元三四〇—二四八年）刻，書分古文、篆、隸三體，傳爲衛覬、邯鄲淳、嵇康等書。此碑書法三體皆工整精能，可視爲當時之標準字體。其古文、小篆、隸書三體並列，此種章法布局，尚屬首創。於此可見漢字書法嬗變及諸體並存之痕象。（圖五十六）

圖五十六　魏三體石經

七、天發神讖碑，東吳天璽元年（公元二七六年）傳爲皇象書，篆書，石已斷爲三，上段存二十一行，中段存十九行，下段存十行，總存二百餘字，清嘉慶十年（公元一八〇五）毀于火，此書結體上緊下鬆。體勢雄强，疏密得兼，以方筆作篆，別開生面，起筆見方而收筆尖銳，篆筆中有隸法也。（圖五十七）

圖五十七　天發神讖碑

八、吳禪國山碑　吳天璽元年（公元二七六年）立，石在江蘇宜興，傳爲蘇建所書。又稱「封禪國山碑」、「天紀碑」。碑形微圓，四面環刻，謂之「團碑」、「囤碑」。篆書，文存四十三行，行二十五字，結體正方，筆畫較粗，茂密遒婉，樸質渾厚，富周、秦遺意。（圖五十八）

圖五十八　吳禪國山碑

九、三墳記　唐大曆二年（公元七六七年）立，李季卿撰文，李陽冰書，栗光鐫刻，篆書，兩面刻，共二十三行，行二十字，碑高六尺四寸四分，寬二尺八寸，原石久佚，宋代重刻，石在西安碑林。此碑書法，運筆命格，矩法森森；遒勁中逸致翩然。（圖五十九）

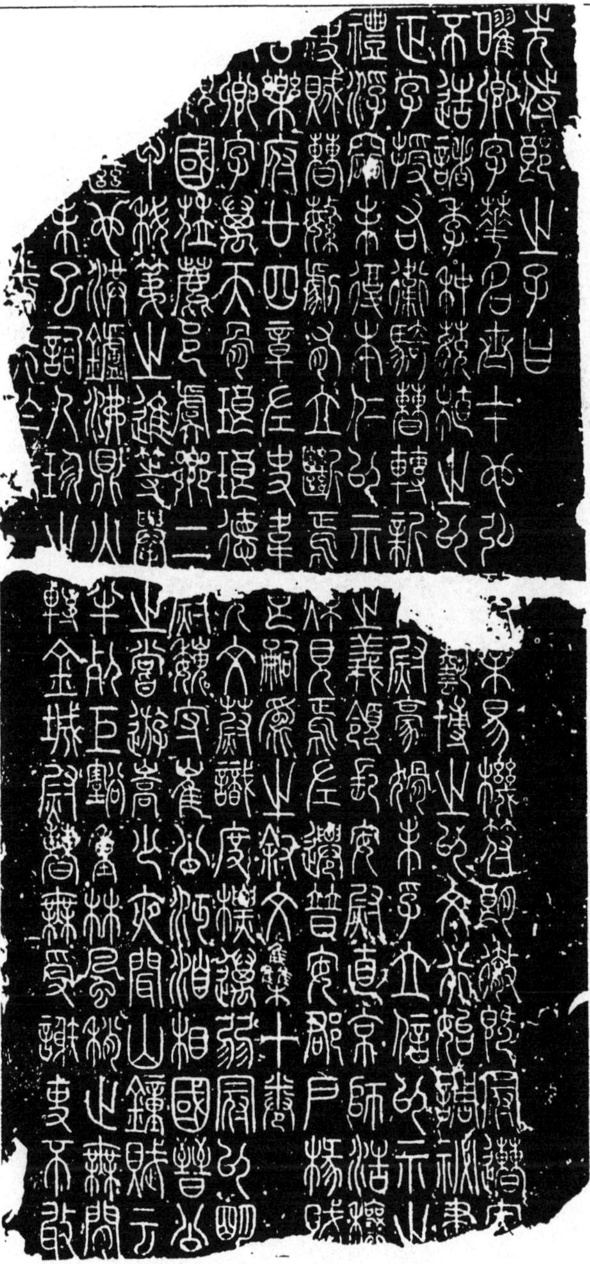

圖五十九　三墳記

十、城隍廟碑　唐乾元年間（公元七五八—七六〇）　李陽冰在浙江縉雲縣令任內以篆書寫成，原石久佚，宋宣和五年（公元一一二三）重刻，筆畫瘦細而偉勁，飛動宕神。結體工整嚴謹。（圖六十）

圖六十　城隍廟碑　唐李陽冰

十一、般若台銘　唐乾元年間（公元七五八—七六〇）　李陽冰在浙江縉雲縣令任內以篆書寫成，石刻殘缺不全，此銘篆書，結體修長，委婉圓轉。筆畫蒼勁，遒功茂密。（圖六十一）

圖六十一　般若台銘　唐李陽冰

十二、 怡亭銘井序，唐永泰元年（公元七六五年）立，篆書，六行，二十二字。此銘字徑四寸，結體休長，筆勢開張而舒展，姿態飛動。爲李陽冰典型書體。（圖六十二）

圖六十二 怡亭銘井序

十三、峿台銘　唐大曆二年（公元七六七年）刻，摩崖刻石，在湖南祁陽。元結撰文，無書者姓名，多數著錄者以爲瞿令問書。此銘書法結體稍長，布局綿密，字方筆圓，勁利峻拔，豪爽舒展，每字之豎筆，引伸特長，收筆尖細，狀如懸針，所謂「懸針篆」是也。折筆處或收或外展，自成法則，清勁圓健，俊麗秀美。極爲後世所重。（圖六十三）

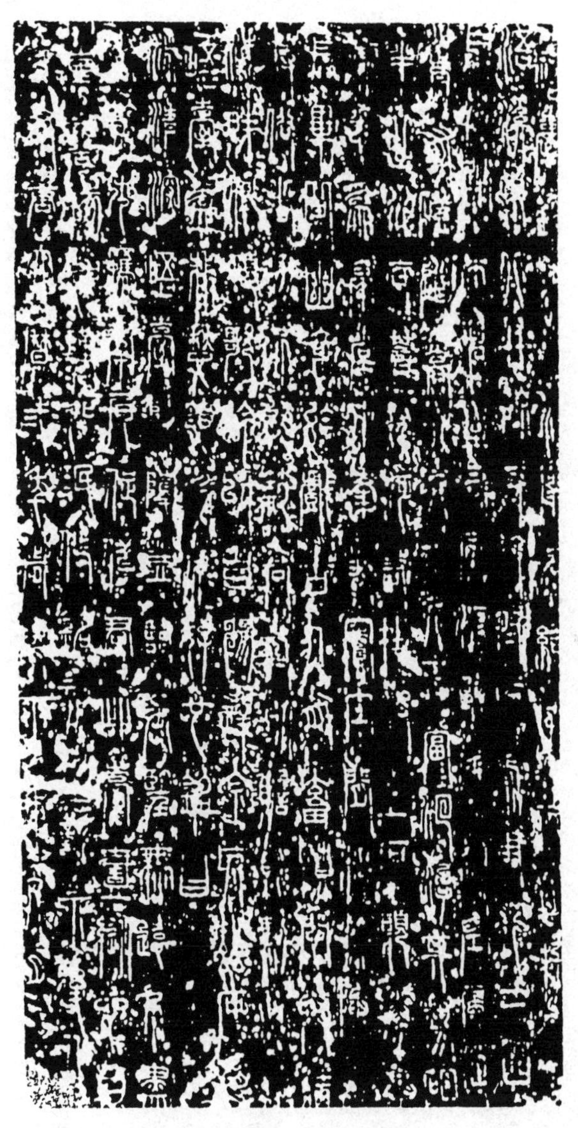

銘台峿　三十六圖

十四、陽華岩銘　唐永泰二年（公元七六六年）刻，在道州江華縣東南，爲摩崖刻。元結撰、瞿令問書，序文爲隸書七行，行十二字，銘文三體書，三十五行，行三字，每字按大篆，小篆、隸書三體排列，全仿魏正始三體石經。銘高七十六公分，橫二百七十六公分，此銘三體薈華，豐富多采。其大小篆筆畫均作柳葉狀，字體修長，上緊下舒，筆勢飄動，流宕有姿，書林藻鑑載：「元結云（令問藝兼篆籀）山谷題跋（江華令瞿令問玉筯篆筆畫深穩）古泉山館金石文編（此見公篆學之精深實於唐宋諸儒中卓然可稱者。）（註八）」此銘文、書、刻均佳，集文學藝術於一身。極有觀賞價值（圖六十四）

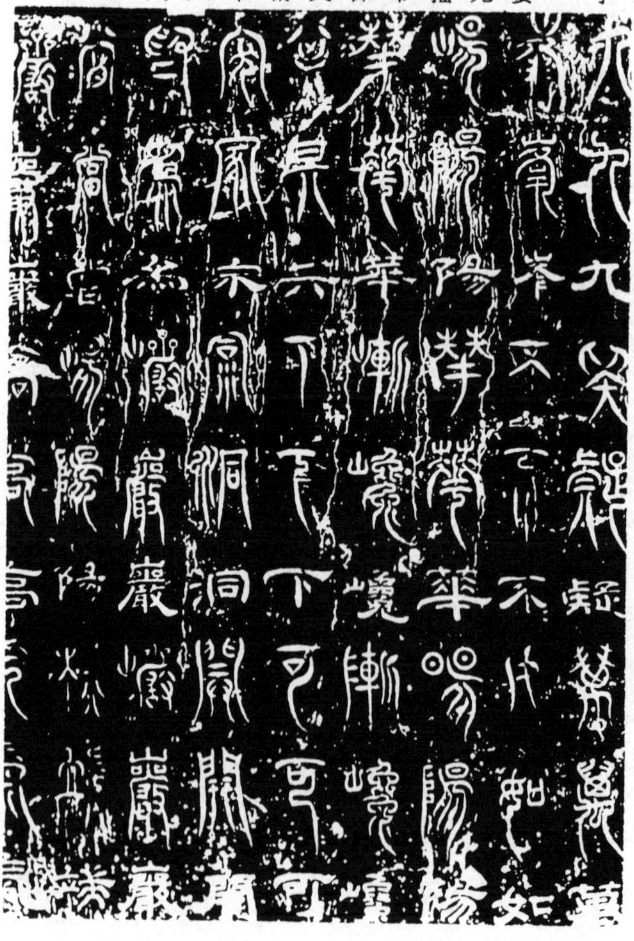

圖六十四　陽華岩銘

十五、許眞人井銘　宋徐鉉書，拓本篆書。徐氏精于篆書，八分，上追秦、漢，模李斯，篆法精熟奇絕，點畫有法。此銘用玉箸體作小篆，體方筆圓，體勢縱長，遒圓勁健。（圖六十五）

圖六十五　許眞人井銘

十六、千字文殘卷　墨跡，紙本，傳爲宋徐鉉所書，實爲宋人僞托臨。本此卷筆法精熟，流暢自然，起筆多用頓筆，或垂脚飄動。或懸針短秀，結體嚴美。多藏以象形。婉約蘊清，韻致古雅。（圖六十七）

圖六十六　千字文殘卷　徐鉉書

十七、千字文拓本　宋乾德三年（公元九六五年）釋夢英書，夢英號宣文，湖南衡陽人，工籀篆，極有時名，本拓本篆書，結體工穩而疏朗，筆勢精妙圓轉。筆畫纖細均勻。神態秀麗委婉。（圖六十七）

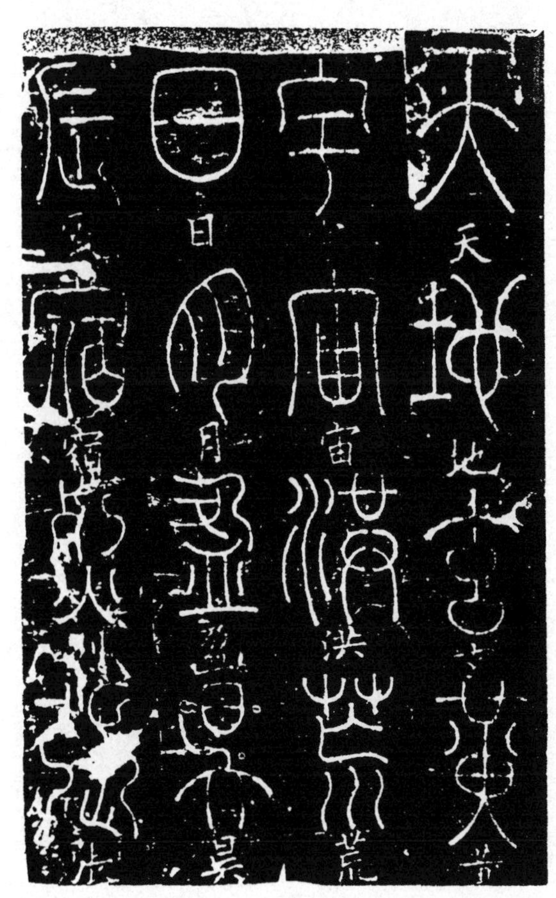

圖六十七　千字文　宋　釋夢英

十八、宋人詞　宋常杓（生卒年不詳）史亦無傳載，僅「宋人詞」傳世，共十二幅，五十三行，每行字數不等。計五〇八字。此書筆法婉轉勁健，挺拔舒展，功力深厚，為其經意之作。現藏於台灣故宮博物院。（圖六十八）

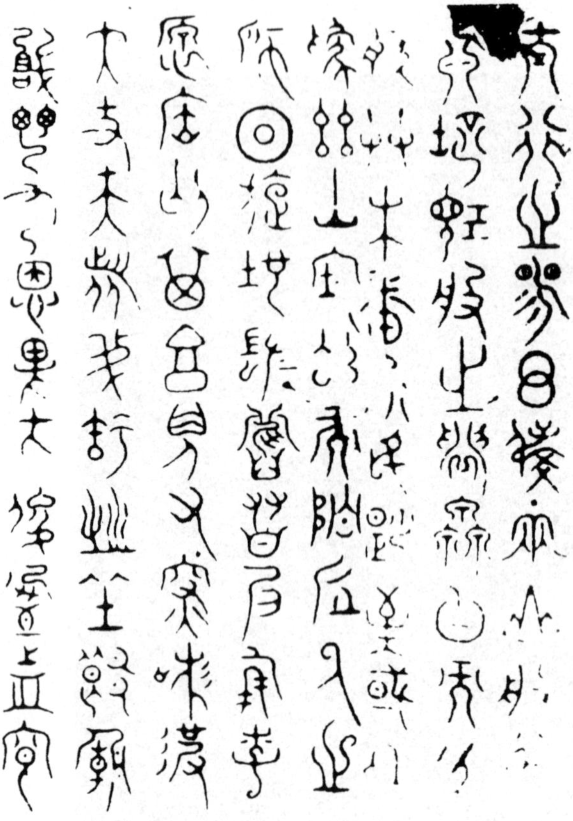

圖六十八　常杓書宋人詞

十九、元趙孟頫（公元一二五四—一三二二）字子昂，號松雪道人，浙江湖州吳興人。其書法，篆籀分隸眞行草書，無不冠古今。遂以書名天下。此篆額「杭州福神」結體方圓，筆畫開展舒張，端莊沉著，氣勢雄偉。（圖七十九）

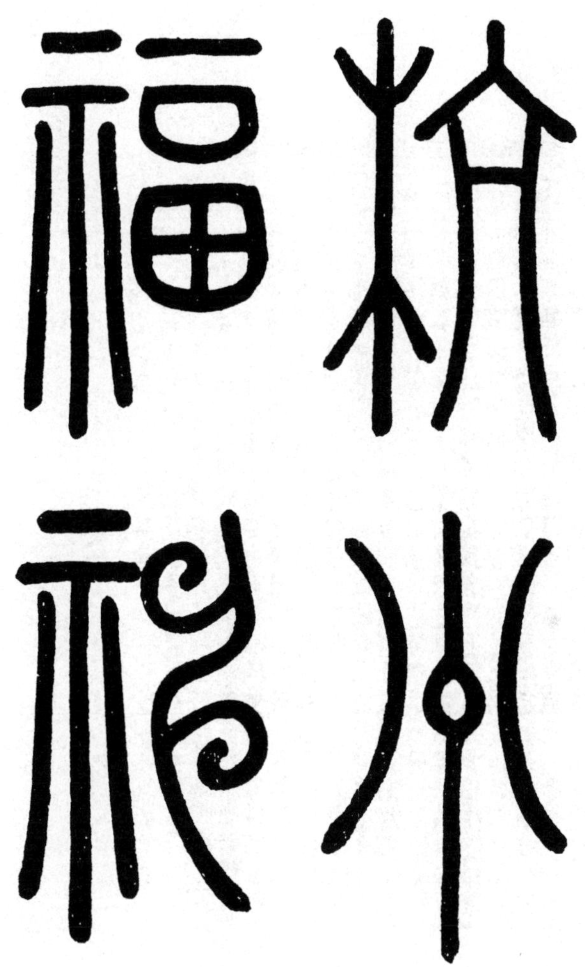

圖六十九　趙孟頫篆額

元趙孟頫篆書千字文，此卷結字方整稍縱，用筆精勁，體方筆圓，瘦勁俊秀，布局綿密而無局促之感。與秦「詛楚文」相近。（圖七十）

圖七十　趙孟頫千字文

二十、趙孟頫 三門記額題，墨跡紙本，篆書結體方闊，筆畫開展舒張，端莊沉著，氣勢雄偉（圖七十一）。

圖七十一 趙孟頫額題

二十一、吳睿（公元一二九八—一三五五）元代書法家，字孟思，號雪濤散人。精工小篆古隸，此帖千字文書法勻淨遒逸，精於結字，嚴於布置，風格清勁，筆畫起落筆處俱尖，蓋得法於古文鐘鼎金文也。（圖七十二）

天地玄黃宇宙洪荒日月
盈昃辰宿列張寒來暑往
秋收冬藏閏餘成歲律呂
調陽雲騰致雨露結為霜
金生麗水玉出崑岡劍號
巨闕珠稱夜光果珍李柰
菜重芥薑海鹹河淡鱗潛
羽翔龍師火帝鳥官人皇
始制文字乃服衣裳推位
讓國有虞陶唐弔民伐罪
周發殷湯坐朝問道垂拱

圖七十二　千字文

二十二、明李東陽（公元一四四七—一五一六）字賓之，號西涯，湖南茶陵人，工篆隸書，以篆書造詣爲高，此題簽爲「二陸文翰」，「米南宮詩」八字。此小篆筆畫中鋒用筆，圓轉流暢，結體方整，清勁入妙。（圖七十三）

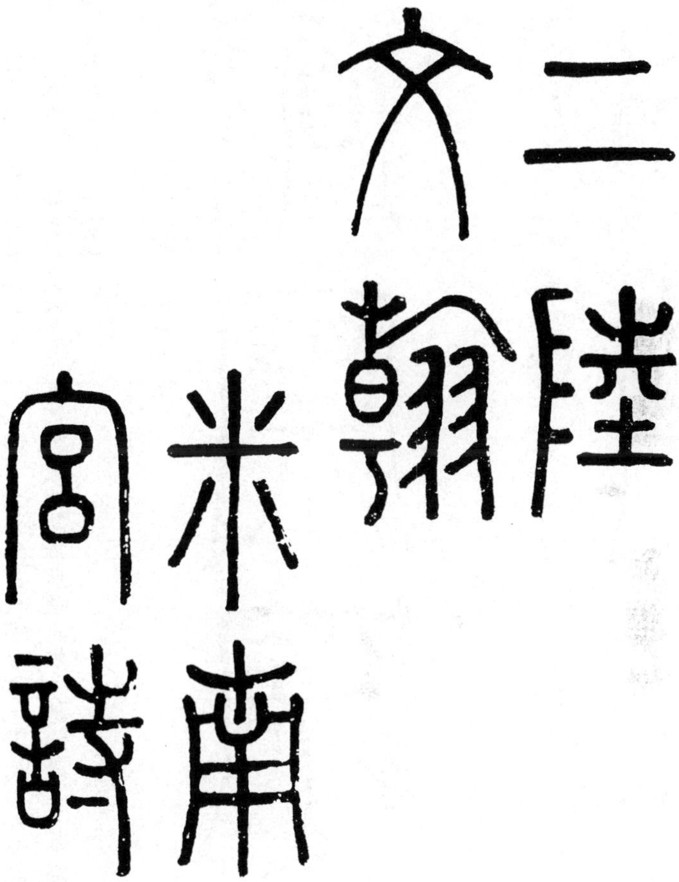

圖七十三　李東陽題簽

二十三、明祝允明（公元一四六〇—一五二六）字希哲，書法出入晉魏，晚益奇縱，爲國朝第一，本額篆書碑額「都察院右副都御史」結構疏密有致，神韻具足，正鋒用筆，轉運遒逸，古雅有餘。（圖七十四）

圖七十四　允明題額

二十四、趙宧光（公元一五五九－一六二五）字凡夫，大倉人，篤意倉史之學，創作草篆，此書法「竹開霜翠聯」，用筆圓勁，如折古刀，得自「天發神纖碑」而小變，凡夫專精字學。著有「說文長箋」，「寒山帚談」等論字學。（圖七十五）

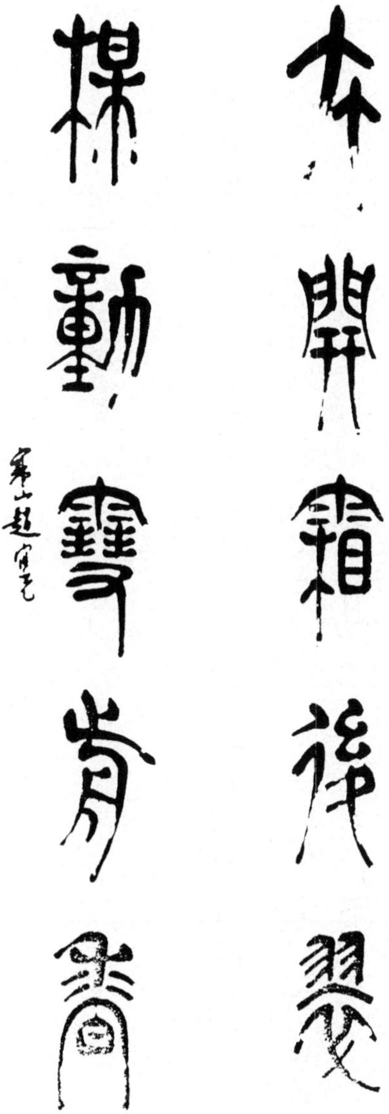

圖七十五　趙宧光竹開霜聯

二十五、王澍　清康熙七年—乾隆四年（公元一六六八—一七三九年）字若霖，號虛舟，別號良常山人，恭壽老人，江蘇金壇人，書法、四體兼之，篆書法李斯，但并不限於古人成法，剛勁有力，渾厚天成。此軸謙享君子，篆書娟秀流麗，以藏鋒圓運，剛勁內涵。蓋專尚李陽冰，爲清初期小篆發起人。（圖七十六）

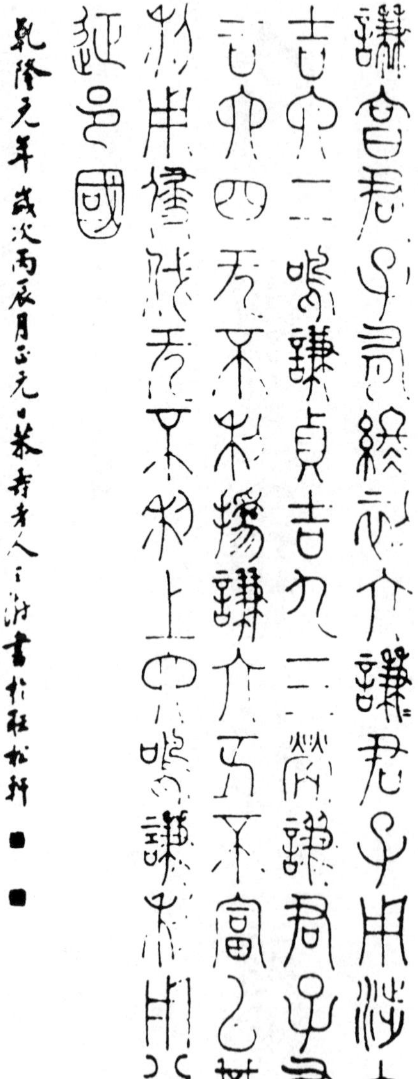

圖七十六　王澍篆書

二十六、清鄧石如（乾隆八年—嘉慶一〇年）（公元一七四三年—公元一八〇五年）原名琰，字石如，後以字行，改名頑白，號完白山人，笈游道人，龍山樵長、鳳水漁長等，安徽懷寧人。爲清代中葉古篆之創新派代表。善四體書，又工篆刻。研創書法，篆刻新流派。人們稱之爲鄧派，此篆書墨跡（游王氏性圓詩）書體微方，包世臣（完白山人傳稱山人篆法以二李（李斯、李陽冰）爲宗，而縱橫闔辟之妙，則得之史籀精參隸意，殺鋒以取勁折。體方而筆圓，勁如屈鐵。（圖七十七）

圖七十七　完白山人書

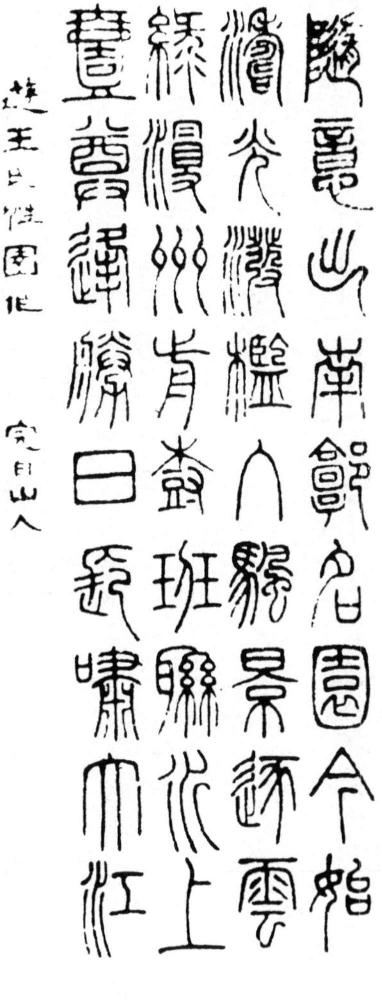

二十七、錢坫　清乾隆八年—嘉慶一一年（公元一七四三年—公元一八〇六年），字獻之，號小藍，江蘇嘉定人。晚年右體偏枯，左手作篆尤精絕。此聯學牛毛墨跡，結體工穩而疏朗，筆勢流暢，蒼古沉厚，四環轉折，姿致剛勁。（圖七十八）

圖七十八　錢坫書學如牛毛聯

二十八、清洪亮吉（乾隆十一年—嘉慶一四年）（公元一七四六年—一八〇九）字君直，一字雅存，號北江，又號更生居士，江蘇陽湖人（今武進縣），於書無所不窺，尤工篆書，此聯結體疏朗縱長，筆勢潔淨而精妙，筆畫圓轉流暢。（圖七十九）

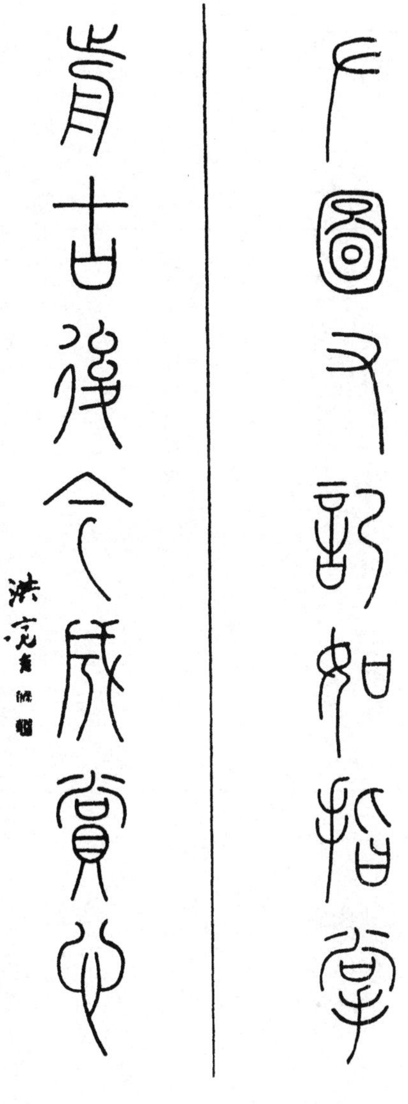

圖七十九　洪亮吉篆書

二十九、清孫星衍（乾隆十八年—嘉慶二十三年）（公元一七五三—一八一八）字淵如，又字季逑，江蘇陽湖人（今武進縣）工篆隸，留心碑版，此聯結體工穩疏朗，筆勢精妙，筆畫圓勁，閑雅古麗。（圖八十）

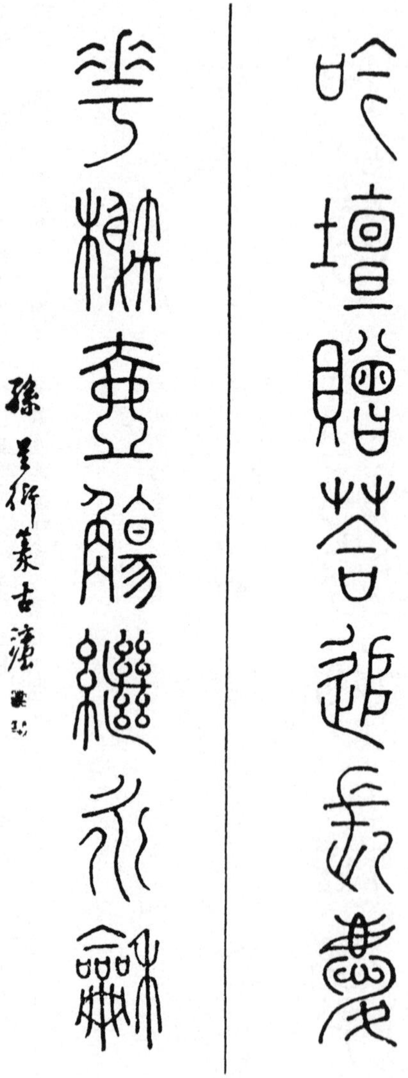

圖八十　孫星衍篆書

三十、吳熙載（嘉慶四年—同治九年）（公元一七九九—一八七〇）初名廷颺字熙載。後以字行。改字讓之，號晚學居士，堂號師慎軒。江蘇儀徵人。師事包世臣，善各體書，亦工篆刻，因學鄧石如，篆書、篆刻、隸書受其影響甚深，用筆精練豪放。以篆書而言，稍嫌華麗。此篆書墨跡聖教序四屏條篆法以縱取勢，如臨風之草，搖曳多姿。（圖八十一）

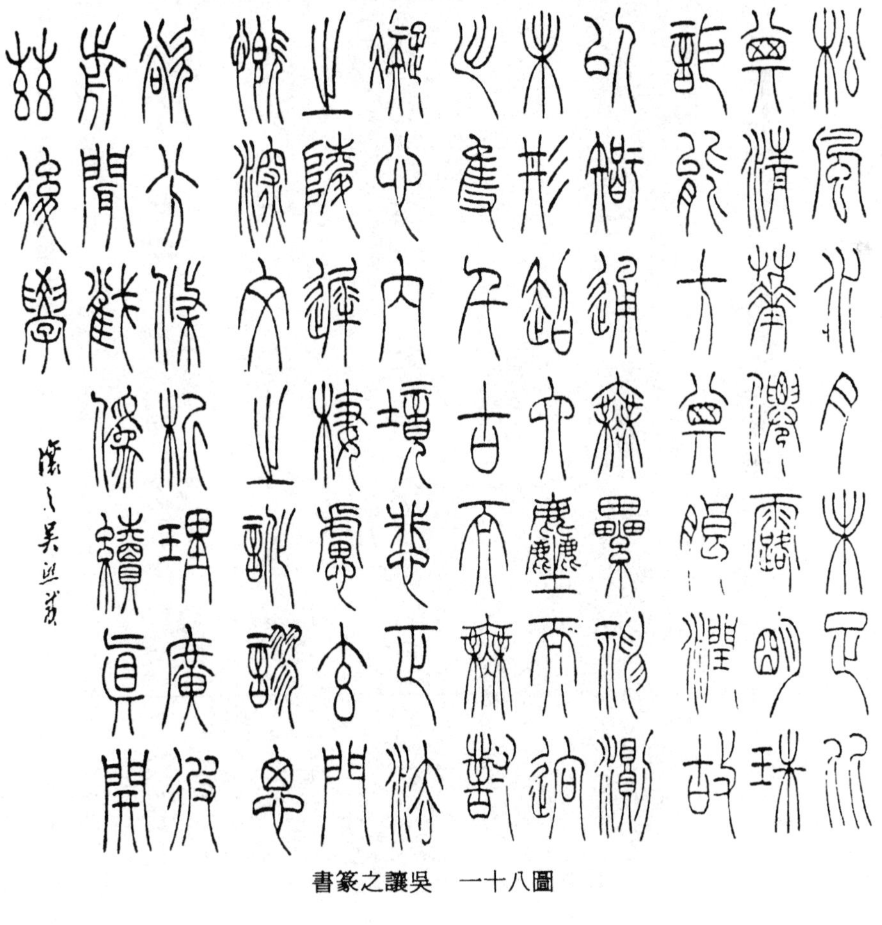

圖八十一 吳讓之篆書

三十一、清楊沂孫（嘉慶一八年—光緒七年）（公元一八一三年—一八八一年）字子興，號詠春，濠叟。江蘇常熟人。擅長篆隸。晚年探石鼓文及鐘鼎文筆意，有人評其書法，脈絡正確，缺乏雅韻，然觀其作品，卻感古意盎然，此正爲其表現之原意，與鄧石如、吳大徵等以復興古文爲志，自創一格。此篆書，提轉方折，實別具一格，吳昌碩早期曾學之。（圖八十二）

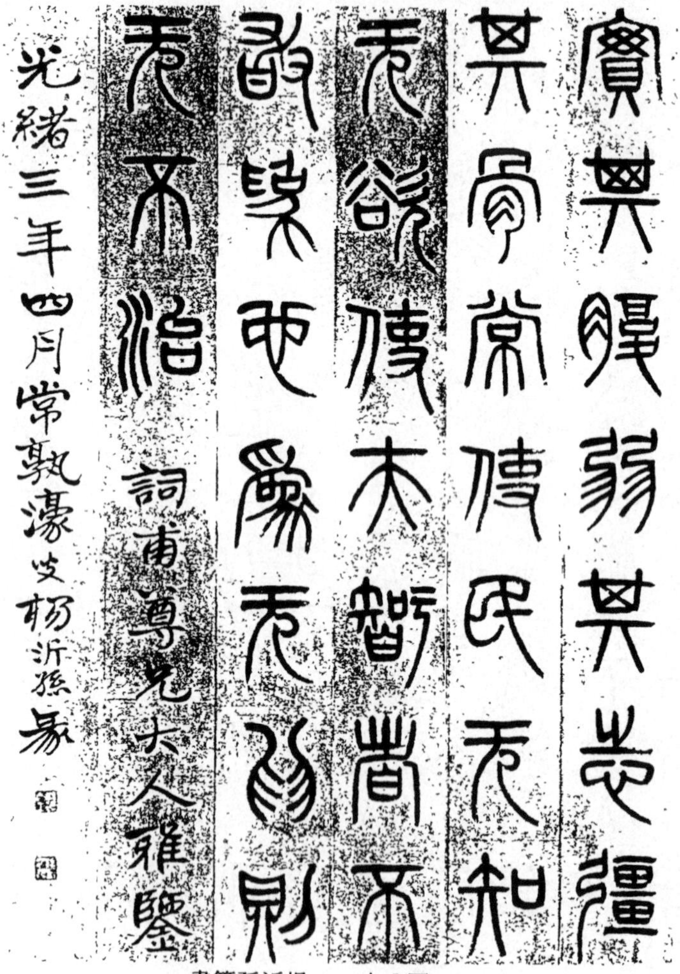

圖八十二　楊沂孫篆書

圖八十二之一 風流別乘聯

風流別乘多才思
方丈仙人出眇芒

楊沂孫

三十二、清趙之謙（道光九－光緒一〇）（公元一八二九－一八八四）初字益甫，號吟君，三十歲，改字撝叔。三十四歲，改號悲盦，別號无悶，憨寮，浙江會稽人。幼年頗好金石學，篆刻習以浙派爲主之漢印，突破秦漢範疇。採用書法之技巧。繪畫亦佳，不論在篆刻書畫上皆能發揮才華。本篆書墨跡書秦山刻石殘字，筆力勁挺，渾圓精致，起筆處可見筆鋒，與圓而藏鋒之玉箸篆不同，撇捺末端收筆略顯尖削形狀，但筆尖送到，提空回收。用筆暢達，體勢方峻。（圖八十三）

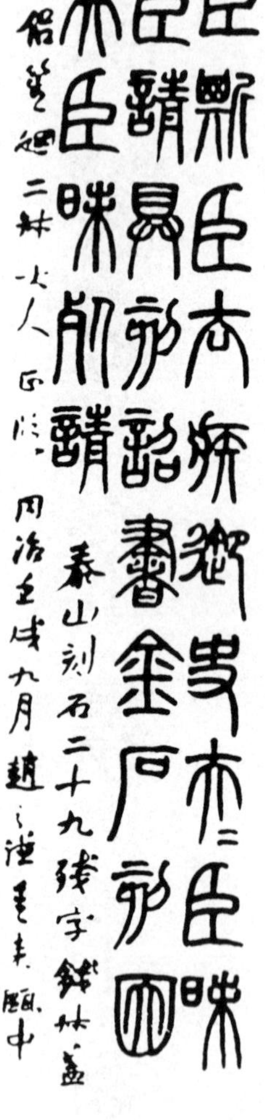

圖八十三　趙之謙書

三十三、胡澍（道光五年—同治十一年）（公元一八二五年—一八七二年）字荄甫，一字甘甫，號丹伯，石生，安徽積溪人。精通訓古學，篆書、篆刻俱佳。以小篆爲最，本篆書說文敘，四屏條清勁遒健，結體長方寬和，筆力豐滿。風格端麗。（圖八十四）

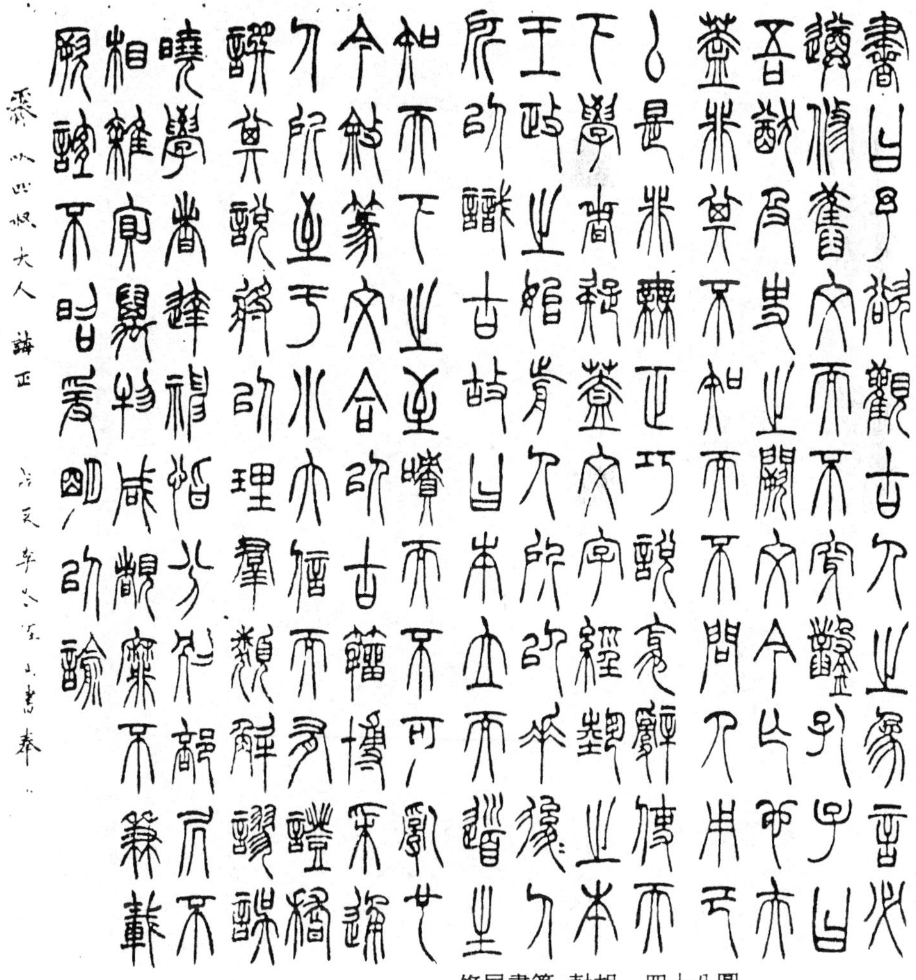

圖八十四 胡澍 篆書屏條

三十四、清徐三庚（清道光六年—光緒一六年）（公元一八二六年—一八九〇年）字辛穀，號袖海，井罍、金罍道人等，浙江上虞人，此篆書倣效吳天發神讖碑。結體茂密，撇捺修長，姿態倩美，起筆處多平棱方角，自成一家。（圖八十五）

圖五十八　徐三庚篆書聯

廣平有梅華賦
少陵無海棠詩

徐三庚

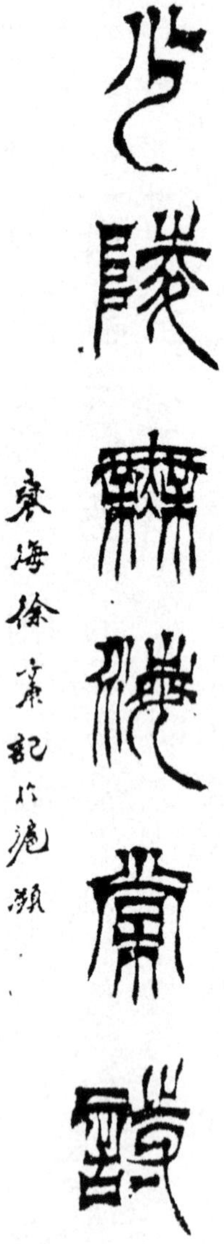

三十五、清楊守敬　說文解字序，墨跡、篆書、宣統庚戌年書，此書摹鐘鼎至精，古奧聳拔，富金石氣。筆力深沉，圓轉處自然流暢，不見提折痕跡。「刀」字等上粗下尖，勁挺有力，清麗可觀。並倡導書法淵源應求之漢魏碑碣。（圖八十六）

圖八十六　楊守敬篆書

三十六、清吳大澂（道光一五年—光緒二八年）（公元一八三五—一九〇二），初名大淳，後改爲大澂，字清卿，號烜軒、愙齋，江蘇吳縣人。以金石文字研究收藏聞名。（圖八十七）作遵聯，墨跡篆書筆畫繁多，布局工整，中鋒用筆，圓活秀美。神態萬千。（圖八十七之一）篆書徐鉉進校訂說文表。筆畫細勻繁密，結體方正，氣韻高古。

圖八十七　吳大徵篆書之一

芝楂大兄年大人雅屬

愙齋吳大澂

緣本八卦既畫萬象既分則文
字為之大輅載籍為之六藝先
王教化所以行於百代及物之
功與造化均不可忽也雖復五
帝之後改易殊體六國之世
文字異形然猶有篆籀之跡不
失形類之本

甲申嘉平月既望

茨南大兄大人雅正　吳大澂

圖八十七之一　吳大徵篆書之二

三十七、清吳昌碩（道光二四年－民國十六年）（公元一八四四－一九二七年）原名俊，五十歲時改名俊卿，民國元年（六十九歲）又改名昌碩。字倉石，號缶廬，苦鐵，破荷，大聾。浙江安吉人。一生臨習石鼓文，隨年齡增長，日臻成熟，幷形成自己獨特風格，日臻完美，用筆圓熟精悍，剛柔相濟，達到熟中有生之境界，已顯示其氣勢蒼雄凝煉道

圖八十八　吳昌碩篆書之一

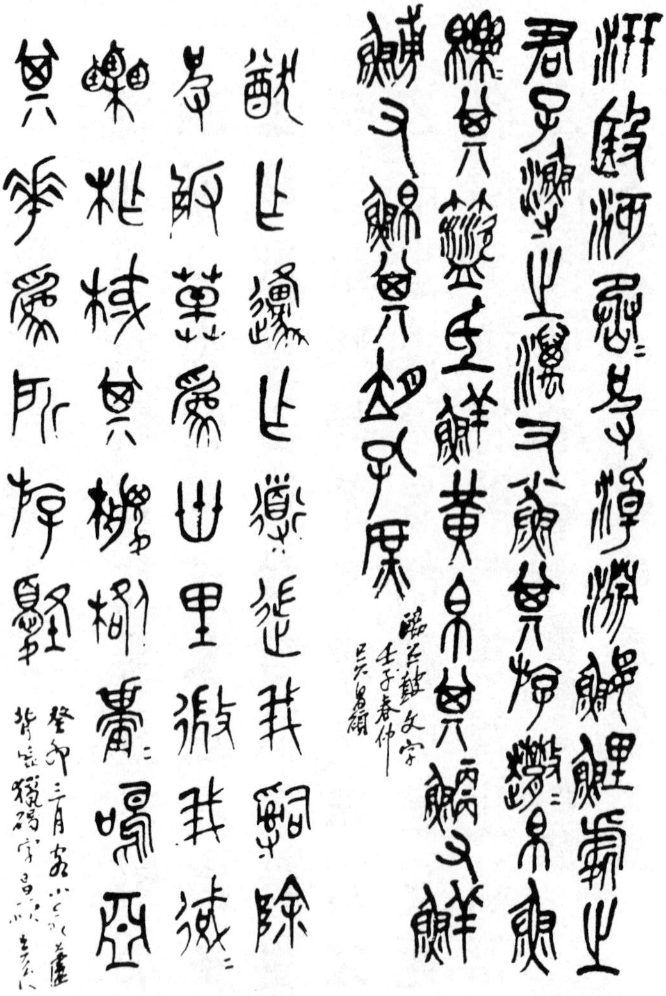

勁，貌拙氣酣。其結體左右上下參差取勢，爲其典型篆書風貌。（圖八十八、八十八之一）

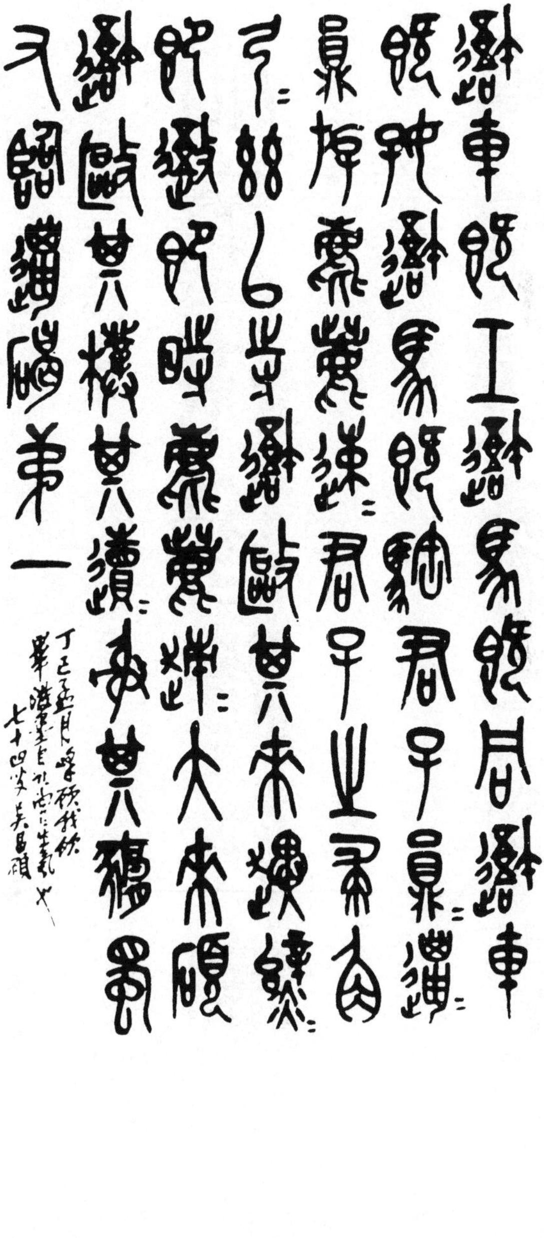

圖八十八之一　吳昌碩篆書之一

三十八、清王懿榮（道光二五年－光緒二六年）（公元一八四五年－一九〇〇年）字正儒，又字廉生或蓮生，山東福山人。金石學家，尤工行楷，此墨跡篆書七言，結體寬舒從容，疏茂相同，用筆流暢，有的轉折處露方角及相交筆痕，亦覺頓挫自然，蒼古中有新意。（圖八十九）

圖八十九　王懿榮篆書

王懿榮

三十九、清羅振玉臨克鼎銘墨跡，篆書，此書係臨自周早期之作，字形奇詭難辨，運筆婉轉，圓活玲瓏。字形長方，佈局工整，神態雅靜。（圖九十）

圖九十　羅振玉篆書

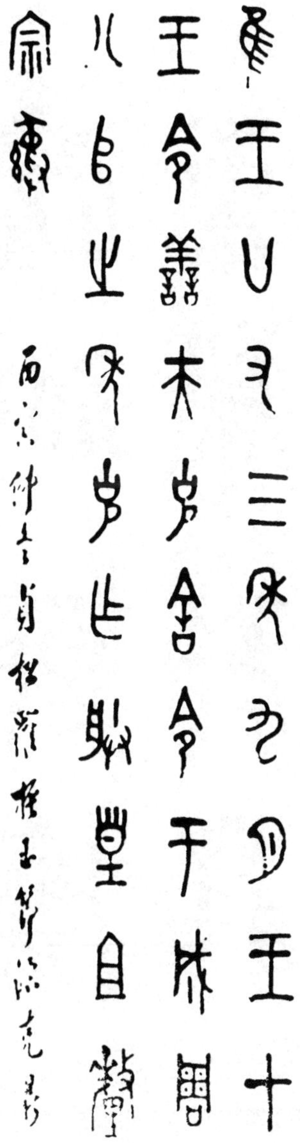

四十、清章炳麟（清同志五年—民國二十九年），字枚叔，後改名絳，字太炎，浙江余抗人。曾入同盟會爲民主革命家思想家。曾任國父孫中山總統樞密顧問，及護法軍政府秘書長。于文學、史學、語言學建樹甚多，其篆書不單求字形美觀，而嚴格地以說文爲據，此書氣勢宏大，字形謹嚴，筆勢舒展，雄勁有神，古樸近眞。其留世書法作品有大篆一冊，小篆千字文四冊，此系節印其一小句。（圖九十一）

圖九十一　章炳麟千字文

第六章　篆書之筆畫與結體

前面已敘述過有關篆書之時代各種不同形態，但綜合看來，篆書筆畫形態之特點，是由粗細比較均勻之線條組成，段玉裁說文解字註云：「篆，引書也」，引是延長之意思。篆書之基本筆畫就是直畫（丨，下引）、橫畫（一，右引），圓弧形（包含左弧（；右弧）；環形，◡◠，實際是左弧和右弧接連），以及曲線（∫，左戾，ㄟ右戾，說文解釋，正戾者，曲也，右戾者；自右而曲於左也；故其字形自左方引之，丿音義略同撇，書家八法謂之掠。）等幾種筆畫形體。不像隸書、楷書那樣有撇、捺多樣複雜之形態。然用筆之原則是一致的，每一筆畫之中，同樣存在著起筆行筆與收筆三個過程，而嚴格要求做到筆筆中鋒書寫之筆畫，此是我國書法欣賞中必要之條件。

宗孝忱述篆云：「篆書筆法，逆起回收，兩端皆圓，隱行如舟，橫必水平，豎必繩直，距離相等，平均用力，無撇無捺，畫圓必準，心手相應，筆畫勻整，石鼓嶧山，臨摹正確，功力既深，神味斯卓。（註九）此係宗氏作小篆之筆法歌訣，關於篆書筆法，大約已概括言出，起筆、行筆和收筆應一氣呵成，不得中途停頓塗改，習慣成自然，久則下筆不逆而自逆，不回而自回矣。

起筆：起筆必須逆鋒落筆，即或筆畫形態初起成尖狀如甲骨文之筆畫，其起筆亦須以筆尖逆鋒落筆（在前用筆論中已論及）就直畫欲下先上，橫畫欲右先左，從相反之方向著紙，藏鋒用筆。

行筆：中鋒行筆，也就是行進之時，筆鋒常在字畫之中央進行，寫出尖筆或圓筆之中鋒筆畫；不能偏鋒用筆或死按硬拖，要使每一筆畫姿態有生氣而有力；而不是僵直無生命感之筆畫。明至清代乾隆嘉慶年間，有些寫篆之人，如寫玉箸篆或鐵線篆，以頹筆或用細線束縛切去筆尖之頹筆來寫，甚致以綢子捲描畫而成，還自以爲是寫篆之秘訣，此是學篆者之大忌，不可以效法的。

收筆：順勢輕按作收，使之齊圓，不得偏軟，謂之回收，或筆鋒送到筆畫之末端立即提筆收起，於空中作回勢，謂之平收。甚少有出鋒收筆者。

篆文造形左右對稱的多，筆畫勻稱，直畫較橫畫略長，形成狹長之字形，以篆書典型字小篆爲例。間架謹嚴，筆畫之長短與字體之分配，先必精心著想，全視面積而定，一字有一字之重心，一字之中各部，分疆畫野，各有限度，不容稍有偏頗，不容絲毫脫節，橫畫多的如書畫等字（圖A—2），要極端軋緊，筆筆看齊，筆筆距離相等，豎畫多的如冊扁等字（圖A—3），或彎畫多的如川州流等字亦然（圖A—4）；橫豎灣各筆筆長短都要分配適宜，筆畫少的如十木半等字（圖A—5、6），距離不可緊湊，要疏疏落落，四平八穩，凡兩邊對稱之字，要寫成兩邊無所差異，如大吉羊等字（圖A—7、8）。

篆書之筆順，一般人慣於使用右手，因此書寫上方便起見，是先上後下，先左後右，先橫後豎，先外後內，篆書之架構性强，對稱較多，兩面筆畫相同的字，應以中央部位爲主，大致都是由中央向左、右兩邊書寫。（特殊異外情形，也可不拘，以順手爲宜）。遇到回環過長的筆畫，或原本在隸楷書的寫法上，一筆可完成的筆畫，篆書可以分爲兩筆，三筆或四筆來寫，但接筆必須在筆畫換鋒處來接，使之不露痕跡。

茲以圖示（A—1至A—10）按筆順先後以數字標明於上以箭頭指示起筆方向以[illegible]爲逆筆回轉之符號，並注意其接筆處，以及筆畫間之布白關係。

逆向運筆，粗細保持一致

圖中以 ℓ ∽ ↓ 符號引筆方向

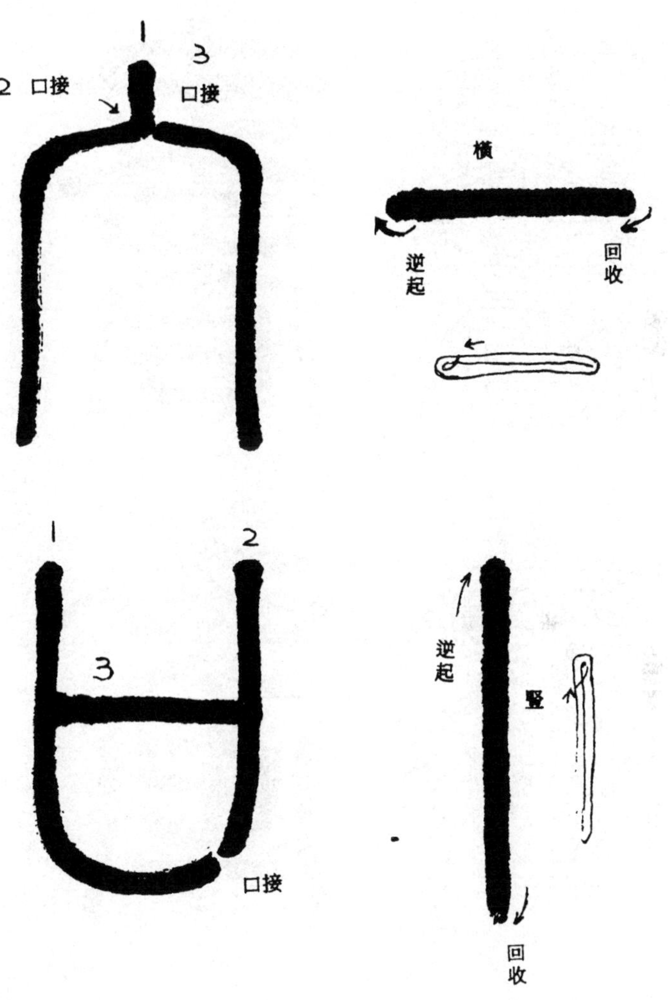

1－A 圖

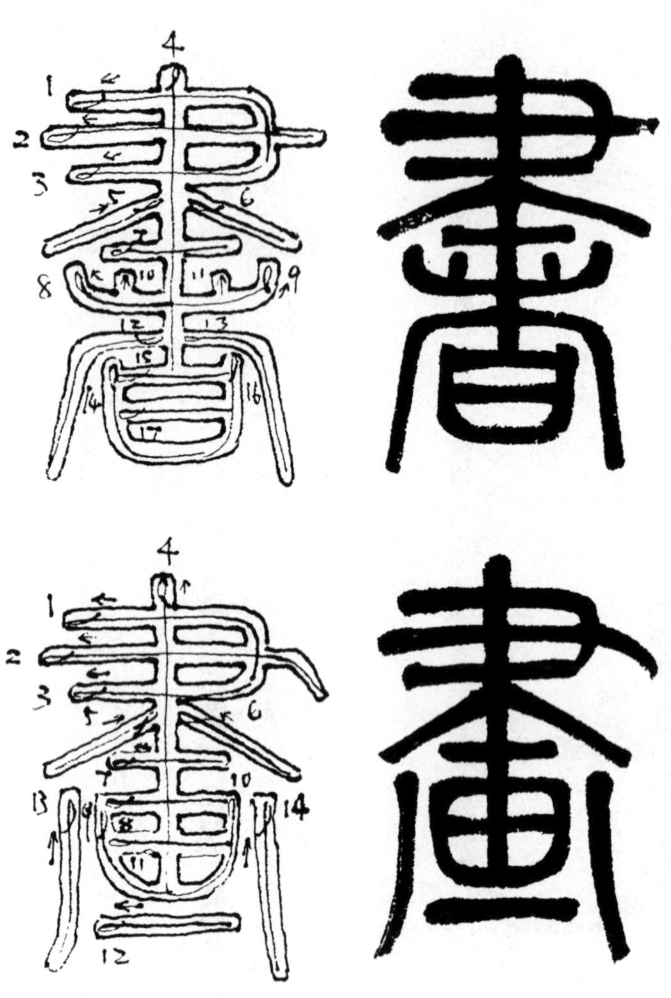

2－A 圖

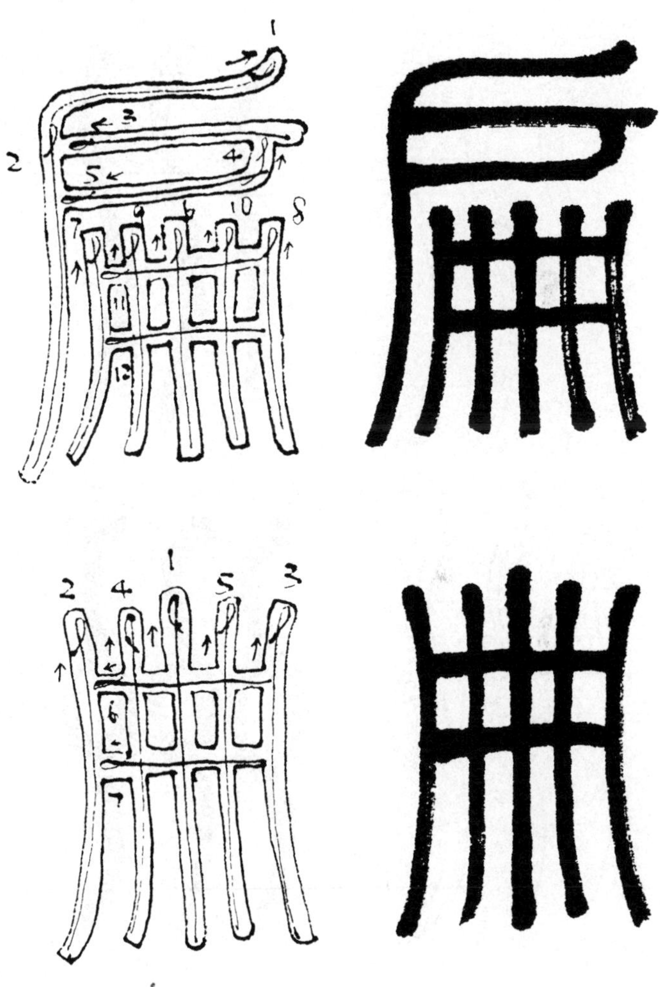

圖A－3

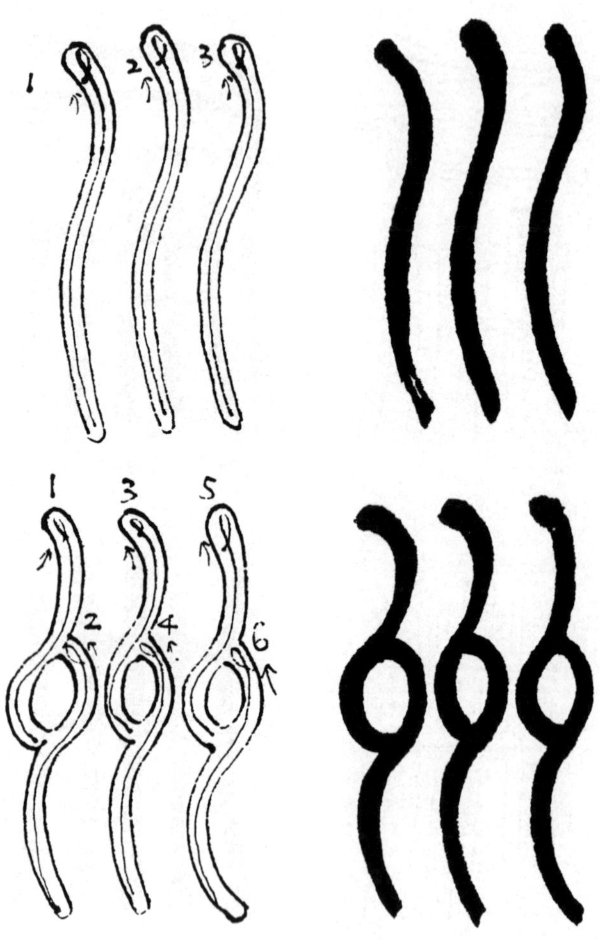

圖4－A

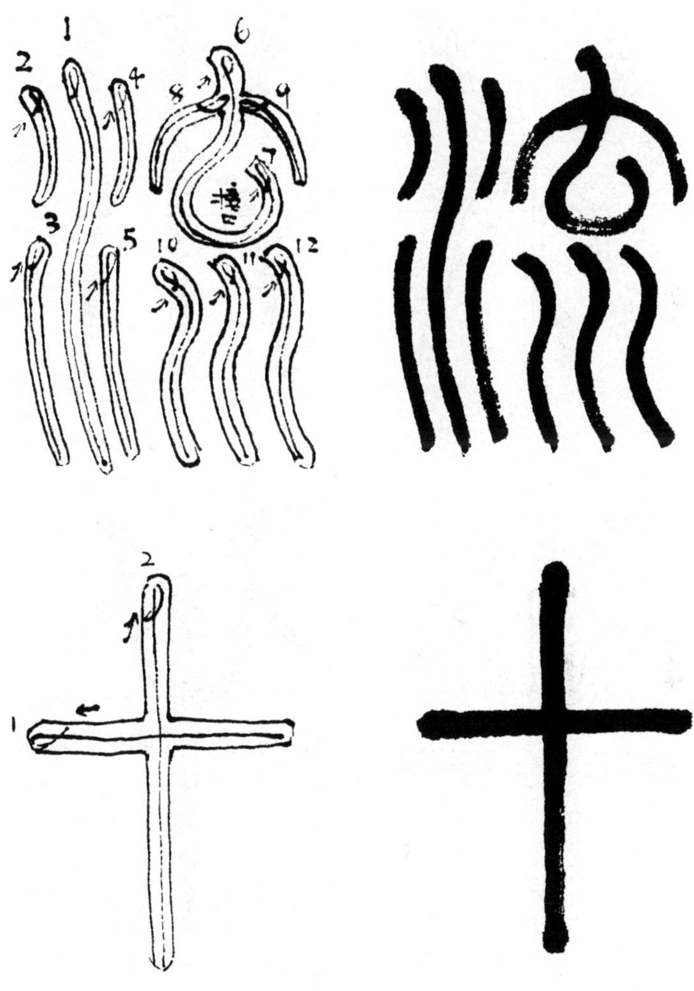

5－A 圖

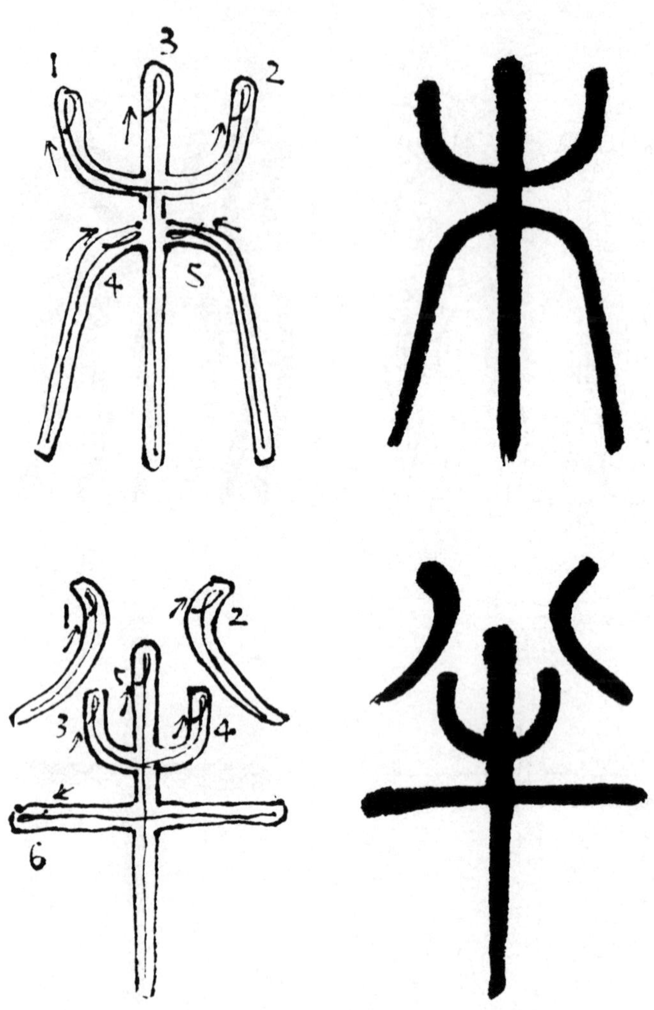

圖 6－A

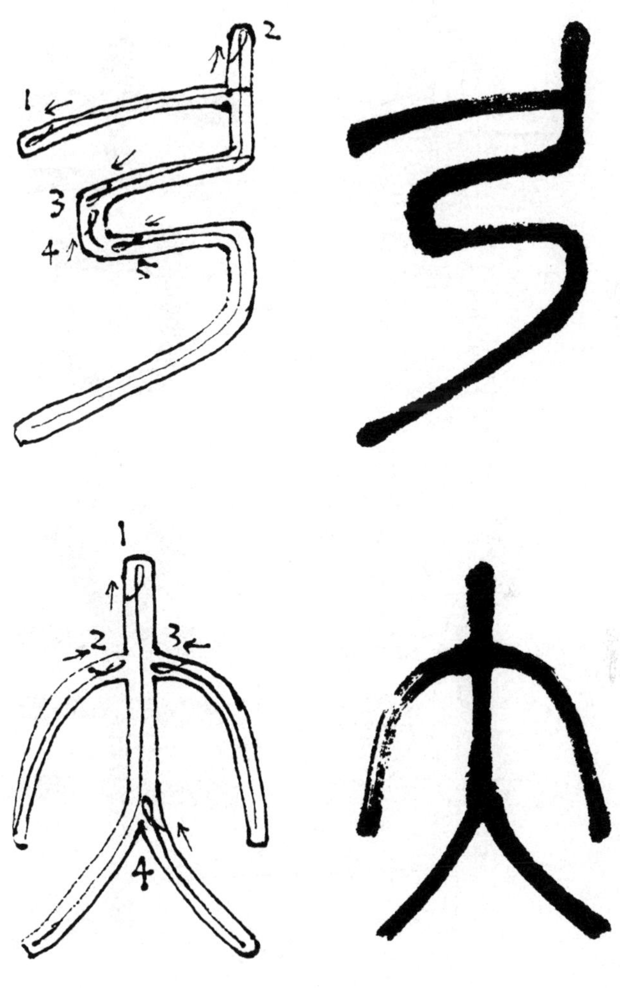

7－A 圖

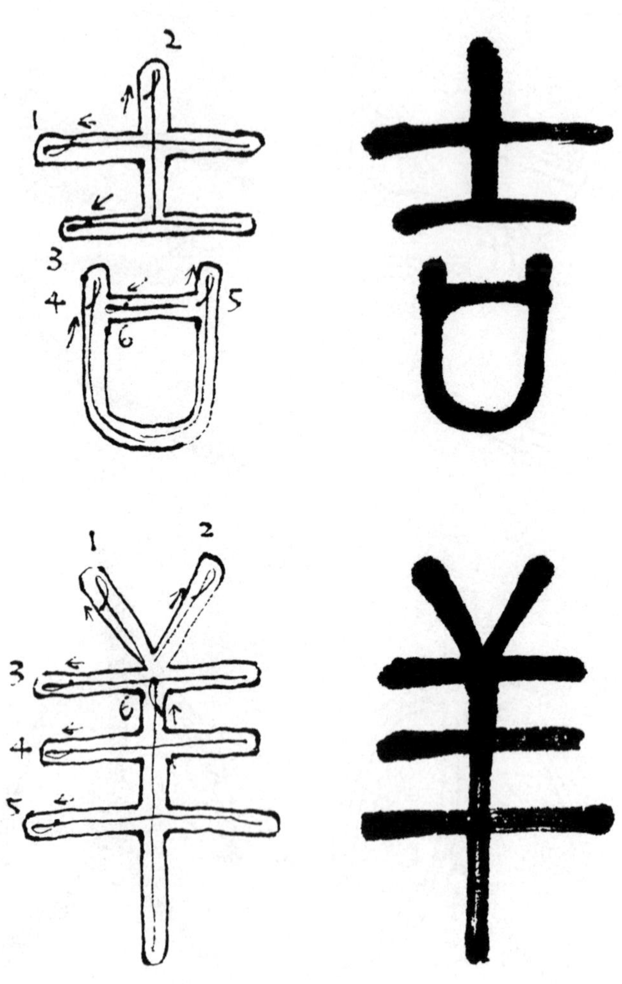

圖 8－A

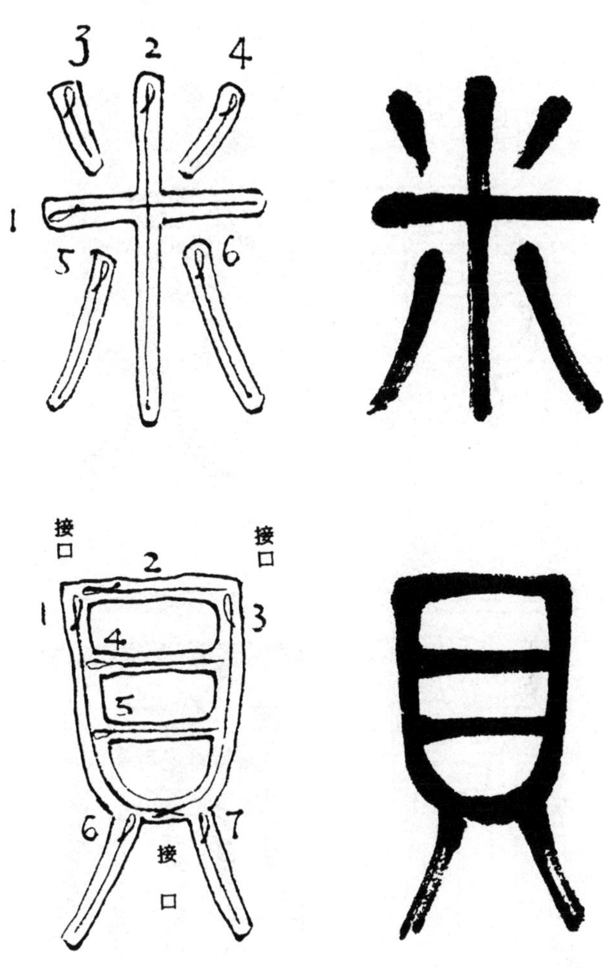

9－A 圖

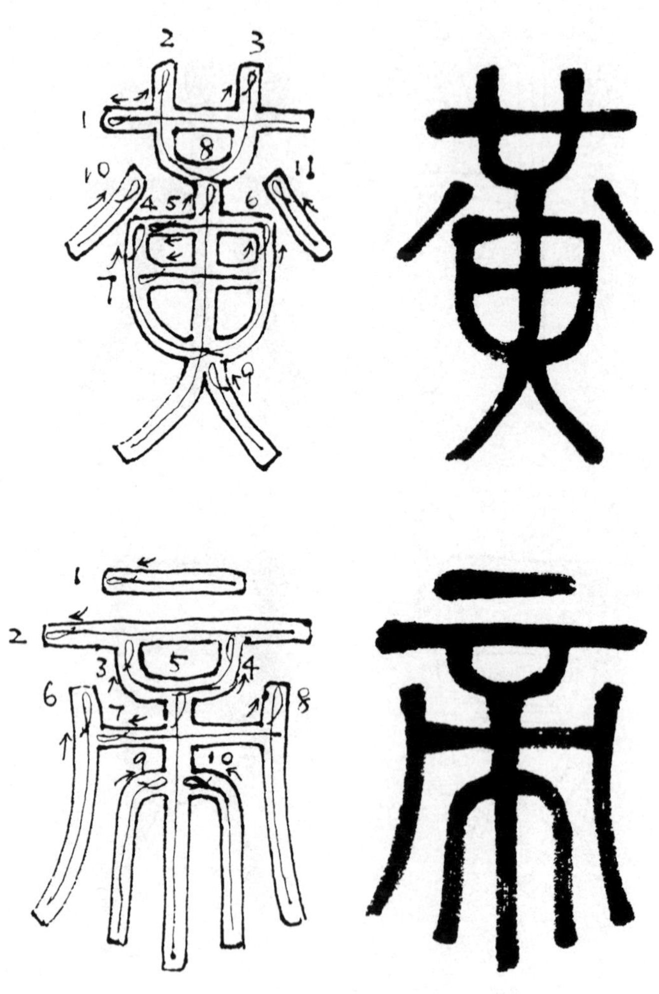

10－A 圖

篆書結體

小篆之結體特點是整體方正，略帶狹長，以縱向取勢，前面圖示中已可略見大概，內部結構講求對稱、均勻、平穩、整幅作品的章法也比較齊整規矩，且在前面數節中已按時代先後將篆書作了一完整之介紹，初學可臨寫如「泰山刻石」並須對「說文解字」多加研讀，以明白字義，以免寫錯，為了在篆書上求變化，可參攷清代以來之篆書墨跡，如鄧石如、吳熙載、楊沂孫、徐三庚、趙之謙等人之作品。大篆則以吳昌碩之作品可作借鏡。

大篆之結體，不像小篆那樣規整勻稱，而是參差自然，錯落有致，學習大篆書法，最重要的是要懂得古文字學常識，不能把大小篆混雜在一起，甚至也不能把商代甲骨文、西周金文、戰國文字等前後相距千年之各種文字結構混在一起，這是文字學所不能允許的，已成歷史之文字，今人不能自創，書寫時一定要知出處，多深研或查閱古文辭典，這樣才不致於寫錯字而鬧笑話。

篆書作品布局

篆書作品之整體而言，除了字之筆力氣勢之外，行字亦必須貫連，風格必須統一，氣度必須大方自然。布局美是因符合自然法則，妙在各得其所。若過於工整齊正而毫無變化，雜亂無章而乏氣韻，或過於窒塞局促，或過於疏遠神散之章法，便不能給人以美感。

【附註】

註一：集契彙編，嚴一萍編輯，藝文印書館，民國五十八年六月初版。

註二：廣藝舟雙楫卷二第三十六頁，台灣商務印書館，民國四十五年四月台初版。

註三：篆刻學第七頁　鄧散木著，廁簡樓原稿印行，民國二十年左右。

註四：金石學第一七四頁，朱劍心著，台灣商務印書館，民國五十七年一月台一版。

註五：同註二廣藝舟雙楫第三十二頁。

註六：同註三篆刻學第一六三頁。

註七：藝舟雙楫第五二頁。包世臣著，附於廣藝舟雙楫之後，台灣商務印書館，民國四十五年四月台初版。

註八：書林藻鑑上冊卷八第一五九頁。

註九：述篆，宗孝忱撰書，第五頁　帖與文係自行出版。

第三篇 隸書研究

中國文字之演進，相傳隸書是由秦下杜（今陝西長安）人程邈所作。邈乃縣之獄吏，得罪秦始皇，被囚禁在雲陽獄中，覃思十年，損益小篆，作隸書三千字，上之始皇—始皇善用之，拜爲御史。其時政務多端，文書日繁，錄事難於專依篆書，乃將古文改易筆畫，即斟酌古文，籀文、小篆之點畫，而形成一種簡捷之書體，便於在公文上使用，當時辦公文之小官叫做「徒隸」，於是人們就把程邈所改革之字稱爲「隸書」。又隸書一稱左書，左書即佐書也。又稱史書。這種傳說，如同說倉頡造字之說一樣果斷，實際上漢字之任何一種書體，絕不是某一個人所能獨自創造出來的，由於社會之進步，實際之需要，文字總是刪繁趨簡，方便於書寫，在長時期實踐過程中，變圓曲爲方直之雛形字，說是經由程邈搜集，整理而通行於全國，較爲妥當，隸書到底形成於何時，試看前面甲骨文字中，這種方折之筆畫和簡易之結構，早已經出現過，到了戰國時之秦代則更具規模，按最近出土之文物足以證明，隸書之起源與形成，當在秦始皇在位之前。考慮到戰國秦至西漢初、中期（約公元前二二一至一一〇年）的隸書與東漢成熟期（約公元一四六年）的隸書不同，我們將前者稱爲「古隸」或「秦隸」，後者稱爲「漢隸」或「八分」。古隸結體略縱長，相近於篆文，筆畫波磔尚未分明，爲發展期中之隸書。漢隸結體寬扁，逆筆突進，波磔呈露，左波右磔，字若八字，其勢舒展又稱「八分」，此種字體，因演變定型而成於漢代，故稱漢隸。

關於「八分書」與「隸書」之分別，自來論說紛紜。八分就廣義而言，除古隸外，亦屬隸書一類。隸和分本是一種書體，而用了兩個名稱。自晉唐以來，這兩個名稱就混淆不清；後人沿用了這兩個名詞，或稱隸書，或稱分書，也有稱「隸分」和「分隸」的。但究竟隸和分有何區分，卻模糊牽强，令學習者難以捉摸。所以本文將「八分」與「漢隸」視爲同一書體。

隸書的形成，是歷史發展的必然規律，隸書之方折筆畫，較篆書曲線圓轉筆畫容易，進行速度亦較快些。自隸書之產生，我國書學可分爲兩大段：隸書以前甲骨金文至小篆爲一段，隸書產生以後，更發展爲各種書體，下啓楷書，用筆通於行、草，處於一個承先啓後之時代。完全脫離了漢字象形化的形跡。定型化、符號化、新時代之開始。以血緣而言，上段距今遠，下段距今近。上下段之分界，即在秦代，故秦代之統一文字，創造小篆和隸書的成就，直到今日，還蒙受其影響。

隸書起源於戰國後期到秦，盛行於漢代，所以研習隸書的資料，主要是簡牘、帛書、碑刻。謹就古隸與漢隸擇要說明於後：

第一章　古隸（秦隸）

自戰國秦至西漢，乃至東漢初年，爲古隸通用時期，惟傳世書跡甚少。在簡牘、帛書未發現以前，只有存世秦代權量詔版中，看見一些小篆簡易之刻文。這些刻文雖然篆書的意味具多，就其變小篆之圓轉爲方折之形勢而言。卻也與傳說之秦隸觀念符合。元代吾丘衍學古編云：「秦隸者，程邈以文牘繁多，難於用篆，因減小篆爲使用之法，故不爲體勢，若漢款識篆字相近，非有此法之隸也，便于佐隸故曰隸書，即秦權、秦量上刻字人多不知，亦謂篆誤矣。或謂秦未有隸，且疑程邈之說。」（註一）程邈所刻之隸書其形體如何，現已無法考證，只是秦代遺留下來之權，量上所刻當時統一權、量的詔書（即詔版）可以窺見一斑。這種字全用折筆，不用轉筆；文字結體，長方大小不拘。前人稱篆書兼隸書，是無挑法的隸書，在西漢初期及中葉，各方面，仍舊承襲秦時制度，書體方面依然是小篆與隸書並用之期。在鄭重的場合仍用小篆，一般通行則是秦隸（古隸），如魯孝王五鳳刻石，宣帝五鳳二年（公元前五十六年），萊子侯刻石，新莽天鳳三年二月（公元一六年），三老諱字忌日記建武二十六年（公元五二），開通褒斜道碑，永年九年（公元六六年），祀三公山碑，元初四年（公元一一七年）、嵩山太室闕銘、元初五年（公元一一八年）。延光殘石延光四年（公元一二五年）。皆富古隸之氣氛而承秦隸之舊。據陳槱負暄野錄云：「新莽惡稱漢德，凡所在有石刻皆令僕而磨之，仍嚴其禁，不容略留」此說前漢並非無碑，只是不許留傳而已，歐陽修集古錄石刻，無西漢文字，謂「至後漢以後始有碑文；欲求前漢時碑碣，卒不可得。（註二）」漢代碑刻流傳於世者，大致以後漢爲多，前漢的碑刻，存世有群臣上壽刻石、五鳳刻石之外則幾付闕如。這是研究前漢碑學者所感到十分困惑之事。茲將上述古隸（秦隸）石刻分別敘述如后。

一、五鳳刻石　西漢五鳳二年（公元前五六9手）刻，隸書，碑在山東曲阜孔廟。碑文略帶篆勢，無波磔，風格愈顯得雄渾古樸。是古隸眞象，亦即秦隸與秦金文的風格，可以說沒有多大分別，不易看出有什麼獨具的特點，從第一、二兩行末尾兩個字，中間那一豎雖然往下延申很長，想不過是爲了表明筆勢的奔放和整個畫面之均衡吧！與後漢之有波磔者不同，蓋此由小篆以趨向八分字體之過渡字也。惟其書大抵出於石工之手。實不足可觀。（圖一）

圖一 五鳳刻石

圖二　萊子侯刻石

二、萊子侯刻石　新莽天鳳三年（公元一六年）萊子侯刻石之發現，是在清嘉慶年間（公元一八一七年），在山東省鄒縣南面臥虎山下出現。後移置於該縣孟子廟中，今尚存在。因西漢石刻缺乏之際，所以特別受到重視與讚美，而所用字體亦爲古隸（秦隸）與魯孝王五鳳二年刻石同屬一體，以其筆意看來已經結體寬篇，漸呈波磔之八分體，雖是當時之代表作，然亦無後漢石碑那麼可觀。（圖九十二）

三、三老諱字忌日記　東漢建武二十八年（公元五二）刻。四列。列四、五、六字不等，行七至九字不等。隸書，碑在杭州西泠印社。此碑書法渾穆典雅，布局疏宕蕭散，用筆圓潤遒緩，涉筆成趣，徐而不濫，疾而不滑。對後之魏碑（如鄭文公碑）影響甚巨。（圖三）

圖三　老諱字忌日記

四、開通褒斜道刻石　永平九年（公元六六年），東漢石碑書法，傳世的佳品甚多，其字體別具風格的要推永平九年，陝西褒城斜道刻石，按褒斜道在陝西的終南山谷，南口曰褒，在褒城縣北，北口曰斜，在郿縣西南，長四百五十里，又名石牛首，至今猶爲往來要道，文十六行，行五至十一字不等，此摩崖與（石門頌）等同屬放縱姿肆一路風格，筆法瘦硬，筆勢開張勁健，承秦隸之舊。（圖四）

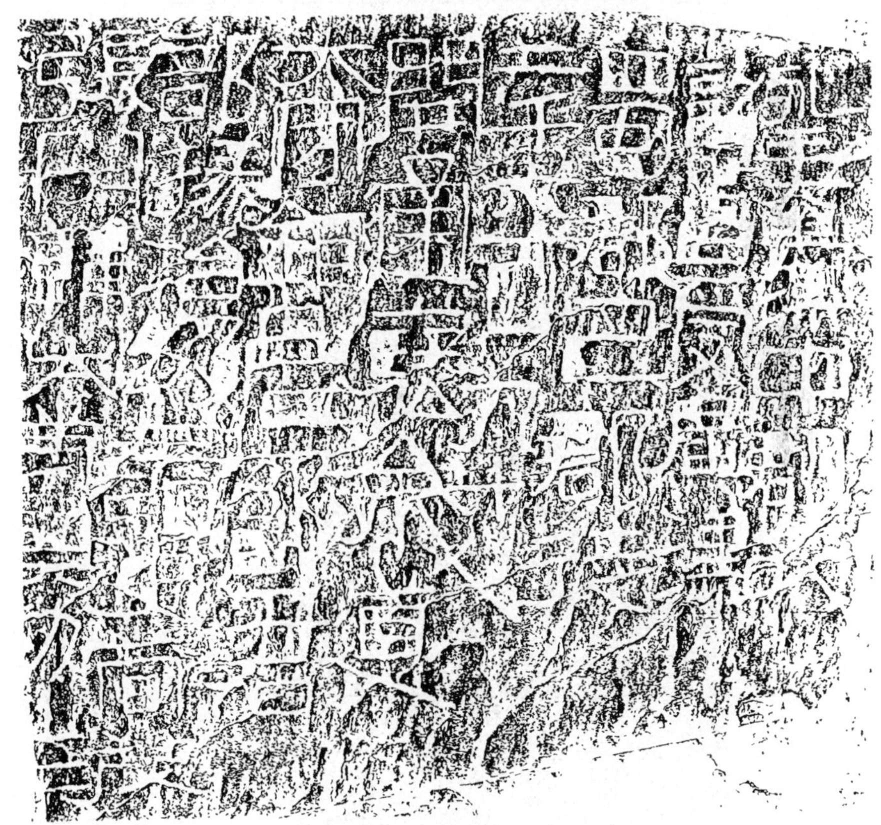

圖四　鄐君開通褒斜道刻石

五、祀三公山碑　東漢元初四年（公元一一七年）書體介於篆隸之間，因結體成方形，亦稱「繆篆」，文十行，行十七字至二十字不等，其字體爲由篆變隸之中介字。筆法化小篆之圓通爲隸之方折，淳古道厚，穩健端莊。（圖五）

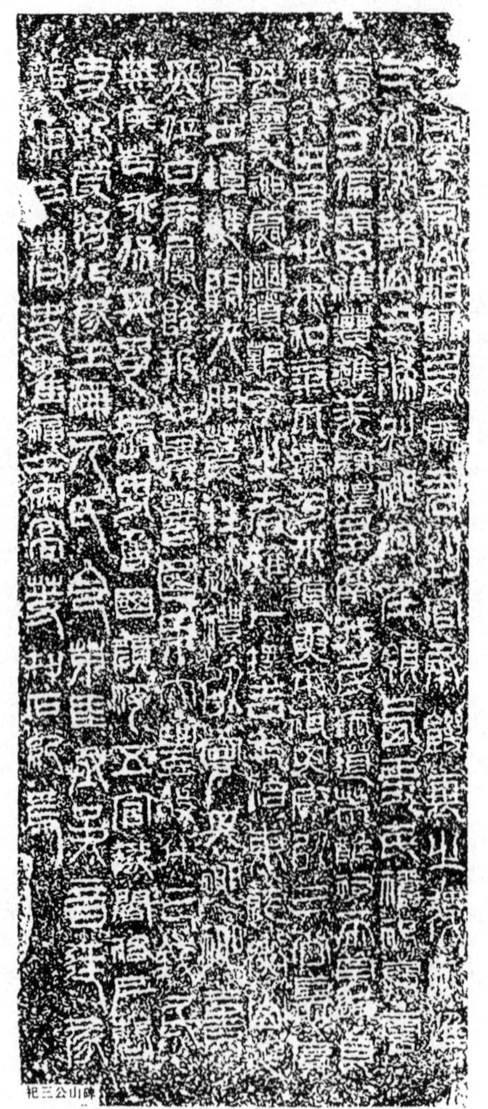

圖五　祀三公山碑

六、嵩山太室石闕銘

東漢元初五年（一一八）立

又稱「泰室石銘」、「中岳泰室石厥銘」、「中岳泰室陽城石厥題紀」。古隸文存二十八行，行九字，額陽文篆書，是西漢古隸向東漢成熟隸書過渡之重要標志。用筆由無波磔向有波磔演變。（圖六）

圖六　太室石闕銘

七、延光殘石　東漢延光四年（公元一二五年）刻，亦稱「都官是吾殘石」、「是吾殘碑」、「延光四年殘碑」。碑在山東諸城縣，此碑漫漶不清，字體方折屈曲，與祀三公三碑」相似，乃由篆趨向隸之過渡字體，所謂古隸是也。（圖七）

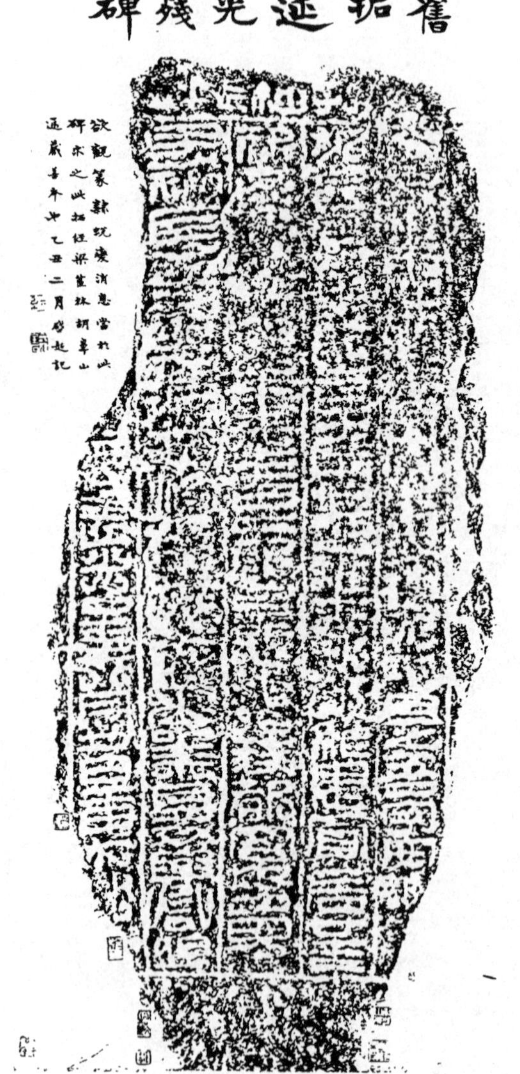

圖七　延光殘石

第二章　簡牘與帛書

一、秦簡與帛書

近代出土的青川木牘、睡虎地秦簡、銀雀山漢簡、馬王堆帛書、居延漢簡、武威木牘、甘谷漢簡等，爲我們提供了豐富古隸書之墨跡實物，可以看到古隸眞面目，這要比刻石上探索，來得更直接，方便多了。這些木簡上的隸書，筆畫縱橫飛動，結構自然渾成，有厚重之意味，是我們研究隸書的最好資料。但這些漢簡牘之文字，多爲當時之應用文字，當初書寫時並沒有流傳於後世之意，以審美之眼光來看，天趣者多，僅擇其主要述之於下。

民國六九年（公元一九八〇年）在四川省青川縣城郊郝家坪發掘之戰國墓之木牘文字兩件。其中一體字跡青晰可辨，據考證，認爲是戰國時秦武王二年（公元前三〇九年之物，先於秦始皇統一中國六十三年。此是目前所見早於秦代之隸書，也是至今所見最早之古隸書。其用筆已減滅省盤屈，化圓轉爲方折，有輕重徐疾的痕跡。結體變圓長爲方扁形。觀之古拙自然，雖然仍存篆書筆意，但已臻隸書雛型，爲隸書形成於戰國時之說法提供實證。（圖八）

（一）、民國六十四年（公元一九七五年）在湖北省雲夢睡虎地發現了一千一百多枚秦簡，竹簡上是墨書秦隸，字跡清晰，用筆取勢，昭然大明。是秦始皇統一全國後五、六年之遺物，字形有正方、長方、扁方等不拘，用筆方折頓挫，點畫有顯著之起伏變化。筆畫已呈露波勢，它繼承了西周盂鼎一類方折用筆和散氏盤一類欹而不傾的字勢，結體拙中見巧，發展成爲秦隸中古樸

雄渾之流派風格。此亦說明秦隸在六國滅亡之前早已形成，同時也否定了，它是由小篆簡約而成，並爲佐隸所書之傳統說明。（圖九）

（二）、民國六十一年（公元一九七二年）在山東臨沂銀雀山漢墓中發現竹簡四千九百餘件，是西漢武帝時之物，簡書內容是「孫子兵法」、「孫臏兵法」等古代兵書；這些簡牘還保留一些篆書風格，但用筆已有波挑。將其與雲夢秦隸相比較，不難發現西漢初期之隸書是和秦隸（古隸）一脈相承的。（圖十）

（三）、民國六十一年—六十四年（公元一九七二—一九七四），在湖南長沙馬王堆出土的簡牘和帛書上的字體也各有其風格。

（四）、帛書中之「戰國縱橫家書」，爲西漢前期之物，是一種篆中帶隸之書體，形體長方，筆畫中有篆、隸筆意，其波磔已十分明顯，如不、也、之、五等字，之用筆已有波挑，具有隸書之意味，顯得蒼勁古樸，可說是漢初隸書演變之起源書體。（圖十一）

（五）、帛書中之「老子甲種本」，亦爲西漢前期之物，字形大小參差錯落有致，結體取縱勢，或取橫勢，舒展自由，用筆圓轉流利，多是圓筆，隸勢筆法頗爲明顯，可說是古隸中之草隸，顯得渾厚古樸。（圖十二）

（六）、帛書中的「老子乙種本」，亦爲西漢前期之物，結體較爲方正或扁方，橫向取勢，點畫排布均勻，筆畫中有波磔，挑法已粗具體勢，用筆嚴謹平正，顯得樸質遒麗，初具漢隸（八分）規模。爲古隸中之佳作。（圖十三）

從上述三種不同風格之帛書中，彷彿已見漢初隸書演變之過程，雖未能斷定它們之書寫先後，但由其字體篆意漸退，隸意漸增之意味來看，本文所排列之順序，想必是正確的。

另馬王堆同時發現之竹簡、木牘，其書法亦各具風格，值得一提的是「遣策」墨書，字體結構與老子乙種本一脈相承，亦爲西漢前期之物，此簡以方筆爲主導，雖非筆筆見方，但方筆之風格明顯，方筆起筆與中鋒用筆之勢，已初具定型漢隸之筆法。爲少見的方筆古隸，在書法藝術上可說是趨於成熟的隸書階段。也爲今天書法藝術上的發展，提供了極爲豐富有益的啓示。

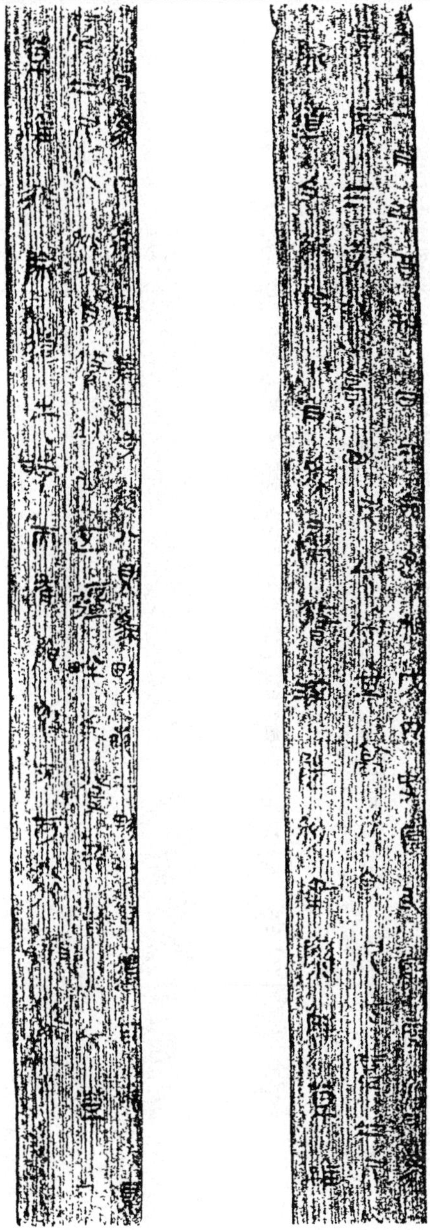

圖八　秦戰青川木牘

圖九　秦睡虎地簡之一

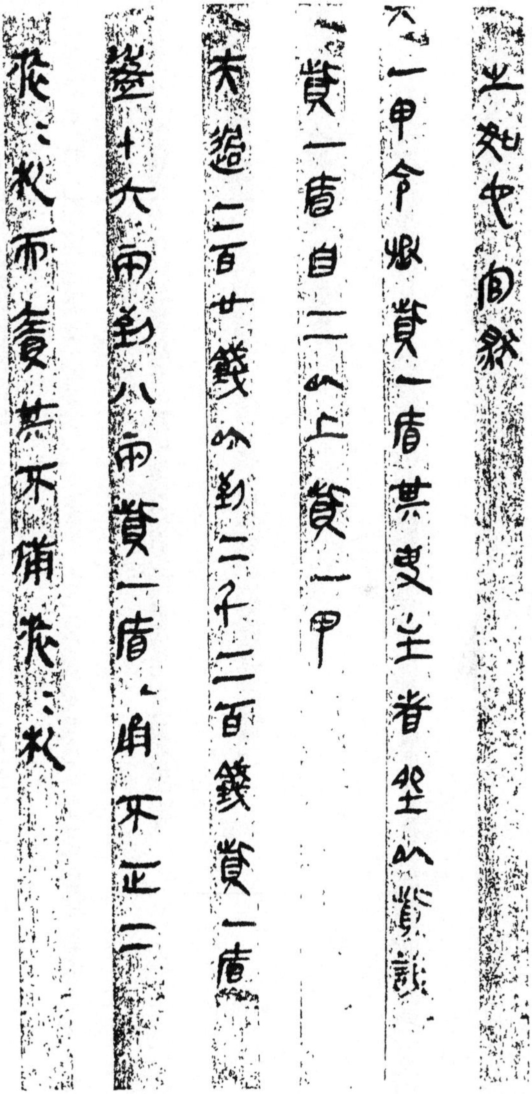

圖九之一 秦睡虎地簡之二

圖十　西漢銀雀山竹簡

圖十一 馬王堆帛書戰國縱橫家書

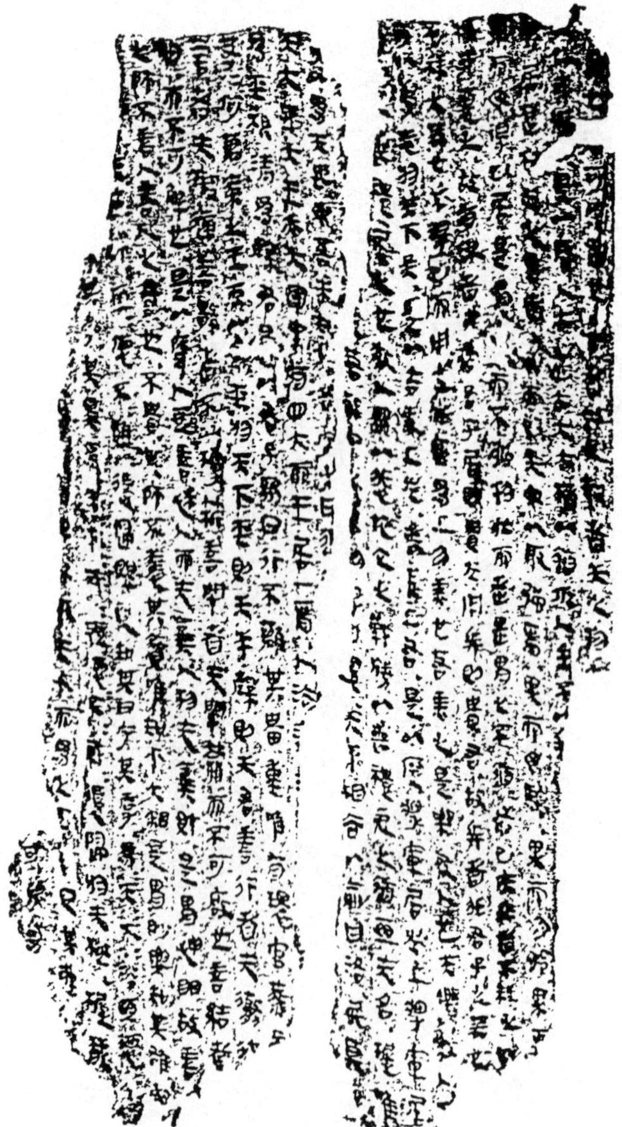

圖十二 馬王堆帛書 老子（甲種本）

圖十三 馬王堆老子（乙種本）

二、漢簡牘

我們看長沙馬王堆出土（公元一九七二年）西漢前期之遺策，字體漸有點畫波尾，即可知此期，隸書已漸臻成熟階段，與秦隸之無點畫波泯不大相同。此由篆書發展到隸書之書體，是否西漢初期只形成此一種書體呢？近半世紀以來，在我國西北出現了大量漢簡。爲我們探討西漢中葉以來書法藝術之發展，提供了豐富之資料，這些簡牘有「流沙墜簡」、「居延漢簡」、「武威漢簡」、「甘谷漢簡」等各種不同風格之隸體。

（一）、「流沙墜簡」本世紀初在敦煌一帶出土；已流失海外，公元一九一四年集爲「漢沙墜簡」影印出版，其中漢武帝天漢三年簡「流沙墜簡，屯戍叢殘」，爲不帶篆意的西漢隸書。（圖十四）

（二）、「居延漢簡」公元一九三〇年在內蒙古漠南地區額濟納河黑城附近出土的漢代木簡，約一萬餘枚，一九五九年以部份照片集爲「居延漢簡」出版，且大部爲西漢時期物，字形扁方，橫向取勢，波磔明顯，用筆生動潑辣，形態飄逸。（圖十五、十五之一、十五之二）

（三）、「武威漢簡」公元一九五九年在甘肅武威漢墓出土之木簡共四六九枚，一九六四年集爲「武威漢簡」出版。是西漢晚期簡書，代表西漢向東漢演變之過渡隸書。字體嚴整茂密，秀美整齊，用筆嚴謹，章法規整。雖出自下層職業書手，字體已由俗變雅。（圖十六、十六之一）

「武威漢代醫簡」爲東漢醫家的手跡，字形大小參差，結體向橫取勢，較爲草率隨意書寫，爲隸草之書體。（圖十七）

（四）、「甘谷漢簡」爲東漢桓帝延熹元年（公元一五一八年）的簡冊，每簡分爲兩行書寫，字形寬扁，波磔顯著，筆畫秀麗整齊，已是典型之八分（漢隸）書體。（圖十八、十八之一）

圖十四　漢流沙墜簡敦煌木簡

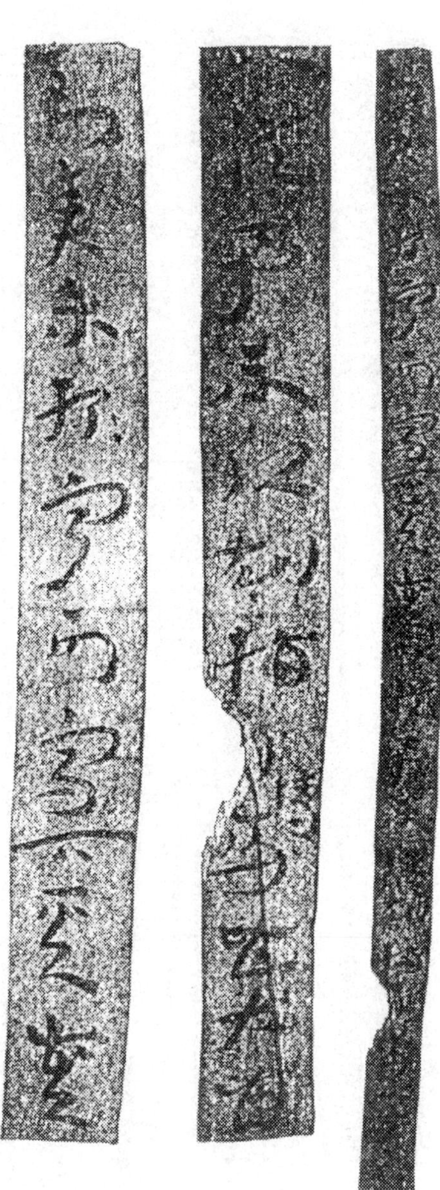

圖十五　西漢居延漢簡

圖十五之一 西漢居延漢簡

居延漢簡

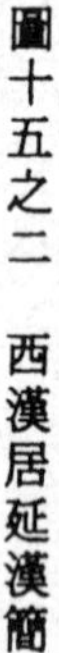

圖十五之二　西漢居延漢簡

武威王杖詔令冊

圖十六 武威漢簡王杖詔令冊

圖十六之一 武威儀禮漢簡

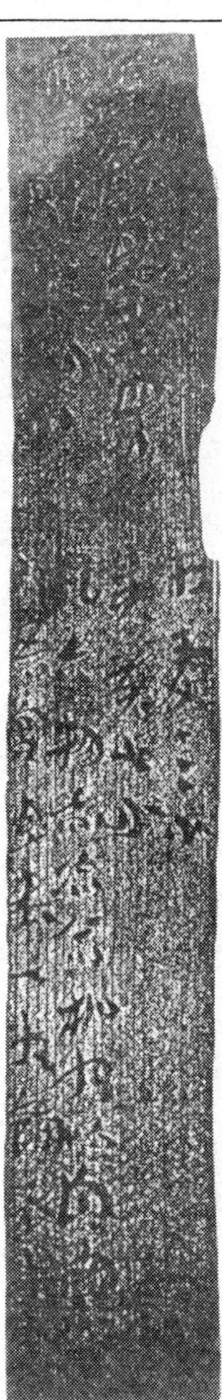

圖十七 武威醫藥木牘

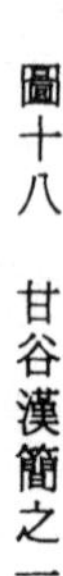

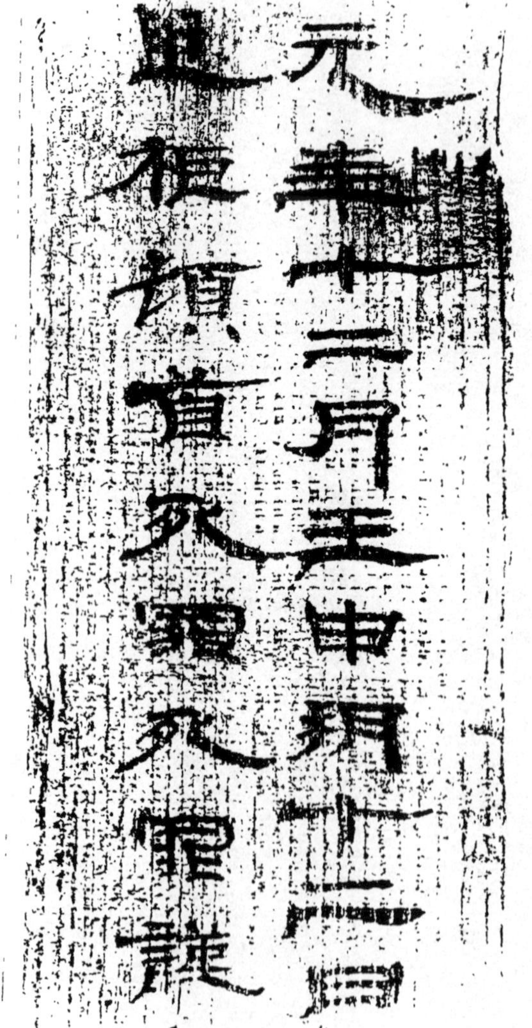

圖十八　甘谷漢簡之一

圖十八之一　甘谷漢簡之二

第三章　漢隸（碑刻）

從上述簡書之墨跡中，呈現了西漢書法藝術多姿多采的景象，並見其對東漢隸書之影響，已形成了分書之形體。這些書跡來自一般民衆，雖不是著名書家所書，但各自有其不同書寫之風格。有的纖勁如「禮器碑」（居延漢簡），有的秀麗整齊如「曹全碑」（甘谷漢簡）形成了東漢分書綺麗紛華之景象。所以東漢分書流派之形成與發展，是有它普遍性和廣泛之社會基礎。

東漢分書之流派，主要是在碑石刻文上，因此研究漢代書法之學者，還是看重在漢代碑碣與石刻上之書法。

東漢初年，立碑之風氣，尚不怎樣盛行；至漢桓、靈帝（公元一四七年—一八四年）後始極其盛行，從漢碑所刻之字跡來看，大都是當時書法家所寫的，其書法都寫得非常出色，這時的碑碣，恐怕不下數千，現在還存世的，大約可觀的也有一百七十餘種。名作蔚起，燦爛光芒，洋洋大觀，可謂空前絕後，茲將其主要的若干種，分別舉出如後。

一、子游殘石　東漢元初二年（公元一一五年）隸書。碑在河南安陽縣，碑文十一行，行六至九字不等，此碑書法駘蕩舒放，氣態濃森，能于拙厚中見駿邁，纖巧處顯雄健，康有爲廣藝舟雙楫云：「張黑女碑，雄強無匹，然頗帶質拙，出於漢分子游殘碑（註三）」。認爲張黑女墓志之風格即導源於此。（圖十九）

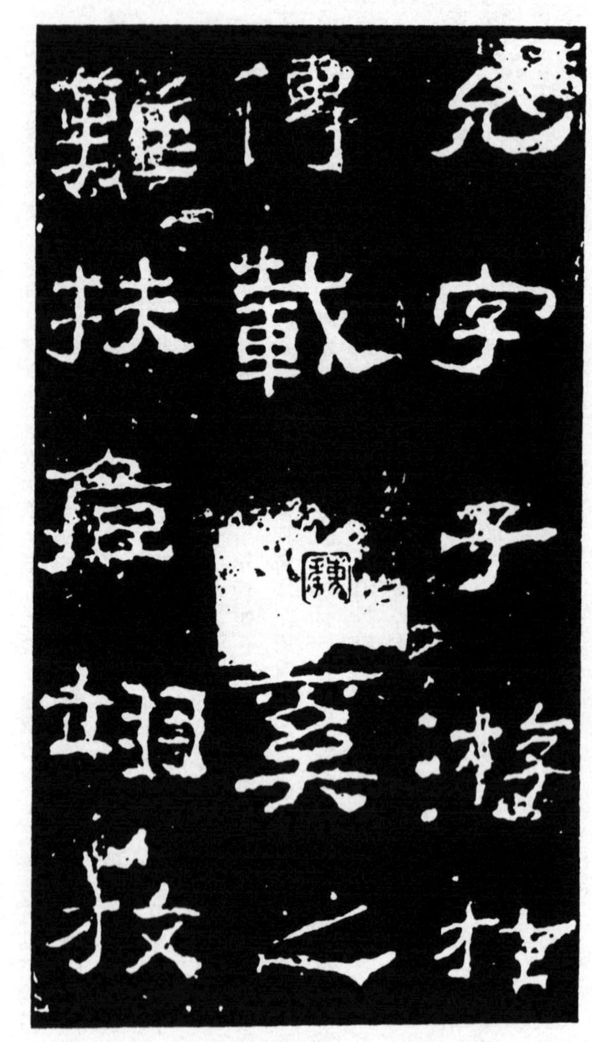

圖十九　子游殘石

二、北海相景君銘　漢安二年（公元一四三年）今在山東濟寧州儒學，碑高九尺，廣三尺三寸，額題「漢故益州太守北海相景君銘」十二篆字，分爲兩行，其碑文共十七行，每行廿三字，「穿」居其中，在第八字之下，其三行各廢兩字，碑形上銳下方，按此碑雖甚漫漶，然以今日洗石精拓之本，與隸釋校勘，細玩影跡所不辨者，十數字而已，文爲八分書，體勢方峻，意態雅健，結體瘦勁，筆畫波磔怪異，尤其曳脚多用籀筆，筆鋒向下時，尖銳如懸針。似繼承了西周「盂鼎」之用筆，直接也影響了吳時「天發神讖碑」（天璽元年，公元二七六年）。是漢碑中之罕覯者。

其碑陰，隸辨載云：「北海相景君碑陰，凡三列，第三列姓名之下，又云行三年服者，凡八十七人，末以兩行，刻四言韻語十八句。」（註四）（圖二十）

圖二十　北海相景君銘

三、楊君石門頌　東漢建和二年（公元一四八年）刻，八分書，碑在陝西省褒城縣北五里的石門崖壁上，石門即褒斜谷通道，後漢桓帝建和二年，漢中太守犍爲王升，刻石門頌司隸校尉犍，爲楊孟文開通石門的功德，就谷中石壁「磨崖勒頌」，是爲「磨崖刻」，其碑額題云：「故隸校尉犍爲楊君頌」十隸字，碑文六十七行，每行三十字，或有疏密不齊者，高祖受命半闕「命」字垂筆甚長，所侵佔兩字許，又空二字方始書其下一句，序曰：別作爲行，後一行低兩字書趙邵等三人姓名，又書王府君分遣官屬事，凡三行，末行低七字書魏伯玉徙官，隸續云：「宣和殿碑錄以碑爲鼂漢彊書，考其碑云，五官掾南鄭趙邵屬中鼂漢彊，書佐西成王戒，蓋三人主其事，書佐則王戒之職，非鼂漢彊書也。集古錄與金石錄與鄭樵金石略具作楊厥開石門頌（註五）。」其字形不受拘束，字體飄逸洒落，縱橫勁拔，富于變幻。每筆起處毫端逆鋒，含蓄蘊藉，中間運行道緩，優游自若，收筆復以回鋒，肅穆敦厚，字裏行間頗具篆意而帶有草書意味。故此碑兼熔篆、隸、行、草於一爐，爲隸書中之草書是也。自出機杼，不可端倪，學實較爲不易。姚孟起字學臆參云：「漢隸爲篆楷過脈，石門頌篆意多。」（註六）（圖二十一、二十一之一）

圖二十一 石門頌之一

圖二十一之一　石門頌之二

四、乙瑛碑　東漢永興元年（公元一五三年）刻，又名孔廟置守廟石卒史碑，魯相爲孔廟置爲石卒史碑，魯相乙瑛奏置孔廟百石卒史碑、魯相乙瑛請置百石卒史碑，百石卒史碑，孔龢碑等名稱，今在山東省曲阜縣孔廟中，隸辨載云：「無額凡十八行，行四十字，孔子十九世孫麟廉請置百石卒史，魯相乙瑛言之於朝，司徒吳雄、司徒趙戒奏於上，瑛已滿秩去，後相平復上於朝，除孔龢補名，因立此碑，今謂百石碑。金石錄作孔子廟置卒史碑，集古錄以爲吳雄修孔子廟碑，蓋考之不詳也，後人刻其上曰：漢鍾太尉書，隸釋云： 嘉祐中郡守張稚圭，按圖經云：鍾繇書，繇以魏太和四年卒，距永興蓋七十八年，圖經所云非也。金石文字薄載乙瑛舊本共有六種，以孫淵如本爲第一。」（註七）此碑爲後漢八分書中之奇麗書風代表作之一，字體平正謹嚴，筆畫骨肉勻適，前後交代，一絲不句，結體端莊，意態爽秀，峻逸整美。世人多愛此碑，爲孔廟中著名三碑之一。（即指史晨前後碑、禮器碑、乙瑛碑。）（圖二十二）

圖二十二 乙瑛碑

五、禮器碑　東漢永壽二年（公元一五六年）刻　漢魯相韓勑造孔廟禮器碑，在今山東曲阜孔廟中，按碑文爲漢桓帝永壽二年立，隸辨載云：「無額文十三行，行三十六字，第三行皇戲皇字高出一字，後有題名三行，行三人，魯相韓勑脩造孔廟禮器所立，今謂之禮器碑，集古錄作孔子廟器表，金石錄作韓明府孔子廟碑。天下碑錄作魯相韓勑復顏氏繇發碑。按碑云復顏氏幷官氏邑中繇發以尊孔心，發屬下句讀，且所復者尙有幷官氏，而此碑又不爲復繇所立，碑錄非也。（註八）」碑文內容雜用讖緯。不能盡通，碑陰則題名凡九十四人，除韓明府外皆載出泉之數，碑文字體爲八分書，剝蝕者僅十一字，存者猶有鋒鍛，爲孔廟中著名三碑之一，尤以此碑品位爲最高，書體神采飛揚，冠絕古今。結體端莊凝練如冰肌玉骨，儀態萬方。筆劃瘦勁剛健，雄强處能扛鼎拔山，纖巧處似鐵劃銀鉤，剛柔相濟，法度謹嚴。氣勢則肅穆蕭散，恰如風流名士，高冠博帶，器宇軒昂。繼承了春秋以來齊國青銅器銘文之特色，創造了纖而能厚的流派，此派書風風靡當時，敦煌和居延附近出土簡書，很多與此類似，形成東漢分書中之重要流派之一。故習漢碑者，多以此爲範本。（圖二十三、二十三之一）

圖二十三　禮器碑之一

圖二十三之一　禮器碑之二

六、鄭固碑　東漢延熹元年（公元一五八年）刻，今在山東省濟寧縣，漢桓帝延熹元年立，隸辨載云：「額題云：漢故中郎鄭君之碑八篆字，爲二行，有穿，文十五行，行二十九字，行間方若棋局，今碑已斷失，其下一截，子家有拓本尚完。（註九）」其字體奇古英爽，密理與縱橫兼之，筆法堅勁，堪稱評價甚高之漢碑，可與禮器碑相伯仲。（圖二四）

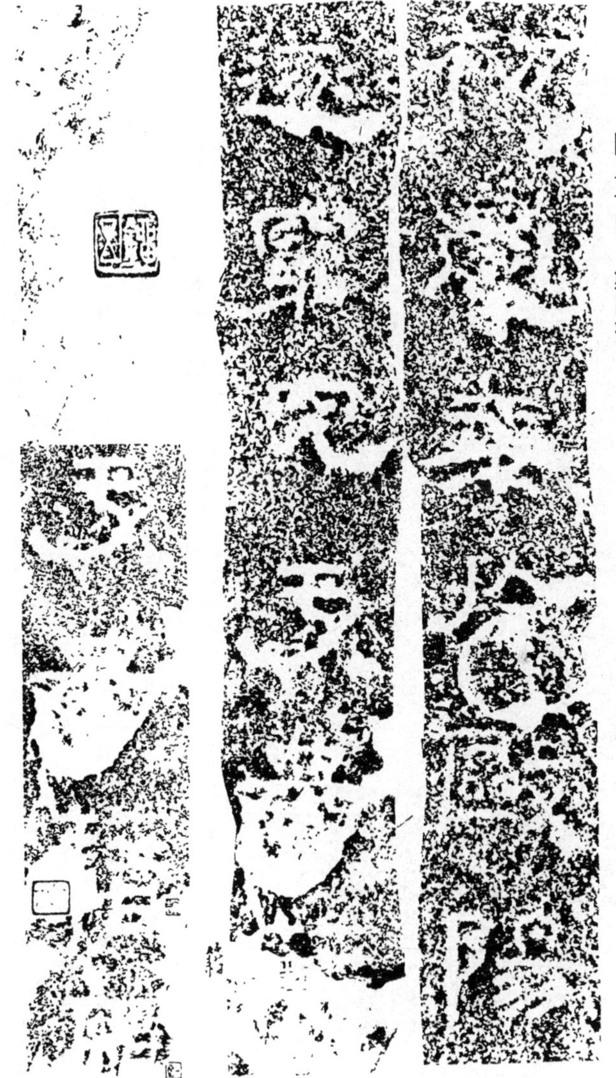

圖二十四　鄭固碑

七、張景殘碑　東漢延熹二年（公元一五九年）刻。隸書，十二行，行二十三字，民國四十七年（公元一九五八年）出土於河南南陽。此碑書法結體謹嚴，取勢寬扁，筆劃疏朗秀麗，全碑用筆圓潤，挑法棱角不明顯，寫來自然，絕無矯柔造作之態。在隸書風格中，屬秀麗之一派，爲漢隸成熟時期的優秀作品。（圖二十五）

圖二十五　張景殘碑

八、封龍山頌　東漢桓帝延熹七年（公元一六四年）刻隸書。十五行，行二十六字，碑在河北元氏縣，此碑字體方正古健，用筆勁直流暢，書雖爲八分，但波挑不巨，極富篆意，結體奇崛，富于變化，遒勁豪放，極有氣魄，與石門頌相近，其結體則似乙瑛碑，又兼有禮器碑之瘦硬，衡方碑之厚重，張遷碑之古拙。在分書中別具一格。（圖二十六、二十六之一）

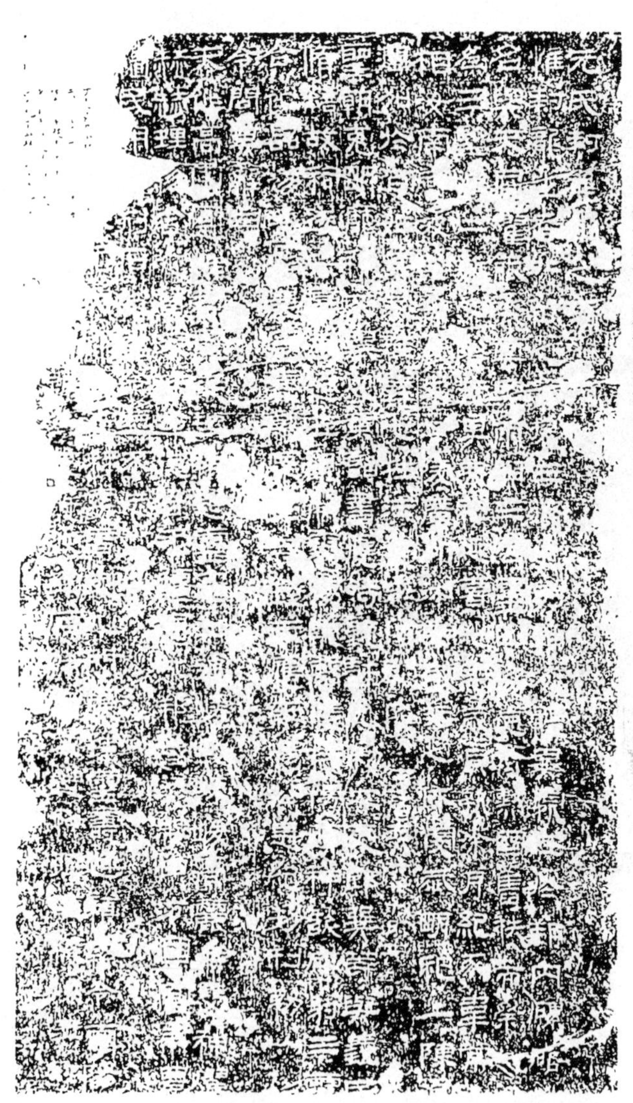

圖二十六　封龍山頌之一

圖二十六之一　封龍山頌之二

九、孔宙碑　東漢桓帝延熹七年（公元一六四年）立，宙即北海（孔融）之父也，字季將，范史作（佃）孔子第十九世孫，有七子，曰謙、曰褒、皆見於碑文，今碑在山東省曲阜縣孔廟中，隸辨載云：「額題云：漢泰山都尉孔君之碑九篆字爲一行，碑首行題云有漢泰山都尉孔君之銘。隸釋云，凡漢碑有額者，首行即入詞，無額者，或題其前，已篆其上，復標其端，惟此碑爾。文十四行，行廿八字，末行銘辭下空十一字，刻年月。（註十）」有碑陰，漢代碑陰皆沒有碑額，獨有此碑以「門生故吏」四篆字題其上爲額。凡三列六十二人。此碑用筆平放，鋒長而意藏。其氣勢如雲奔潮湧，勢不可阻，結體綿密，雖爲分書，但具篆意，爲圓轉之書風，既有「曹全碑」之典雅，又有「石門頌」之飄逸。書法華豔疏宕，自是可愛，昔人與「尹宙碑」合稱爲二宙。（圖二十七、二十七之一）

圖二十七　孔宙碑

圖二十七之一　孔宙碑

十、西嶽華山廟碑　東漢桓帝延熹八年（公元一六五年）立，隸辨載云：「金石文字記云，舊在華陰縣西嶽廟中，嘉靖三十四年地震碑毀，華州郭胤伯有此拓本，文字完好，今藏華陰王無異家，子從商丘宋尙書摹得之，即無異藏本也。額題云（西嶽華山廟碑）六篆字爲二行，碑式云，文二十二行，行三十七字，袁府君肅恭明神及京兆尹勑杜遷市，石皆平闕，高祖太宗孝武並列，行高出一字，有紋如棋局，洪氏碑圖云，歐陽叔以袁逢華廟碑，爲郭香察書，考其碑云，勑都水椽杜遷市石遣書佐郭香察書，蓋一人市其石，一人察其書，非郭君書之也，隸釋云，東漢循王莽之禁，人無二名，郭香察書者，蓋察涖他人之書爾，金石文字記云，察書乃對上市石之文，則香者，其名律曆志，有太史治曆郎郭香，豈其人歟，徐浩古跡記，以碑爲蔡中郎書，都穆金薤琳瑯云，浩深於字學，且生唐盛時，殆非鑿空而言者（註十一）」。其碑認爲是蔡中郎書，實不足信，此碑書法特色是，用筆奧折而能洞達，頓挫而能飛揚，八角垂芒，結體勻稱謹嚴，姿態醇美，筆畫靈秀遒勁，且富於變化，起筆逆入平出，波磔俯仰，使筆畫豐滿沉厚。用筆變化極大，方法多樣，極盡華飾之美。（圖二十八、二十八之一）

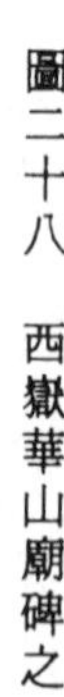

圖二十八　西嶽華山廟碑之一

圖二十八之一 華山廟碑之二

十一、鮮于璜碑　東漢延熹八年（公元一六五年）立。民國六十一年（公元一九七二年）出土於天津武清縣。額題云「漢故雁門太守鮮于君碑」十篆字，碑陽文十六行，行三十五字，碑陰十五行，行二十五字。此碑以方筆爲主，筆畫豐厚凝重，斬釘截鐵，下筆收筆處不露鋒芒，含蓄渾厚，字形布白勻稱，結構嚴謹，風格嚴整壯美，書風屬雄強方整之一派。近「張遷碑」而開六朝正書之先聲。（圖二十九、二十九之一）

圖二十九　鮮于璜碑之一

圖二十九之一 鮮于璜碑之二

十二、衡方碑　東漢建寧元年（西元一六八年）立。今在山東汶上縣西南十五里郭家樓前，南向。隸辨載云：「碑額云（漢故衛卿衡方府君之碑），十隸字分為二行，其字作陰文，凸起額下有穿，碑文廿三行，行一十六字，其下漫滅，每行或闕三字，或闕四，五字不等，小字（門人朱登題）一行。金石錄以為建寧三年立，誤也。」（註十二）清雍正八年，汶水泛決成災，碑陷臥，莊人郭承錫等，出資復建，碑中書法體方筆圓，古拙中有秀勁，氣派宏大，嚴整中見靈動變化，渾厚中富嫵媚天趣，與鄐閣頌相似醇樸沉雄，隸中之篆也。在漢隸名品中，與張遷碑、鮮于璜碑同屬雄強茂密，渾穆厚重一派。（圖三十）

圖三十　衡方碑

十三、張壽碑　東漢建寧元年（公元一六八年）立。今在山東城武縣孔廟中，隸辨載云「額題云（漢故竹邑侯相張君之碑）十隸字。金石文字記曰，土人截爲後人碑趺止存二百餘字。」（註十三）此碑書法樸厚而時見巧思，中鋒運筆，靈活巧妙，筆畫豐實飽滿，計白當黑，隸法體氣益多，字體疏宕方整，古樸奇雄，康有爲廣藝與雙楫載云：「張壽與孔彪渾古亦相似。」（註十四）（圖三一、三十一之一）

圖三十一　張壽碑之一

圖三十一之一 張壽碑之一

十四、史晨前後碑　東漢建寧二年（公元一六九年）立，碑在山東省曲阜縣孔廟同文門東側，爲「魯相史晨祀孔廟奏銘」，碑高一七〇公分，寬八二公分，前後兩面刻，故稱前後兩碑，前載奏請之章，後碑則敘饗禮之盛，漢靈帝建寧二年己酉立。碑中引用讖緯之語，以贊孔子，蓋承當時之習尙也。爲孔廟三碑之一，便是指立在山東曲阜孔廟中的史晨，禮器，乙瑛三碑而言，它們的書法，規矩謹嚴，不作一險怪之筆，可以說是漢代八分之正宗。風神逸宕，姿意虛和，爲世所稱。隸辨載云：「無額文，十七行，行三十五字，兩尙書字及朝廷並平，闕時副言，諸官府在尙書一行之下，隔三字昔在仲尼別作行，金石錄云，魯相晨有兩碑，皆在孔子廟中，其一云，臣蒙恩受符守者，即此碑也，其一云，相河南史君，諱晨者，即後碑也，集古錄作，史晨孔子廟碑，天下碑錄作，魯相晨等，出王家穀祠孔子廟碑。」（註十五）宋元及明初拓本都是全拓的，明以後碑石漸漸沒入土中。故明代及清初之拓本，每行皆少最後一字。僅得卅五字，每行末一字都拓不出來，到了清乾隆四十二年丁酉（公元一七七七年）翁方綱托孔郮孟戶部設法將碑挖起來，乾隆已酉冬（公元一七八九年）錢塘何夢華又將每行最後字鑿出來，從此全文始恢復大顯，但最下面一列，字的精神與上面的相比，則差了不少。（圖一二二）

史晨後碑，文十四行，每行三十六字，其字體圓渾端和同前碑。兩刻如出一手，書法古厚朴茂，端莊嚴謹，用筆之輕重頓挫，表達得很清楚，是成熟的漢隸，爲學習漢隸優良範本。極宜初學。（圖三十二）

圖三十二 史晨前碑

十五、夏承碑　東漢建寧三年（公元一七〇年）立　碑在洺州州衙，洺州今廣平府，即今直隸永平縣是也，隸辨載云：「金石錄云，宋哲宗元祐間（公元一〇八六年）因治河隄，得於土壤中，刻畫完好如新，予攷廣平志明憲宗己亥，知府秦民悅於府治後堂，見此碑仆倒於地，復樹堂之東隅，創愛石軒以覆之，并刻跋於碑陰，則此碑成化中尙在府治。字源所謂洺州州衙是也，而舊傳在廣平府學，王秋澗集，有此碑之跋，亦云在今廣平府學，則秋澗時，已不在府治，而民悅之，復樹者何碑，疑不能明也，民悅跋云，碑之下截，凡一百一十字，年久蘚蝕，係後人模刻。覽者當自辨之，都穆金薤琳瑯，謂江陰徐公擴嘗得舊刻，雙鉤其字，以惠子與此絕異，舊刻闕字四十五，而此獨完好，又積行勤約，今作勤紹，俱爲可疑，謂是後人僞作，蓋未見民悅之跋，其下截爲後人模刻也，隸釋載此碑勤紹作勤約，今作勤紹者，摸刻之誤，徐公雙鉤，乃是此本，則都公所藏爲最舊，予家有雙鉤本，亦止闕四十五字，勤紹亦作勤約，疑即都公所藏之本，嘉靖二十四年，知府唐曜重刻於漳川書院，曜亦有跋，在碑後云，此碑因取築城之石，爲工所毀，故重刻之。額題云（漢北海淳于長夏君碑九篆字。）碑圖云，篆額三行，黑字額下有穿。今重刻者無額。於銘辭之下，作一方畫，中正書（淳于長夏承碑）六字，碑式云，其文十四行，行二十七字。今重刻者十三行，行三十字，無論字體失眞，式亦舊矣，隸釋云，此碑字體頗奇，唐人蓋所祖述，梁庚元威作書論載，隸有十餘種，曰芝英隸、花草隸、幡信隸、鍾鼎隸、龍虎隸、鳳魚隸、麒麟隸、仙人隸、科斗隸、蟲隸、龜隸、鸞隸。此碑蓋其間之一體，臨汝帖，以爲蔡邕書，後遂仍襲弗疑，今重刻者，直書於碑末云，建寧三年蔡邕伯喈書，中郎之蹟，傳於今者，惟石經遺字爲有據，而與此碑字體不類，不足信也。」（註十六）此碑字體合篆籀與隸之質，而非古隸，謂之芝英體，書法高古渾樸，奇麗嫻熟，骨氣洞達，精彩飛動，實寓擒縱之法，筆畫使轉圓潤而富于彈性，精巧秀美多有變化。於石刻中能反映出毛筆書寫之特色，爲八分書中之奇品。（圖三十

三）

圖三十三　夏承碑

十六、孔彪碑　東漢建寧四年（公元一七一年）立，碑在山東曲阜孔廟。隸辨載云：「額題云，（漢故博陵太守孔府君碑）十篆字，爲二行，額下有穿，其文十八行，後餘二行，行四十五字，有紋如棋局，集古錄作孔君碑跋云，其名字磨滅不可見，今碑名字尚完，不知歐公時何以磨滅；式模者不工爾，[illegible]即彪字，韓勑碑陰，有尚書侍郎孔彪元上，即其人也。孔彪碑陰，凡十三人，皆博陵故吏，隸釋云，趙氏以孔君，自博陵再遷河東，而碑額仍題博陵，莫曉其何謂，蓋博陵之人相與立碑，故以本郡題其首。」（註十七）此碑秀麗清潤，結構謹嚴，用筆沉著飄逸，筆畫精勁。它和「曹全碑」之布白相似，行寬字小，別具風格。比之「方正派」的布白，行密格滿，恰恰相反，康有爲廣藝舟雙楫載云：「孔彪碑亦至近楷書，孰觀漢分自得之」又云：「張壽與孔彪，渾古亦相似（註十八）」。此隸中之楷也。（圖三十四）

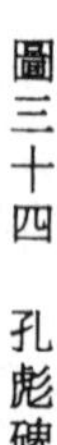

圖三十四　孔彪碑

十七、西狹頌　東漢建寧四年（公元一七一年）立　碑在甘肅省成縣天井山摩崖上，漢靈帝時，武都太守李翕，以郡之西狹閣道危難阻竣，數有顛覆，乃治東西板使成夷途，既成作頌刻石，其頌有二皆識此事，其一立於建寧四年六月十三日，一則同年六月卅日所立也，文爲隸書，其前有黽池五瑞碑，碑圖上方左有黃龍，右有白鹿，下方二樹四枝連理，中一嘉禾九莖，右一樹，樹下有一人執物上承之象，左方有題字兩行，金石錄：「作李翕碑陰，隸釋云，李君昔治黽池，臻此五端，及西狹摩崖，因刻於前，非碑陰也。（註十九）」

該碑文共十九行，每行廿字，最後一行書年月，又有小字題名二行，約四字許，因年代久遠，已漸漫漶，在天井磨崖之碑後題名中有「從史位下辨仇靖字漢德書文。」之句，可知爲仇靖所書，漢碑大部未書款，可見此刻石乃是書家落款之最古的一個實例。其字體極大，方整厚健，醇樸沉雄，布白勻整，疏密有致；用筆樸厚，方圓殊趣，粗細兼施，揮洒遒勁，在篆隸之間，爲已呈波磔的八分書，就其方整而言，此碑最近楷法，姚孟起字學憶參云：「西狹頌楷意書。」（註二十）（圖三十五、三十五之一）

圖三十五　西狹頌之一

圖三十五之一 西狹頌之二

十八、郙閣頌　東漢建寧五年（公元一七二年）立，碑在陝西略陽縣西二十里，有崖臨江，高數十丈，俗名白崖，水溢則上下不通，漢建寧三年太守李翕建閣以濟行人，廢址猶存，在棧道中，時人作頌勒石，其頌摩崖石在橋旁，後棧道已徙他處，石亦磨泐，明縣令申如塤重刻之，今所傳拓本，多非原刻矣。

隸辨載云：「額云析里橋郙閣頌六隸字，分爲二行，其石文十九行，每行二十七字，太守漢陽李翕，平闕頌後又有詩並別行，又有數行刻年月及書撰人石師姓名，余家有舊拓本，無此數行，重刻本有之。其曰從史位□□□□寫漢德爲此頌者。隸續證以天井題名，謂即仇靖是也，其曰故吏下辨□□□子長書此頌者，天下碑錄以爲仇子長名佛，未知何據。豈作碑錄時，其三字猶未闕耶。但重刻本甚拙惡，比之舊拓本，已盡失其眞，集古錄跋，李翕作李會，南豐跋此碑云，翕殘缺不可辨，歐陽永叔以爲李會，余亦意其然，及馬珹中得此頌，以視余，始知其爲李翕，永叔於學博矣，其於是正文字，尤審然一以其意質之，遂不能無失，則古之人所以闕疑，其可忽歟。」（註十一）按李翕西頌後天井題名證之，從史位下所缺之字爲下辨仇靖四字，前碑爲其所書，此碑爲其所撰也。又天下碑錄以爲仇子長名佛。康有爲廣藝舟雙楫載云：「郙閣頌爲仇子長書。」（註二十二）按集古錄目載：「郙閣頌漢仇佛隸書。以此證下辨之下，當是仇佛字子長耳。撰書並列，漢隸祇此一碑。」（註二十三）此碑字體古茂雄深。筆畫波磔不甚明顯，頗具篆意，而其方整體勢及點畫寫法，已孕育著楷書意味，在運筆上不露鋒芒，字大滿格，略顯豐肥。康有爲廣藝舟雙楫載云：「魯公擧世稱之，罕知其佳處，其章法筆法，全從郙閣出。」（註二十四）此可見此碑對後世書法之影響之深。（圖三十六）

圖三十六 郙閣頌

十九、魯峻碑　東漢熹平二年（公元一七三年）立，今在山東濟寧州儒學，隸辨載云：「額題云，漢故司隸校尉忠惠父魯君碑十二隸字，爲二行，忠惠父者其私謚峻，後爲屯騎校尉，而額題司隸者，隸釋云，漢人書碑，或以所重之官揭之，司隸權尊而秩清，非列校可比，亦猶馮緄舍廷尉而用車騎也，額下有穿，文十七行，行三十二字。」又載「魯峻碑陰，凡三列，下一列漫滅，存者二列，每列二十一人，前有故吏四人，餘稱門生，最後一人，稱義士，凡四十二人，皆有郡縣名字及出錢之數。」（註廿五）此碑字體方整勻稱，結體寬博厚重，筆畫中凡勒筆、磔筆、趯筆、挑起處極豐滿，神態端莊而穩重。北魏書家鄭道昭之書風，及後來唐代之唐明皇，徐季海等人均受其影響至深。（圖三十七）

圖三十七　魯峻碑

二十、婁壽碑　東漢熹平三年（公元一七四年）立。集古錄云：「光化軍乾德圖經載此碑，景祐中余自夷陵貶所，再遷乾德令，按圖求碑，而壽有墓在穀城界中，余率學生親拜其墓，見此碑在墓側，遂據圖經，遷碑還縣，立於敕書樓下。」（註二十六）按宋置光化軍領爲光化縣，今與穀城縣俱屬湖廣襄陽府，現屬湖北襄陽道。

碑額題云：「玄儒婁先生碑」，六篆字爲一行，正文二百九十一字，「穿」在文中三行之內，所廢者六字，凡十三行，每行廿五字，七百年來，拓本傳世者，惟聞吳中顧氏有宋拓不全本，近人得最初拓本，全文無缺，用珂羅版，攝印行世，書法肅括宏深，筆畫淳厚，無鋒芒飛揚之勢，可算是成熟之晚期漢隸。康有爲廣藝舟雙楫載云：「婁壽碑與禮器、張遷豐茂相似。」（註二十七）（圖三十八）

圖三十八　婁壽碑

二十一、韓仁銘　東漢熹平四年（公元一七五年）立，碑在河南滎陽，漢置故城在今滎澤縣西南，今屬河南開封道。額題云：漢循吏故聞熹長韓仁銘十篆字爲兩行。用筆精利，鋒穎如新，結體平實端穩，寬博疏朗，爲碑額書法之精者，清代趙之謙，鄧石如篆書能自出胸機，發古人所未有，他們都是臨習漢碑額篆書中得到很大裨益。碑文八行，行十九字。另九行小字。此碑書法結體寬舒流暢，氣勢開張，行筆道勁飄逸，氣韻生動，秀美瀟洒，甜而不俗，是漢隸書成熟時期之優秀作品，較之「乙瑛碑」而疏放過之。（圖三十九、三十九之一）

圖三十九　韓仁銘之一

圖三十九之一　韓仁銘之二

二十二、熹平石經　東漢熹平四年—光和六年（公元一七五年—一八三年）。後漢靈帝熹平四年，詔令諸儒，正定五經文字，刻石立於河南洛陽太學門前，以供學者取法，這就是「熹平石經」。也是我國最早的國定標準教科書。碑的數目相當的多，可惜由於歷代兵亂，而幾乎全部散失，近世發現殘碑出土的亦很多，其中以民國廿三年五月間，在河南洛陽東金村（即晉之金墉城）南行約兩公里渡洛水再行一公里餘，即東漢洛陽太學故址，由一黃姓農家於耕田時無意發現的公羊春秋石經，最具價值，其有六百多字，爲蔡邕所書，字皆隸體，有挑法，端莊典麗，可說是成熟後的標準字體，以之寫經典，自是非常的字體。此碑於抗日期間險落日人之手，所幸由熱愛祖國文化的古物鑑賞兼收藏家王道中先生最初之鑑識與李杏村先生其後之收藏與維護，並由其轉運來台，捐贈國家，其二位保存國粹之功，眞可與此石併垂不朽，此石現存台北市國立台灣歷史博物館。（圖四十）

圖四十 熹平石經

二十三、尹宙碑　東漢熹平六年（公元一七七年）立，今在河南開封道鄢陵縣，碑稱尹宙，字周南，爲豫州從事，治公羊春秋經，博通書，爲一賢者也。碑額上題「從銘」二篆字，上有「穿」，額橫書在穿之右，碑文共十四行，每行二十七字，碑中字甚完好，無一字磨滅，書法沖和寬博，用筆圓潤，波磔分明，無窘迫拮據之態，亦漢碑中之特具一體者。與「孔宙碑」合稱爲二宙。康有爲廣藝舟雙楫載云：「尹宙風華豔逸，與韓勑、楊孟文、曹全碑陰同家皆漢分中妙品。」（註二十八）（圖四十一）

圖四十一　尹宙碑

圖四十一　尹宙碑

二十四、校官碑　東漢光和四年（公元一八一年）立，現在江蘇溧陽孔廟。隸辨載云：「額題云校官之碑四隸字爲一行，額下有穿，文十六行，行廿七字，溧陽長潘君冀，冀聖慈皆別作，行後有題名三橫列，上一列丞尉三行，下二列刻將作吏名各五行，最後一行書歲月與上一字齊。」（註廿九）此碑書法方正樸茂，用筆備方圓輕重變化，波磔明顯，有古厚之妙，可與「張遷碑」、「衡方碑」相伯仲，其風格又具早期隸書之風範。（圖四十二）

圖四十二　校官碑

二十五、三公山碑　東漢光和四年（公元一八一年）立，隸辨載云：「集古錄目云，在定州，金石錄云，在眞定元氏，定州與元氏縣，今屬眞定府（今河北省），後漢書郡國志，常山郡元氏有三公塞，即此山也，定州漢爲中山國，集古誤也。（註三十）」

又云「額題云，三公之碑四隸字，兩旁又有封龍君，靈山君六隸字頗大，隸釋云，封龍與靈山是兩山之名，揭其神於額之旁者，即是配食三公之祠，光和四年，左衛樊子義立。」碑文二十行，行四十字。隸書，波磔明顯，篆意脫盡，唯筆畫細瘦，筆意雖不復見，但勁健之氣仍存。是東漢時期成熟之隸書。康有爲廣藝舟雙楫云：「余嘗見三公碑，體近白石神君，以爲三公山神君碑矣。余意此不類永平時書，既而審之，果光和四年，故字體眞可訣時代也。」（註三十一）（圖四十三）

圖四十三　三公山碑

二十六、白石神君碑　東漢光和六年（公元一八三年）立，碑在直隸元氏縣，今屬直隸保定道，漢靈帝光和六年立，碑圭首，左右兩獸，獸內一人以兩臂柱獸腹，似彝器文字之子孫形。隸辨載云：「額題云，白石神君碑五篆字，爲一行，碑文十四行，行三十五字，空一行，方始刻銘，又空一行，書年及常山相長史丞尉掾史石師姓名共二行，後再空一行，有燕元璽二年題字，元璽慕容儁號，白石山，即古之石塞，爲太行之支麓，以神君能興雲雨，法施於民，故祀之也。聞有碑陰，予未之見，隸釋云，漢人分隸，固有不二者，或拙或怪，皆有古意，此碑雖布置整齊，略無纖毫漢字氣骨，全與魏晉間碑相若，雖有光和紀年，或後人用舊文再刻者爾。」（註三十二）此碑書法純熟，布置整齊，筆畫橫粗豎細，循規蹈矩，已近匠氣，故後人以其無漢字氣骨，與魏晉間碑相似，而疑爲後人再刻者。實即足以代表漢末書法之另一風格。（圖四十四）

圖四十四　白石神君碑

二十七、曹全碑　東漢中平二年（公元一八五年）立，此碑今在陝西郃陽縣，曹君曾爲郃陽令。其門下掾王敞，錄事掾王畢諸人，于中平二年，刊石紀念其功德，爲紀功碑也。該碑於明萬曆年間（公元一五七三年—一六一九年），碑始出土。於漢碑中，爲最完整的一塊，無一字缺壞，碑文共十九行，每行四十五字，末尾一行書年月，其字體婉麗婀娜，秀逸多姿，結體勻整，體態平扁，筆畫圓潤而精氣內含，平和簡靜，剛以柔出，絕無靡弱媚麗之筆，但間有狹長之筆，變動靈活。此碑在漢碑中與孔廟禮器碑並稱。爲漢隸極負盛名之二大傑作。但觀其字體，太過秀美總覺得缺乏漢碑古拙雄渾的特色，不過我們在學隸書之過程中，臨習曹全仍是不可缺的，因筆畫清楚規矩，由規矩入手，而走到雄勁蒼樸的路是對的，否則一入手即走石門頌等路子，將來間架就很難放得穩當。

曹全碑出土時，完整無缺，僅第一行末「因」字磨損，其後「日」字「悉」字有缺損，到清初又缺「周」字「孝」字，清代收藏家又將第一行的「乾」字左旁鑿穿而成「車」旁，以示所藏的爲珍本，所以後人又根據乾字的左邊，是否鑿通以定版本的好壞與新舊，該碑又因後來中斷爲二截，所以又有未斷本與已斷本之別。（圖四十五）

曹全碑陰，共分四列五十七人名，上一列二十六人處，士岐茂一人超上一列書之，第二列八人，左八人中空，第四列四人。其字體較爲奔放而富天趣。

圖四十五 曹全碑

二十八、張遷碑　東漢中平三年（公元一八六年）立，今在山東省東丰縣儒學，山東通志云：「近掘地得之」，遷爲穀城縣時，多惠政，後遷爲蕩陰令，史民爲追思他之德政，立石以表紀念之，碑高九尺五寸寬三尺二寸，額題云：「漢故穀城長蕩陰令張君表頌（註三十三）」十二篆字，分爲兩行，碑文五百六十八字，共十六行，每行四十二字，空一行書年月及立碑人名祝頌之語，碑中文辭翩翩，有東京風。書法豐茂質實，其筆畫直而剛健且含生澀，粗細筆畫組合自然天成，結體以方取勝，勢如璞玉渾金，顯示出骨力雄健之獨特風采。爲漢隸中極近眞楷之字體。康有爲廣藝舟雙楫云「隸中之楷也。」（註三十四）（圖四十六）

圖四十六　張遷碑

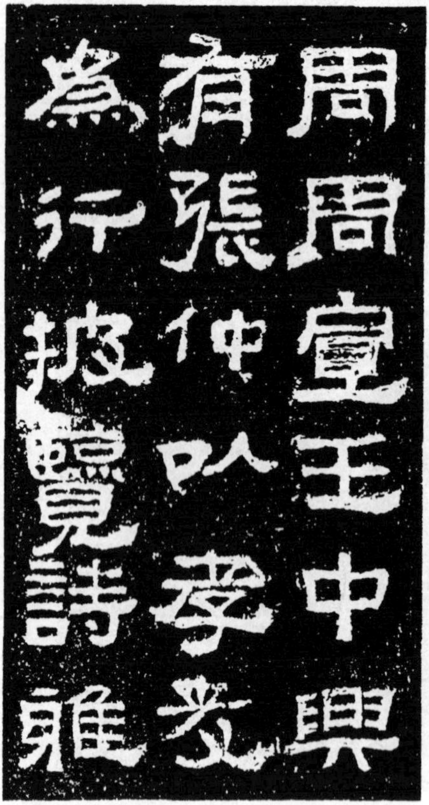

圖四十六之一　張遷碑

二十九、朝侯小子殘碑　闕年月，碑存北平故宮博物院，此碑殘存下半截，因首行有「朝侯小子」之字樣，故以此爲名，又稱小子殘碑，隸書，碑陽文存十四行，行十五字。碑陰僅存十字，此碑書法風格平和端莊，溫文爾雅，頗似漢隸名品「史晨碑」與「張景碑」。但較其秀勁，在用筆上方圓兼施。技法純熟，法度謹嚴，工穩秀逸之風貌。所餘字跡，筆畫清晰，以此碑爲學習漢隸之範本。比較容易得法。（圖四十七）

圖四十七 朝侯小子殘石

三十、公羊傳磚，闕年月，約東漢時代之物，文五行，前四行每行十二字，後一行七字，書法結體向橫取勢，較爲隨意草率之書體，可謂之「草隸」，是東漢民間流行之書體略似武威醫木簡，隨意性較强，且每個字單獨成個體，無連貫書寫，但整塊磚之行氣，承上啓下，左右爭讓，十分美觀，筆畫仍然顯示隸書波磔之痕跡。民國廿一年此磚曾歸于右任珍藏，現藏北平中國歷史博物館。（圖四十八）

圖四十八之一　公羊傳磚

圖四十八　公羊傳磚拓片

綜觀漢代書法藝術與秦代因襲相承，且又變化多端，由前述西漢簡書墨跡及東漢琳琅滿目；美不勝收之著名碑刻來看，呈現出紛繁之風格，一碑有一碑之面貌，雖彼此複雜的交相影響，卻無有完全相同者，此時隸書在漢碑上表現的相當成熟，可說是漢隸發展之顛峰。

在我國書法藝術演變中，篆書演變隸書，是一巨大之進步，這是從古代漢字到現代漢字的分水嶺，隸書雖然大大破壞了字之形象結構之理性化，但卻更加符號化與抽象化，而成立一門獨立藝術。隸書在東漢定型以後，書法技巧已趨於成熟階段，就其用筆技巧來說，起筆有藏鋒（逆鋒），有方有圓，運筆有輕重、有疾澀，轉折有方有圓，收筆有回鋒有出鋒（露鋒），有銳有鈍。特別是呈現出隸書波磔筆畫「蠶頭雁尾」之典型特徵。亦改變了篆書之用筆和結體。筆墨表現之天地更加開闊。用筆之勢和力更可淋漓盡致地發揮，使其美之內涵也豐富起來，呈顯出各種不同風格之字貌。極大地增強了書法藝術之領域。同時推動了書法藝術後來之發展，宋姜夔續書譜載云：「眞、行、草書之法，具源出於蟲篆（此指篆書之通稱），八分飛白，章草等。圓勁古澹，則出於蟲篆；點畫波發則出於八分。」（註三十五）此證說明楷書、行書、草書之筆意分別由篆和隸而來，點、畫、撇、捺是從漢隸中得來。書法藝術隨著時代不斷地豐富發展，變化新生著。創造出豐富多姿，變化萬千之筆畫意象來。這是書法藝術創造中審美觀念的一個飛躍，換言之，從「依類象形」到「異類求之」，是書法擺脫了文字象形整體之約束，使書法作品之每一筆畫，能靈活自由地取源於現實之物象，更能藝術地像天法地，「博采衆美」。它擴大了一筆一畫之藝術創造天地，使之有「不取乎原本，而各造其自然」之妙。

第四章　魏晉南北朝之隸書

東漢末年，群雄並起，連年征戰，形成了魏、蜀、吳三國鼎立之局勢，在書法藝術上，蜀沒有什麼碑刻留世，而吳則尚未發現有隸書之碑刻傳世，唯有魏及西晉，上承漢制，仍以隸書爲通行書體，於鄭重莊嚴之碑刻或寫經書等，仍然是用隸書，甚至於篆書，其著名的隸書魏碑有「上尊號碑」、「受禪表碑」、「孔羨碑」、「曹眞殘碑」、「范式碑」等。此時之隸書由於太制式化，用筆過分通達，鋪毫換筆，交代太露，骨節開張，一眼望之，只覺峻嶒，頓挫飛揚，八角垂芒，波磔俯仰，極盡華飾之美。毫無漢代分書形成時用筆深藏之風，與含蓄之意味。

一、上尊號碑　三國魏延康元年（公元二二〇年）立，碑在河南臨穎南繁城鎮，漢獻帝廟中。隸辨載：「額題云：魏公卿將軍上尊號奏，九篆字爲二行，作陰文凸起，碑式云：文二十二行，行四十九字：：唐賢多傳爲梁鵠書，今人或謂非鵠也，乃鍾繇書爾，未知孰是，（註三十六）」書林藻鑑載云：「魏群臣上尊號奏，鍾元常書。」（註三十）此碑書法爲漢末隸書之代表，結體方整，波磔縱肆，蒼峻挺拔，對晉唐書法有一定之影響。（圖四十九）

圖四十九　上尊號碑

二、受禪表碑　三國魏黃初元年（公元二二〇年）立，碑在河南許昌縣。隸辨載云：「額題云（魏受禪表）四篆字爲一行，作陰文凸起，碑式云，文二十二行，行四十八字……劉賓客嘉話云，王朗文、梁鵠書、鍾繇字，謂之三絕。……集古錄云，顏眞卿又以爲鍾繇書，莫知孰是，此碑舊刻亦已殘缺，今所傳者，重摹也。」（註三十七）書林藻鑑載云：「魏受禪表，衛覬金針八分書。」（註三十八）康有爲廣藝舟雙楫載云：「今受禪表，遺筆獨存，鴟視虎顧，雄偉冠時。」又其註云：「聞人牟准（衛敬侯碑）以爲覬書。按聞人，魏人，致可信據；若眞卿以爲鍾繇，劉禹錫，歐陽修以爲梁鵠者，不足據。」（註三十九）此碑結體方整，莊茂敦厚，用筆中規中矩，勁利挺拔，與漢隸醇茂樸拙之風格稍有變化。（圖五十）

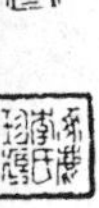

圖五十　受禪表碑

圖五十　受禪表碑

三、孔羨碑　魏黃初元年（公元二二〇年）立，碑在山東省曲阜縣孔子廟中，隸書、額題云：魯孔子廟之碑六篆字爲一行，有穿。文十三行，行四十二字，制詔皇上聖皇三行皆平闕，隸釋云：「嘉祐中，郡守張雅圭按圖經題曰：魏陳思王曹植詞，梁鵠書，魏隸可軫者四碑，此爲之冠，與大饗碑，蓋不相遠，若繁昌兩碑，則自是一家，以爲鵠書，非也。金石錄云：按魏志文帝，以黃初二年正月下詔，以議郎孔羨，宗聖侯，奉孔子之祀，及今魯修舊廟，今以碑考之，乃黃初元年，當以碑爲正。」（註四十）（圖五十一）

圖五十一 孔羨碑

四、曹眞殘碑　約三國魏太和年間（公元二二七—二三三年）立，隸書，碑現存北平故宮博物院。額題（魏鎭西將軍上軍大將軍曹眞殘碑并陰）。亦稱（曹眞祠堂斷碑）、（都督雍涼州諸軍事曹眞斷碑）。此碑書法結體方整，用筆純方，棱角畢露，爲漢隸趨向魏碑書體之過渡書體。北魏造像書法，多由此出。（圖五十二）

圖五十二　曹眞殘碑

圖五十二之二 曹眞殘碑幷陰

漢碑至夏承上引篆籀下通隸
楷書家精能至斯極矣魏曹真
一石乃遥與助其波瀾雖雄厚少
遜而後來引篆籀美隸楷名家殆未
有不自茲出者積雨初霽木筆盛
開展對 鄭堂四卷百過不厭
同治己巳仲春望日邵亭眲叟莫友芝

五、范式碑　魏明帝青龍三年（公元二三五年）立，隸書。隸辨載云：「碑在濟州任城縣西南四十里大頂山南，濟州今爲濟寧州。額題：故廬江太守范府君之碑十篆字。范府君名式，字巨卿，見後漢書，獨行傳此碑，縣長薛君鄉人翟循等，爲之立廟建碑，金石錄云：法書要錄以爲蔡邕書，今以碑考之，乃魏青龍三年立，非邕書也。隸釋云，此碑雖不及延康黃初四刻，在魏他碑中爲可取爾。唐李嗣眞作書後品乃云：蔡公諸體，惟范巨卿碑，風華豔麗，古今冠絕，甚矣！藻鑒之謬也。」（註四十一）此碑用筆波挑俯仰，源於「華山」、「夏承」兩碑，結體方整，極盡華飾之美。（圖五十三）

圖五十三　范式碑

圖五十三　范式碑 之一

六、晉龍興皇帝三臨辟雍碑　晉咸熙四年（公元二七八年）立。隸書，碑在河南洛陽，額稱（大晉龍興皇帝三臨辟雍皇太子又再莅之盛德隆熙之頌），此碑書法平正謹嚴，用筆古勁，棱角怒張，已失漢隸古樸凝重之韻，對後世魏碑墓志及造象書法影響甚大。（圖五十四）

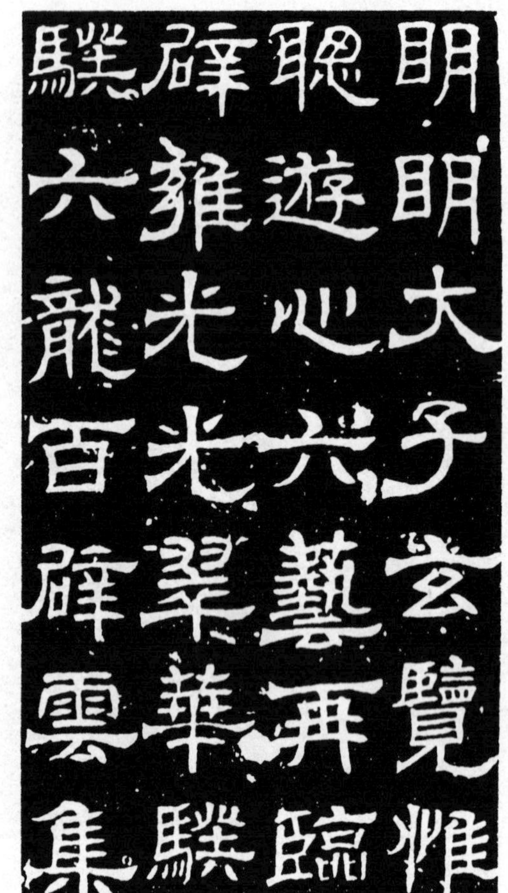

圖五十四　龍興　皇帝三臨辟雍碑

魏晉南北朝書法，是我國書法藝術發展最繁忙時期，此時草書、行書、楷書各種書體交相發展，且書家輩出，不同風貌之書法作品大量出現。其重要書家作品有魏之鍾繇，作品有〈荐季直表〉、〈宣示表〉、〈賀捷表〉等，書風端整典麗，筆法清勁，千古行楷之妙。吳之皇象，作品有〈急就章〉章草筆勢沉著，縱橫自然。西晉之陸機，作品有〈平復帖〉草書墨跡以此爲最古，可窺見西晉草書眞貌。東晉書法至王羲之、王獻之父子遂集大成，開創了書法藝術黃金時代。北魏之書法，已是楷書形式，即後世稱爲「魏碑」是也。南北朝開創了楷書輝煌時期，而隸書則式微而步入傳統書法藝術，茲舉少見之北魏隸書「沮渠安周造佛寺碑」於下，其字體雖屬隸書，然點畫已具楷書意味。

沮渠安周造佛寺碑　北魏太平六年（公元四四五年）即北涼沮渠安周承平三年立，隸書，文二十二行，行四十七字，有方格界。清光緒出土於新疆吐魯番高昌故城。光緒二十九年（公元一九〇三年）流入德國。北涼石刻，世不多見，此碑字體淵源於魏晉，風格略似「爨寶子」，秀勁嶄新，自成一派。（圖五十五）

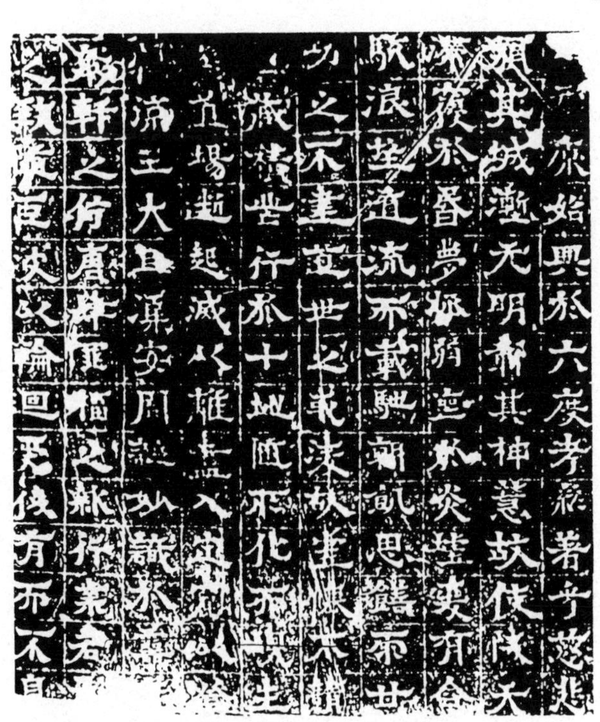

圖五十五　沮渠安周造佛寺碑

第五章　唐代隸書

唐代書法成就最大是在楷書方面，流傳下來之碑刻，墨跡也是以此爲最，至於隸書方面，清劉熙載藝概云：「唐隸規模出於魏碑者十之八九，其骨力亦頗近之，大抵嚴整警策，是其所長，茲擇其要敘述於后。

一、葉慧明神道碑　唐開元五年（公元七一七年）七月立。碑在浙江松陽縣（今遂昌縣）。唐李邕撰、韓擇木書隸書，文二十行，行五十字，篆書題額「唐歙州故葉府君之碑」三行九字。此碑原石久佚。韓擇木以隸書著稱於中唐。宣和書譜云：「隸學之妙，惟蔡邕一人，擇木乃能追其遺法，風流閑娟，世謂邕中興焉。」（註四十二）王世貞云：「桐柏觀碑，韓擇木書，於漢法大變，然猶屈强有骨。」（註四十五）朱長文續書斷云：「觀其跡，雖不及漢，魏之奇偉，要之莊重有古法，而首唱於天寶之間，宜寘妙品。又如山東老儒，雖姿宇不至峻茂，而嚴正可畏云。」（註四十六）此碑書法清瘦精妙，風骨爽勁，飄逸秀麗，風流閑雅。歷來被列爲唐隸之首，爲少有之佳品。（圖五十六）

圖五十六　葉慧明神道碑

二、御史台精舍碑　唐開元十一年（公元七二二年）立。額題（御史台精舍碑）六篆字陰文分兩行。文十八行，行三十字，隸書，有方格界。碑陰兩側及空白處刻滿歷任御史自書題名。多達七百餘人。且有人重復題名者，可能每任御史均題名一次。御史台爲唐代監察機構，沒有監獄，並於其側設佛堂（即精舍），以使監禁之人勿怨天尤人，而應痛自懺悔，求佛度難。此碑全名稱爲（大唐御史台精舍碑銘并序）。唐崔湜撰文，梁升卿書，梁爲唐代書法家，唐書韋抗傳云其「涉學工書，於八分尤工，書東封朝覲碑，爲時絕筆。」（註四十五）此碑不可見。而有（御史台精舍碑）傳世。呂總續書評稱：「升卿八分書，如驚波往來，巨石前卻。」（註同前）清劉熙載認爲其成就不下於唐隸四大家「韓擇木、蔡有鄰、李潮、史惟則。」（註同前）其書結體嚴謹，富於變化。縱橫百家，運筆勁健而遒茂，使轉有則，流暢飛動，神完氣足，爲唐隸中之精品。（圖五十七、五十七之一）

圖五十七　御史台精舍碑之一

圖五十七之一　御史台精舍碑之二

三、大智禪師碑　唐開元二十四年（公元七三六年）九月立。碑額題「大唐故大智禪師碑」篆書八字分兩行，碑高一丈三寸，寬三尺四寸三分，現存西安碑林。三十二行，行六十一字。隸書。碑陰刻「大智禪師碑陰記」，二十七行，行九字。陽伯成撰，均爲史惟則書，史子華鐫刻。此碑損毀不多，大體完整。呂總續書評云：「惟則八分書，如雁足印沙，深淵魚躍。（註四十六）」集古錄謂：「唐世分隸名家者四人而已，韓擇木、蔡有鄰、李潮及惟則也。」金石錄曰：「惟則八分書，字畫工妙可喜。」此碑書法，老勁莊嚴，隸法渾勁遒麗，字畫工妙，字形峻美，其分行布白，若八字分散，開中有合，筆畫粗細有則，波磔起伏，疏密相間，剛柔相濟，似出於「熹平石經」筆法，骨氣調達。爽爽有神，不愧爲唐隸大家。（圖五十八、五十八之一）

圖五十八　大智禪師碑之一

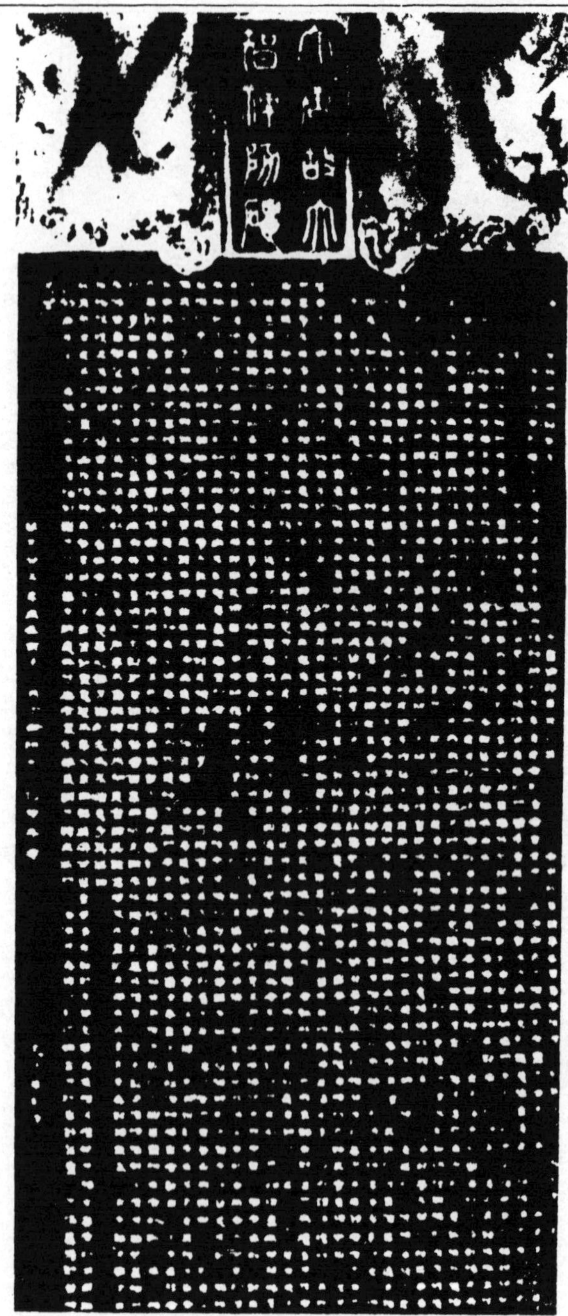

圖五十八之一　大智禪師碑之一

四、嵩陽觀聖德感應碑　唐天寶三年（公元七四四年）二月立，碑在河南登封嵩陽書院前。全碑四層，總高三丈寬八尺，厚四尺五寸，爲碑中之最大者，且選石極精，頂蓋爲雲龍嵌珠石雕，底座浮雕丁甲乙之像，左右刻線條花紋，均精美無比，至今完好。額篆書「大唐嵩陽觀紀聖德感應碑」十一字，文隸書，二十五行，行五十三字，唐李林甫巽，徐浩書，裴回篆額。此碑結字工整寬博，圓勁渾厚，字體大小肥瘦勻當，筆法遒雅，運筆從容，意趣神韻均具漢隸之風格。徐浩書法上承古法，自成一家，在唐代隸書中，堪稱佼佼者。書林藻鑑載：「舊唐書本傳云其（工草隸，又工楷隸。又石墨鐫華云（浩分隸與史維則輩幾欲伯仲。」（圖五十九）

圖五十九　嵩陽觀聖德感應碑

五、石台孝經　唐天寶四年（公元七四五年）立，碑在西安碑林。此碑因係唐玄宗李隆基撰序，註釋並書，所選碑石精良，光瑩如漆，至今無大損泐。極爲難得。額篆書「大唐開元天寶聖文武帝注孝經台」十六字分四行，太子李亨書。碑由四石合成，上有蓋，成台形，故稱石台，隸書四面刻，前三面各十八行，第四面前半七行，行五十五字。夾注雙行小字隸書，第四面後半截李齊古表文，正書九行，李隆基批答行書三行，下截題名四列，唐玄宗書法，諸體皆能，尤善隸書，唐張懷瓘書斷云：「今天子神武聰明，制同造化，筆精墨妙，思極天人。」（註四十八）書林藻鑑載：「舊唐書本紀（善八分書）述書賦（開元應乾，神武聰明，風骨巨麗，碑版崢嶸，思如泉而吐鳳，筆爲海而吞鯨，古今法書苑（唐明皇工八分章草，豐茂英特。）山谷題跋（玄宗書隸中佳品。」（註四十九）此碑刻主要皆爲隸書，豐腴道美，雄健姿肆，飛動有勢，爲唐班班猶有祖父風。」（圖六十、六十之一）

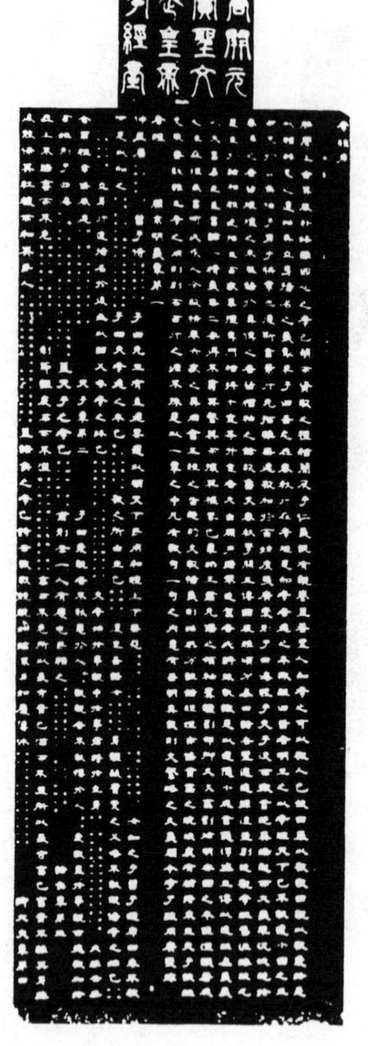

圖六十　石台孝經之一

圖六十之一　石台孝經之一

圖六十之二　石台孝經之三

第六章　唐以後至清代隸書

五代、宋、元、明歷代，書法藝術有所發展，但隸書自東漢以後便漸爲楷書所代替，逐漸失卻實用價值，書寫隸書便成爲純藝術之創作。其後始終就沒有超過東漢隸書之水準。五代、宋、元、明間，少有以隸書著稱者，隸書到了清代，與篆書一起復興，特別在嘉慶、道光以後，帖學盛極而衰，碑學大興，人們謂此一時期爲「碑學期」。在隸書著稱者有鄭簠、金農、桂馥、鄧石如、黃易、伊秉綬、何紹基、趙之謙等。茲分別介紹如下。

一、**鄭簠**　生於明熹宗天啓二年—卒於清康熙三十三年（公元一六二二—一六九四）字汝器，號谷口，江蘇上元人，業醫。少年時從莆田宋玨學隸書，專心致志，日以行醫，夜則揮毫，興盡方休。寫字全神貫注，正襟危坐，運氣寧神，絕不輕易下筆，先在胸中運籌思攷成熟，謹慎爲之，下筆如江水奔流，不結不止。書學漢人尤於「曹全、史晨」爲專精，其書古拙奇妙醇而后肆，幷參以草法，跨越時賢，殊有重名。（圖六十一）

圖六十一　鄭簠隸書

圖六十二 金農隸書

二、金農　清聖祖康熙二十六年—乾隆二十八年（公元一六八七—一七六三年）字壽門，號冬心，又號司農，別號稽留山民，曲江外史，昔耶居士，龍梭仙客、百二硯田富翁、老丁、吉金等。浙江錢塘人，嗜奇好古，收金石文字千餘卷，五十歲後始學畫，書工八分，小變漢法，後又師禪國山及天發神讖兩碑，裁去毫端作擘，窠大字甚奇。此幅書法結體方整，用筆方勁，扁筆寫成，短悍遒密，別具風格故名重一時。（圖六十二）

三、桂馥　清乾隆元年—嘉慶十年（公元一七三六—一八〇五）字未谷一字多弁，號雲門，別號肅然山外史，山東曲阜人。書法以篆、隸擅長，此聯奇石壽大古聯，字大體寬，墨透紙背，厚重圓朴古拙有力，具漢碑額體勢而宏勁有加（圖六十三）

圖六十三　桂馥隸書

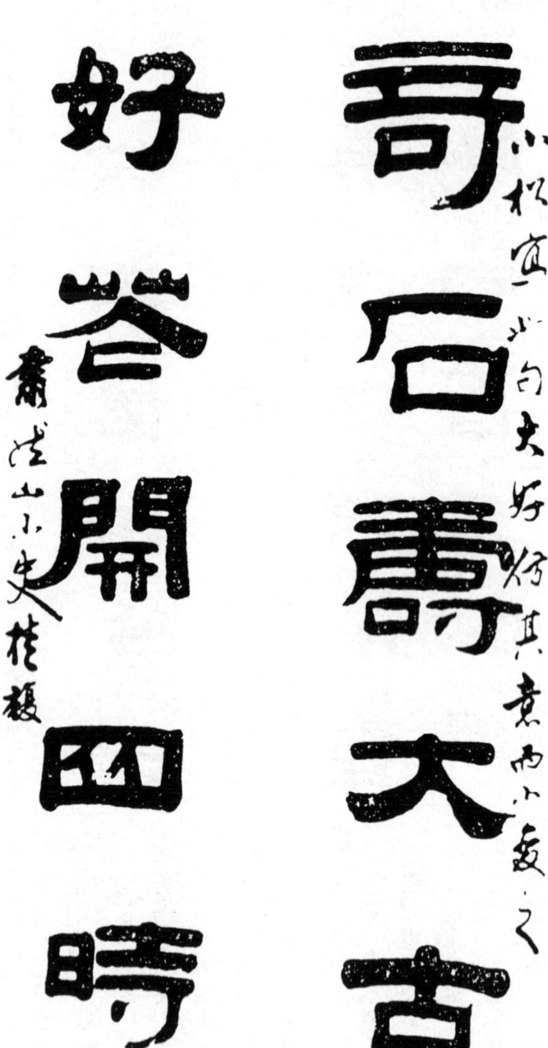

髮皆白隸書軸　清鄧石如書，此書結體方整茂密，筆力圓腴遒健，氣韻古茂。蓋其一生遍臨漢隸，集其大成而結成自家新體。又能以篆法作隸，故其古意盎然，沉雄朴茂，一新乾嘉間之書壇面貌，成爲開後學篆隸先河之一代宗師。（圖六十四）

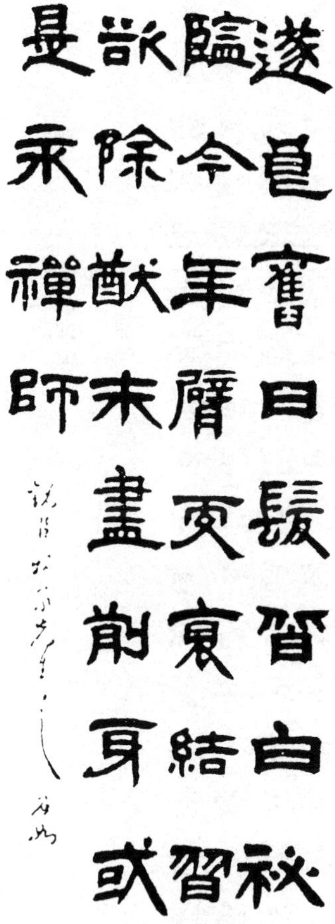

圖六十四　鄧石如隸書

四、黃易　清乾隆九年—嘉慶七年（公元一七四四—一八〇二）字大易，號小松，，又號秋庵，秋景庵主。浙江錢塘人。幼承家學，隸書初摹「校官碑額」。精於博古，故隸法中參以鐘鼎，愈見古雅。篆刻淳厚淵雅。此書法臨華山廟碑，深得神韻，精湛妍美，中鋒用筆，圓厚婉約，收筆按捺有力，姿態凝重優美。氣勢敦壯。與原碑十分神似。（圖六十五）

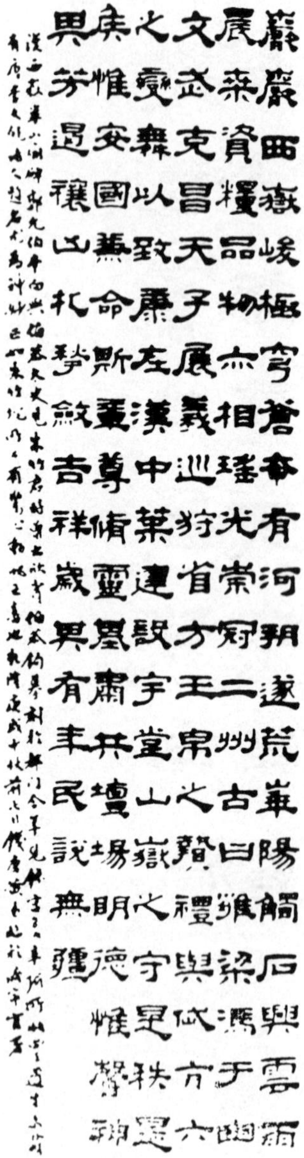

圖六十五　黃易隸書

五、伊秉綬　清乾隆一九年—嘉慶二十年（公元一七五四—一八一五年）字組似，號墨卿，晚號默庵。福建汀州寧化人。喜繪畫、治印、工書，尤擅隸書，其字筆畫平直，分布均匀，充實有力，方嚴不刻板，凝重而有韻致，清雅古樸，格調非凡。（圖六十六）

圖六十六　伊秉綬隸書

六、清何紹基　清嘉慶四年—同治一二年（公元一七九九年—一八七三年）字子貞，號東州，晚號蝯叟，別號東州居士，猨臂翁，湖南道州人。是清代大書法家，學者和詩人。他博涉群書，其書法由唐碑而上溯北朝楷法，并探源篆隸，又將篆隸筆意融入楷，師其意而不蹈其跡，兼撮衆長，精磨熟煉，終于入神化境。自開新面。此幅冊頁爲其臨習張遷碑墨跡能脫習氣，并將個性注入其中得其神似，不以形似爲主。（圖六十七、六十七之一）

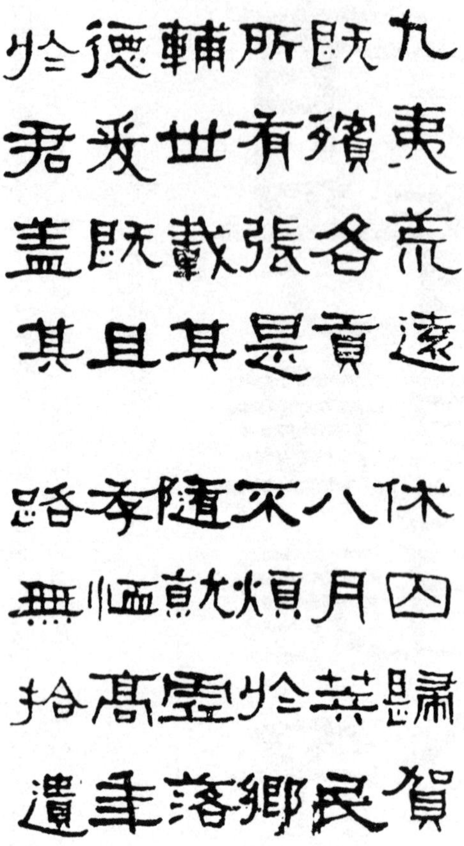

圖六十七　何紹基隸書

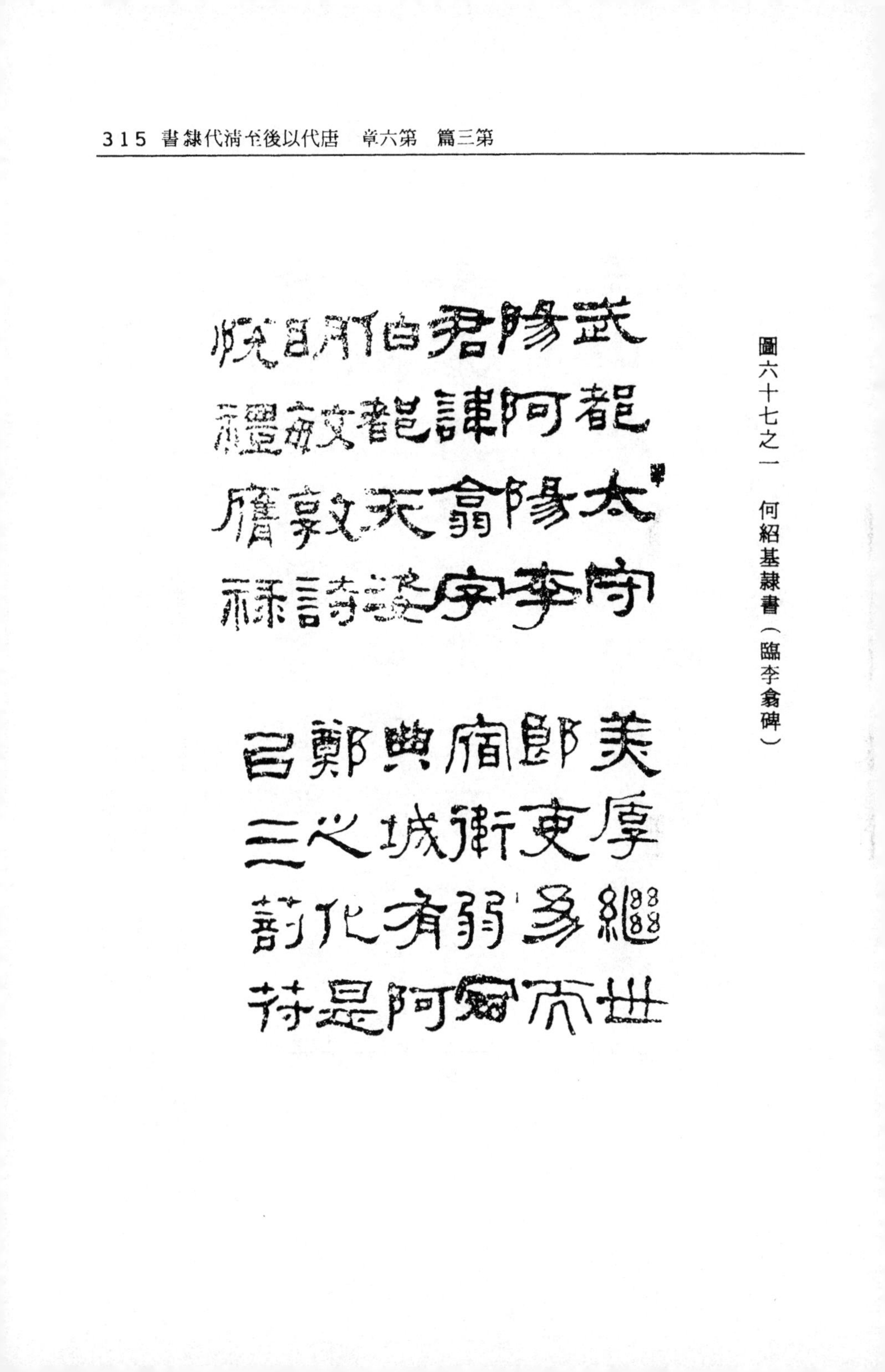

圖六十七之一　何紹基隸書（臨李翕碑）

七、趙之謙書古之利器書屏，紙本、隸書，此幅結體與用筆均活潑自然，不論章法、行氣、單字、亦平亦側，亦欹亦穩，總貌洋洋大觀。剛柔互濟，勁健有力，顯然參用了鄧石如之筆法并融合各碑之特色而自成體貌。用筆方中帶圓，筆勢飛動，茂密洞達，確能別出心裁，自爲一格。（圖六十八）

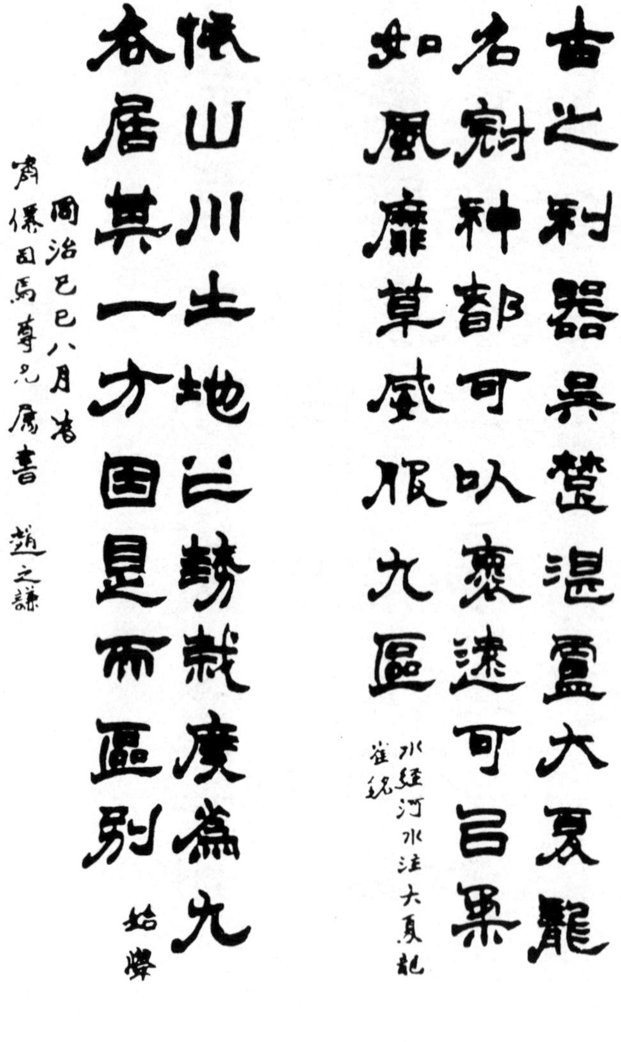

圖六十八　趙之謙隸書

【附註】

註一：藝術叢編第一集，第二十七冊，篆刻學第八〇頁，世界書局，民國五十一年十一月台初版。

註二：歷代書法論文選第三四六頁。華正書局，民國七十三年九月初版。

註三：廣藝舟雙楫第六二頁，台灣商務印書館，民國四十五年四月台初版。

註四：隸辨，樸學叢書第三集，第三冊卷七第八頁，民國五十四年四月再版。

註五：同前註卷七第九頁。

註六：清人書學論著，藝術叢編第一集，第四冊，字學憶參第十一頁。世界書局，民國五十一年十一月台初版。

註七：同註四卷七第十二頁。

註八：同註四卷七第十三頁。

註九：同註四卷七第十五頁。

註十：同註四卷七第二十二頁。

註十一：同註四卷七第二十三頁。

註十二：同註四卷七第二十七頁。

註十三：同註四卷七第二十八頁。

註十　四：同註三卷二第四十三頁。

註十　五：同註四卷七第三十頁。

註十　六：同前註卷七第三十一頁。

註十　七：同前註卷七第三十三頁。

註十　八：同前註三卷二第四十二頁及四十三頁。

註十　九：同註四，卷七第三十五頁。

註二　十：同註六字學憶參第十一頁。

註二十一：同註四，隸辨卷七第三十五頁。

註二十二：同註三，廣藝舟雙楫卷二第四十一頁。

註二十三：語石第一九六頁。台灣商務印書館，葉昌熾撰，民國五十九年二月台一版。

註二十四：同註三卷六第一〇六頁。

註二十五：同註四，隸辨卷七第三十八頁。

註二十六：同前註，隸辨卷七第四十頁。

註二十七：同註三，廣藝舟雙楫卷二第四十三頁。

註二十八：同前註，廣藝舟雙楫卷二第四十三頁。

註二十九：同註四，隸辨卷七第六十三頁。

註三　十：同前註，隸辨卷七第五十九頁。

註三十一：同註三，廣藝舟雙楫卷二第四十四頁。

註三十二：同註四，隸辨卷七第六十四頁。

註三十三：同前註，隸辨卷七第七十三頁。

註三十四：同註三，廣藝舟雙楫卷三第四十三頁。

註三十五：同註二，歷代書法論文選第三五五頁。

註三十六：同註四，隸辨卷八第三五頁。

註三十七：同前註卷八第三十六頁。

註三十八：書林藻鑑上冊卷五第三十五頁。馬宗霍編輯，台灣商務印書館，民國五十四年十二月台一版。

註三十九：同註三，廣藝舟雙楫卷三第四十七頁。

註四　十：同註四，隸辨卷八第三十六頁。

註四十一：同前註，隸辨卷八第三十八頁。

註四十二：藝術叢編第一集第一冊宣和書譜，卷二第七十二頁，世界書局，民國五十一年十一月台初版。

註四十三：同註卅七，書林藻鑑上冊卷八第一三七頁。

註四十四：同註二，歷代書法論文選上冊第三〇六頁。

註四十五：同註卅七，書林藻鑑上冊卷八第一三六頁。

註四十六：同前註，書林藻鑑上冊卷八第一四七頁。

註四十七：同前註，書林藻鑑上冊卷八第一五八頁。

註四十八：同註二，歷代書法論文選上冊第一五六頁。

註四十九：同註卅七，書林藻鑑上冊卷八第一五六頁。

第七章 隸書之筆畫與結體

關於隸書前面已敘述過有關古隸與今隸（秦隸與漢隸之時代各種不同形態之字體，可說是多彩多姿，雖其形態有方有扁，有肥有瘦，筆畫線條，有的匀稱，有的粗細變化較大，在結構方面，有的工整，有的錯落，富於變化，有的字多稜角，運筆變化無窮，各盡其妙。可是它們都有其共同之特點，字形上均有波磔筆畫，就是一字之中均有一「蠶頭雁尾」之波畫，一般稱「蠶頭燕尾」其中之「燕」恐係「雁」之誤，因燕尾是成剪刀開口狀，與波畫不相似，而雁之尾相似。運筆上則是「逆入平出」也就是起筆藏鋒逆入，行筆要豎鋒入紙筆毛平舖，因隸書多用方筆，更須「萬鋒齊力」，收筆要筆鋒送到終端後自然上提，於空中回鋒，這是隸書上的必要條件，雖然用筆一致，但書者個性，其所書出之筆畫，還是會因人而異，出現不同之風貌。今從禮器碑、史晨碑、華山廟碑、曹全碑、張遷碑、乙瑛碑中尋出相同之字，如王、不、月、日、年、中等字來看（圖B—1　B—2　B—3），其筆畫結構均相似，但其風貌就大不同了，因其筆畫起筆與收筆，筆畫之方圓，結構之疏密，運筆之疾澀等不同，謹就其筆畫與結體分別研究如下。

一、筆畫

（一）平畫—隸書之平畫分兩種，一種是無波磔之平畫如王之第一、二兩筆，不之第一筆，凡一字之中所有之橫畫除去有波磔者均是。另一種是有波磔之橫畫，這種「蠶頭雁尾」之橫畫，在一字之中，僅此一筆，此兩種橫畫之運筆如「王」的一、二兩筆屬平畫（圖B—1），落筆藏鋒逆入，行筆豎鋒入紙筆鋒平鋪於紙，筆勢要勻，一筆送到末端，收筆筆鋒自然上提，平畫要寫得平直，不必像楷書那樣的橫畫，左稍低右稍高而成微斜勢。在起筆和收筆處不得有斜角或頓的筆痕。但在書寫之過程裏，由於筆勢之呼應，有時略可有俯仰之變化，而盡量求其自然，如曹全碑之「不」字的平畫略呈凸形（圖B—1）。甚至於也有略呈凹形的。至於波畫如「王」的第三橫畫「蠶頭雁尾」有波磔（圖B—1）。其落筆取逆勢。然後略提鋒換向（即先左後右藏鋒逆入），呈蠶頭狀，行筆中鋒，到收筆時先頓挫後，再逐漸漫漫向右上方提鋒收筆，其勢一波三折，呈雁尾狀，波畫是隸書點畫的主要特徵，位置視字之結構而定，有的在字的第一筆，有的在字之中央部，有的在字之最後一筆（圖B—5，B—6）。但要注意，蠶不二設，雁不雙飛，一字之中不宜有二蠶頭齊出，及二雁尾並排之現象。

平畫之用筆也有方圓之分，如圖禮器、張遷碑之王字則用方筆，筆畫正鋒直入，取勢較險，行筆取疾勢，收筆時送到後急速提鋒空回，故筆短而意長，顯得方勁挺健。而曹全碑的「天字」平畫純用圓筆，故筆畫凝重圓潤，剛入柔出。筆長而勢足。顯得秀逸多姿。（圖B—1）

（二）豎畫—豎寫法與平畫相同，也要藏鋒起筆。「欲下先上」如「中」、「年」字的豎畫（圖B—3），即起筆的地方不在最頂端，而是頂端稍下處，逆筆向上，轉鋒往下筆毛平鋪往下運行，寫到盡頭收鋒自然回收，「無垂不縮」。寫豎筆要剛健有力，豎筆寫法有兩種，一種是「懸針」如曹全碑之「中、年」兩字之豎畫，像把針吊起來似的，針尖向下頭大尾小；一種是「垂露」，如張遷碑、史晨碑之「中、年」兩字之豎畫（圖B—3），像露珠向下滴之形狀，頭小尾大，但不管是懸針或垂露，都必須藏鋒逆入，筆鋒送至筆端而提筆回收，所謂平出之意。豎筆有挺拔筆直的，也有直中帶曲的，如「華山廟碑」中之月右邊一豎（圖B—2）。但不論那種，都要掌握重心，寫出意態。

（三）撇法—起筆向右上方逆入，轉鋒向下方取中鋒逆勢而運行，收筆時微微停頓後駐筆向上提鋒回收。書寫熟練後則可順勢提筆收鋒，如「大、令、史」字中的長撇（圖B—4）。撇畫也是隸書表現特徵筆畫之一。撇畫的變化比波畫變化要多而難寫。要注意的是，取法自然，而不可描畫成形。亦可說是蠶頭之另一形象，其頭是在收筆之處與波畫相反。

（四）捺畫—捺畫與波畫寫法相同，如「大、之、史、通」字的捺畫，落筆處同樣要逆鋒入紙，頭部落筆要輕一些，轉向往下，行筆中鋒略帶逆勢，收筆時重按駐筆自然向上方提出，形成筆勢開展。

捺畫用筆亦分方圓，如曹全碑則多用圓筆，如「不」字的捺筆畫較長，行筆時筆鋒微帶順勢，在收筆處逐漸轉向逆勢，然後向上提筆收鋒。如「張遷碑或禮器碑」則多用方筆，如「不」字的捺脚，行筆逆勢，收筆重按駐筆上提，波尾成方角。（圖B—1）

（五）鈎法—鈎法與撇的寫法略同。如「可、子、制、字、狩」等字之鈎畫，其形態上是竪畫後轉左彎，然後收筆上筆鋒回收，但亦有順勢而出鋒者。（圖B—7）

（六）轉折—折角處之寫法，是由平畫到轉折處提筆換鋒後成竪畫運筆下行如「司、百、月、同、用」（圖B—8）等字之折角處，其承接處不得像楷書似的有斜角及頓筆之出現。隸書的折角是把篆書的圓轉改爲方折，分成兩筆書寫，這是篆書演變成隸書筆法進步之關鍵。

轉折之筆法有內折與外折之變化，如乙瑛碑中的「司」字就有此兩種現象，如第一司字是用篆書之轉折法，但在轉折的地方仍有折筆換向，只是外折而已，運筆內含，故外形上也同樣不留痕跡，顯得圓勻。其第二司字是折畫內折，右角提鋒後向內側折，以達到筆鋒換向之目的。折法有時乾脆就分成兩筆來寫，如圖曹全碑中字「同、相、西、治、曰」（圖B—8），張遷碑中之「用、留、問、有」（圖B—8）等字就很明顯的，橫畫與豎畫已明顯分開，但筆還是相連，即或有分離斷開之現象，但筆意還是相連。

（七）轉筆—轉筆之寫法與折法相似，只是方向相反，如史晨碑中之「孔、元、死、先」（圖B—9）等字的轉筆，落筆仍然是取逆勢行筆豎筆中鋒逆行，這樣在轉角處，就能自然換鋒，成中鋒一筆寫成。又如張遷碑中之「已、也、苑、包」（圖B—9）等字，其轉筆雖然相同，但因是在轉筆之處提鋒換向，故有明顯的折角出現，其他各碑之轉筆寫法，大致也離不開此兩種寫法，不另舉例。

（八）點—隸書之點都是其他筆畫之濃縮而已，故變化亦多，落筆均須藏鋒逆入，出鋒方向依據字形所需之姿勢而有所變化，有圓、有方、有斜、有正，運筆逆入用三折法，行筆沉著迅猛，如拳擊，鳥啄食，方能表現點之氣勢，如圖B—10B—11之各類點之形態。

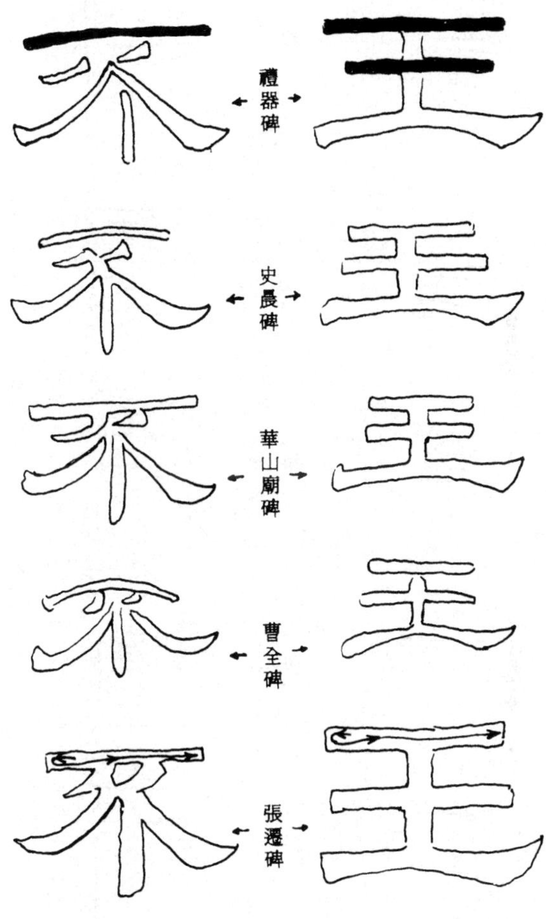

圖 1－B

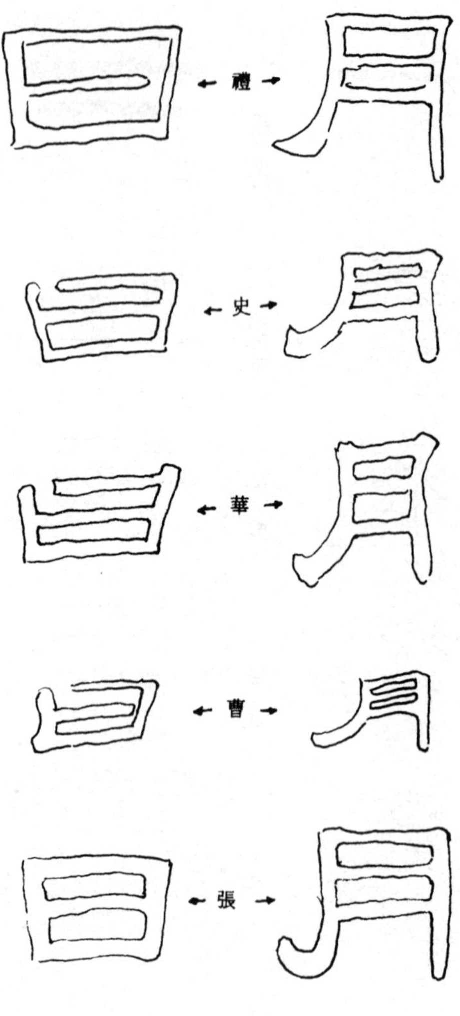

圖 2－B

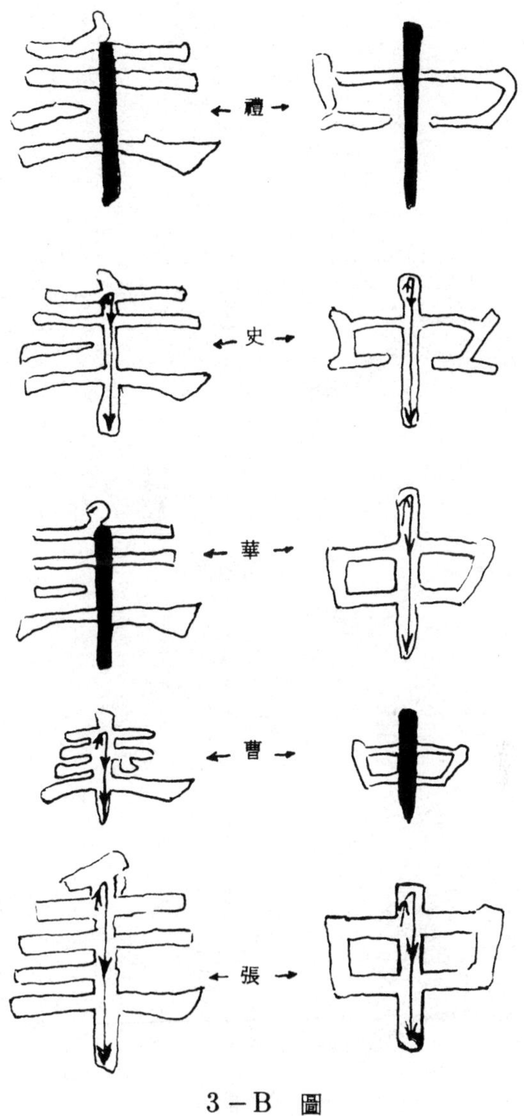

3－B 圖

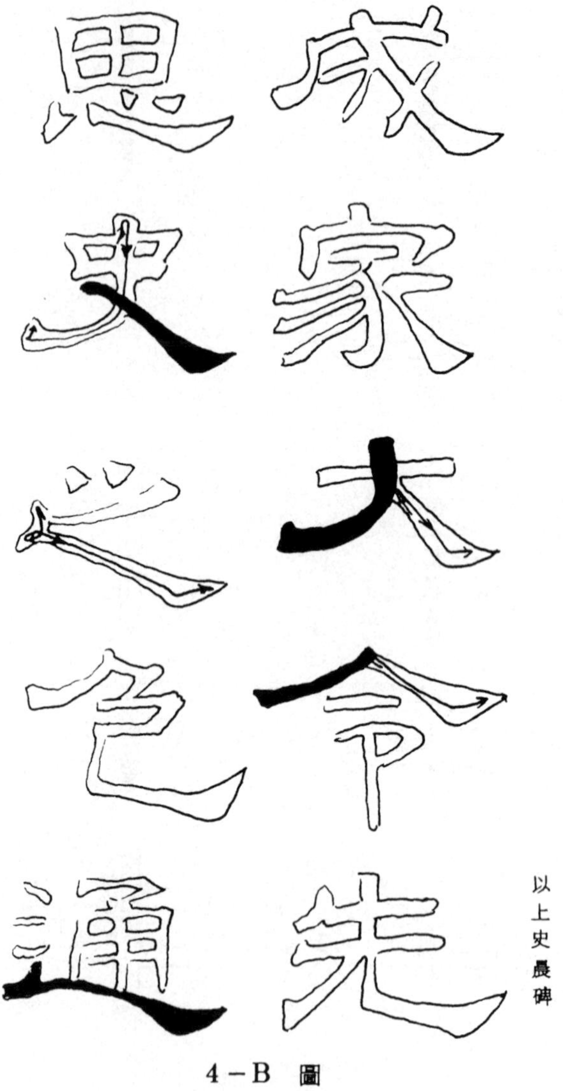

4－B 圖

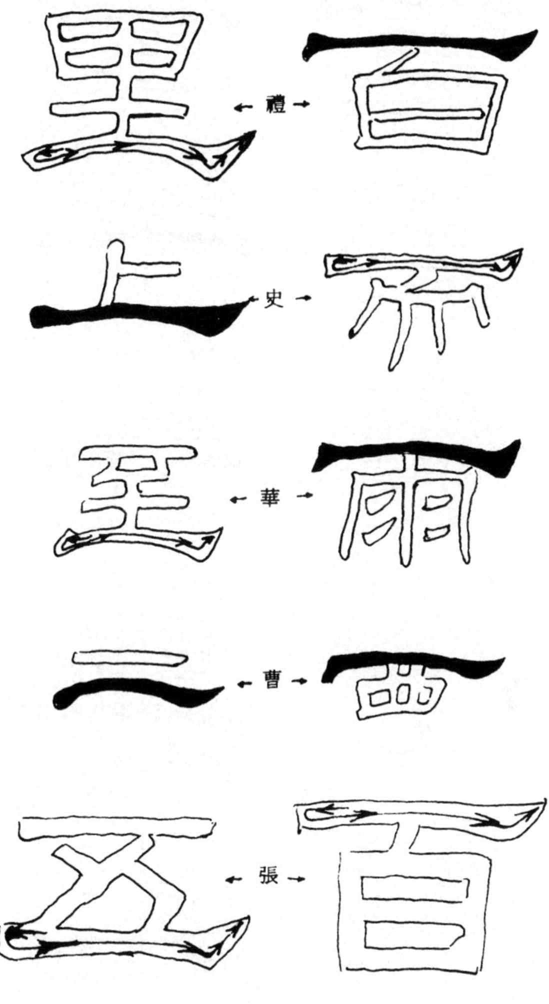

5－B 圖

6－B 圖

圖 7－B

圖8－B

圖 9－B

10－B 圖

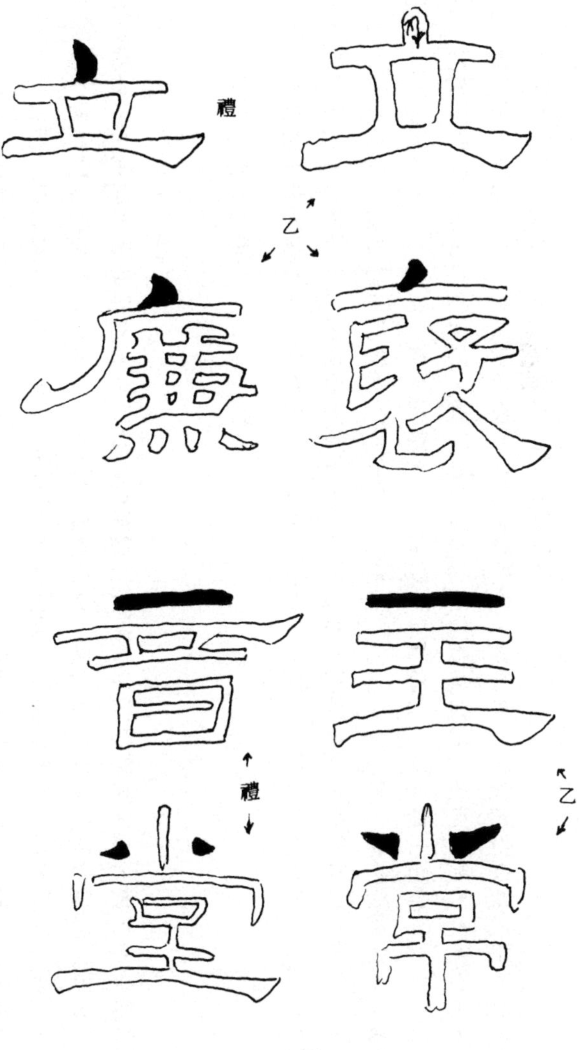

圖11-B

二、結　體

隸書從其整體上觀之，有明確之特徵，且有別於其他之書體，如篆書、楷書等，其處於篆、楷之間的書體。隸書是在篆書平畫的基礎上產生了波磔「蠶頭雁尾」（波畫與撇、捺），其在字形上也不同於篆書取縱勢，而隸書是左右舒展取橫勢，隸書筆畫落筆是與收筆逆入平出，其平畫要寫得水平，不同於楷書橫畫呈左低右高之斜勢。從具體結構特點來分析，有以下一些結字之法則。

（一）因字立形

隸書的體勢多取橫勢，波磔是向左右分開，乍看之下每個字似乎呈扁平形。初學者往往把隸書的每個字都寫成扁方形，這是由於視覺所造成，橫勢不等於扁方，字的筆畫有多少，要寫得順手自然，就必然有長有短，有大有小之變化，如「書」、「晨」「壽」等字橫畫較多，寫得就長一些，而「七」「人」「正」等字橫畫較少，所以一定是扁的。這叫做「因字立形」。有書寫隸書時把格子打成扁方形是不對的，應該是正方形的才能靈活運用，或長或扁，或大或小，在爭議上隨機應變，在處理上，只須字之重心在格子之中央，其行氣上才會顯得自然，如果把每個字都寫得扁扁的，且千篇一律，那就談不上書法藝術了。

（二）各自成形

隸書結體就個體來看，必須重心平穩，偏旁各自獨立存在，而不欹斜，此是因爲它是從篆書獨立偏扁演變而來。如「銘、期、賜」其三字的左右偏旁，分開均能獨立存在，而不欹斜。如「魯」和「欒」（圖B—13）字的上下兩部份也是能獨立存在，再如「職」和「謝」（圖B—13）字的左中右三部份都能獨立成形。各個偏旁能獨立平穩，則完整一個字就更顯得穩重，因此隸書字體往往給人以端莊、厚重、純樸之感覺。

（三）錯落參差

隸書之偏旁既獨立各自成形，而又錯落有致，富於變化，如「銘」和「期」左偏旁稍高於右偏旁，而「賜」則右偏旁于左偏旁。又如「職」與「謝」（圖B—13）左中右三部份之排列又各有變化，「職」中（圖B—13）部之音小於左右兩邊，在左右中間而不申出。而「謝」中部之身大於左右兩邊而上下申出。再如「魯」之上下兩部份魚，日對得很正，而「欒」（圖B—13）之上下兩部鹿、米不是對得很正，而是上左下右，但整個字卻不失重心，這是因爲鹿之撇畫成蠶頭，而米之捺點成雁尾，使得字之整體產生平衡之感，至於什麼樣之字形，應當如何參差錯落；並無一定之原則可尋，最主要是使字在平穩中求變化，在多樣中求安定，這些均得靠努力讀帖習碑去培養其能力，由碑帖中去體會其中之奧秘。

（四）點畫呼應

每個字的結體都是由點畫連續書寫而構成，但要注意到一個基本審美之原則，就是在書寫時之運筆趨勢，點畫與點畫之間的乎應，隸書雖然各個點畫，偏旁之間的獨立性比較強，但仍然是連續書寫而成，所以必然產生運筆上的氣勢，這樣點畫之間自然就會互相乎應，隸書的點畫呼應不像行草書那樣的點畫之間有牽絲似的相連；容易表現於外，而初學者往往一筆一筆的孤立地描摹其外形，而忽視了點畫之間的筆勢關係。如此寫出來之字就會顯得呆板而氣不貫。因此在臨摹碑帖之際，要特別注意觀察字之點畫之間的筆勢往來，先體會出筆畫之運筆之趨勢與筆順，成竹在心，然後再書寫，如圖B—14之「分」字可有兩種筆順一是先八後刀。一是先丿次丿次㇇末㇏。

（五）點畫避就

要使每個字寫得都有不同形態，就要講究點畫在整個字的結構安排上的避就關係。在隸書結體中點畫的避就表現變化很多。茲舉例說明之：

平畫與波畫之間的避就，如「音」字（圖B—15），史晨碑中的音字波畫在立之最後一筆，而禮器碑中之音的波畫在立的第二筆。雖同一字就有兩種寫法，而隸書之波畫在一個字中一般只寫一筆，（於波畫中曾提及，所謂雁不雙飛）但有些字中如有兩筆同樣之長捺的話，（按隸書捺畫多成雁尾）則應有主次之分。如「錢」（圖B—15）字，在這種情況下，就要有所避就，爲了右偏旁第二個捺脚突出第一個捺脚，而將上面的捺尾有所收斂，這也是避就之關係。

點畫避就之例子很多，如「饗」（圖B—15）字，爲了突出食字最後一捺畫，而將食上方之捺畫收斂，又如「季」（圖B—15）字，爲了突出子之豎鉤；而將上面禾字之捺畫收斂。再如「意」（圖B—15）字，爲了突出下面心之波畫，而將上面立字寫成橫畫。與「音」之橫畫中之有一波畫不同。這些都是爲了求字之變化。同樣之字在各碑帖中各有其不同之寫法，但都是爲了表現字之美觀與平穩而安排出來的。

最後附帶談談書寫隸書應注意認識隸書，因隸書是兩漢適用文字，與現今有相當之時代距離，如隸書之竹頭與艸頭不分，竹頭的字都寫作廾或廿，與草頭完全相同。且漢碑多俗字與假借之字。黃公渚著兩漢金石文選評註載云：「兩漢金石，多古文假借。今諸經籍所未見。蓋漢時諸經籍，未經六朝人展轉謄寫，猶存廬山眞面，多古文假借之字。兩漢作者猶及見之。如聖作𦔻，坤作巛，獄作𤜼，泉作湶，或作㶌，沙作𡍫，爵作㕑，其作亓，荅作畣，頃作頃，恢作㥛，牢作牢，猾作衜，師作帥，惡作恩，貳作貣，或作佌，或作伭，響作𩐨，絜作挈，柔作渘，地作墬，茅作茀，策作筴，典作𠍿，或作典，量作𨤲，快作悏，繚作紾，低作俇，墮作隋，或作隮，容作㝐，爍作爍，譜作譜，際作際，遯作遜，哀作悢，彌作璽，瞻作譫，續作適，或作速，靈作零不作𣎴，鼠作鼠，蛇作虵，蚋作蜹，蟲作虫，矢作矢，弦作弦，殺作煞，牆作廧，殿作殿，崇作崈，或作嵩，哲作喆，增作𡏝，悟作悟，壹作壹，齋作齋，礙作导，炳作𤆍，糲作糲，荅作荅，壞作壞，形作刑，或作邢，勳作薰，衮作緄，壖作濡，邶作背，激作𢿱，默作嘿，黨作鄉，鑽作鑽，釋作醳，狹作陜，拓作祏，諱作諱，歷作曆，鹹作咸，鏡作竟，極作亟，寶作保，斛作庣，毗作比，隕作實，鬈作𩯭，副作福，萎作畏，凶作訩，述作術，委作㱣，獸作狩，矩作柜，濕作漯，顯作顯，荒作巟，見作顯，陰作蔭，殃作央，賓作殯，氏作是，或作祇，迺作鹵，億作意，即作截，朗作朖，遊作𨓋，修作攸，遐作假，綱作𦋺，華嶽之華作崋，樊道之樊作㮥，犍爲之犍作楗，斜谷之斜作余，伏犧之犧作戲，皋陶之皋作睪，九皋之皋作睪，庭堅之庭作霆，揚雄之揚作楊，黎民之黎作棃，模則之模作㥮，忠謇之忠作中，岐首之岐作技，僵仆之僵作殭，陂障之陂作波，棺槨之槨作郭，泮宮之泮作畔，沛澤之沛作坺，確乎之確作榷，阡陌之陌作佰，祊邑作邴邑，險中作儉中，沈潛作沈漸，失明作失名，斑白作鬢白，優游作嚘，規矩作槼榘，澹泊作湛泊，逡巡作逡遁，士人作士仁，強禦作強衙，悲慟作悲㥄，日昃作日稷，奕世作亦世，或作易世，萬歲作萬載，耆耋作耆姪，疇咨作詶咨，往哉作往才，烏呼作於戲，令終作令蝸，盤桓作畔桓，離堆作離雉，公孫作公先，蓼莪作蓼儀，或作蓼莪，閡隔作垓鬲，愴傷作槍碭，壇墠作壇坦，篤篤作盅篤，䜌䜌作𥳑𥳑，拔扈作沛扈，或作拂滬，蔽芾作蔽沛，蟬聯作纏綿，委蛇作禕隋，遨遊作敖姚，棲遲作徲侇，黎倪作黎儀，叶道作汁稻，蔞柳作蔞婁，默默作墨墨，兢兢作矜矜，恂恂作逡逡，孳孳作滋滋，堂堂作棠棠，凡此皆古文及古文假借之字。或見於經傳。或不見於經傳，其見於經傳者，得此而經義益明。其不見於經傳者，亦可補訓故之缺佚。皆有裨於小學者也。」（附註）

以上所錄漢隸之假借字以供學習隸書之識字參攷，以增加漢隸之常識。

附註

黃公渚選註兩漢金石文選評註緒言第五頁。

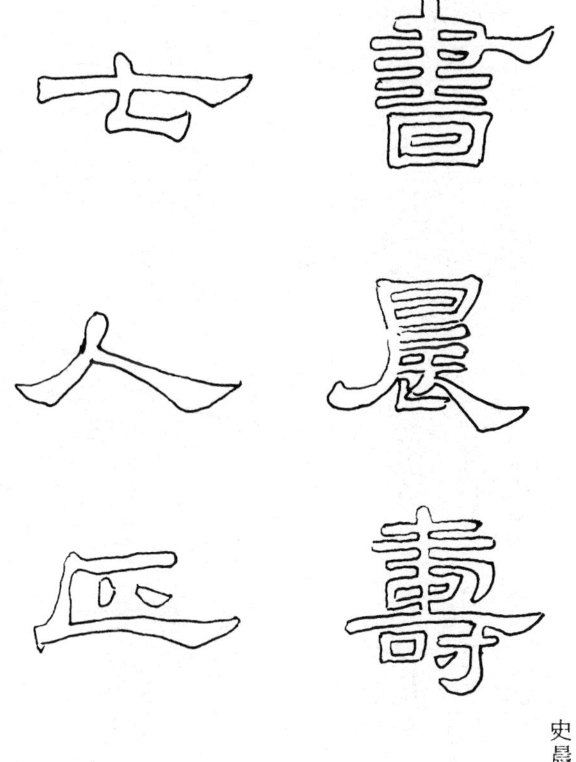

圖 12-B

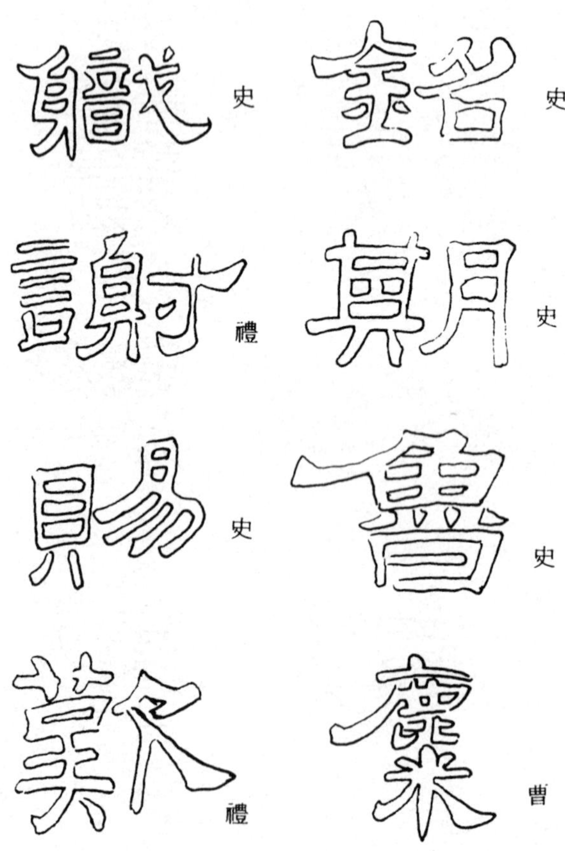

圖 13-B

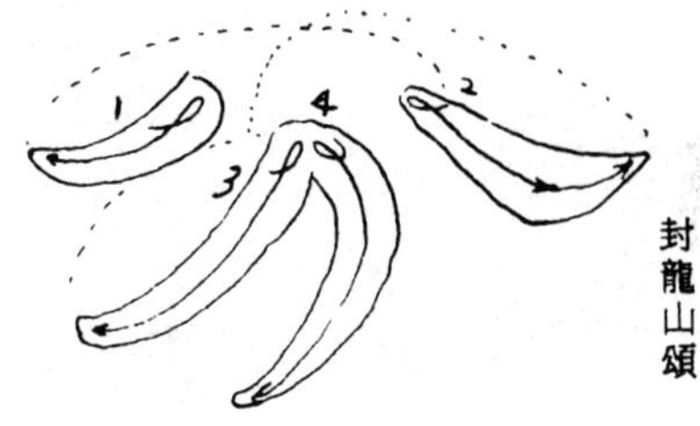

封龍山頌

張遷碑

圖B－14

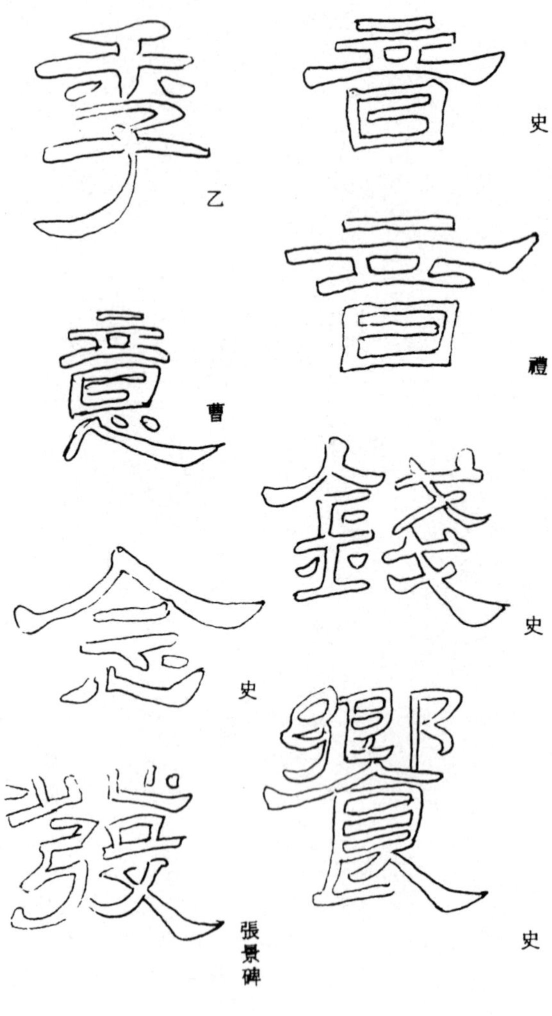

圖 15-B

結論

前面所述古人論書，但都提到要用全身之力送到毫端。但是卻沒有說到要怎樣做，如何用最省力，而又自然有利之方法，書寫出美好之書法，這是本著作所要尋求之重要關鍵，當然此是就正常健康之人而論，古人常言「筆力驚絕」，要做到「筆力驚絕」，應往何處著手，正確之用筆與運筆方法是非常重要的，執筆正確後，運筆方法自然能夠自如，指力、腕力、肘力、腰力相互配合，自由發揮，同時亦應在正確坐立姿勢下，方能運筆自如，書寫出美好的書法作品來，僅就其要點歸納如下：

執筆方面

一、執筆最好是用雙鈎法，指實、掌虛，此種執筆方式，指、腕活動之力較易發揮。

二、握筆要鬆緊適宜而牢穩，此法易於轉筆換鋒，而節省體力。

三、執筆位置，寧可高些，只要練習，習慣自然能達心手相隨之地步，把字寫好。因其活動範圍較廣，

四、懸腕是任何書家之論調，幾乎一致。懸腕練習好了，枕腕、提腕，自然便會。是不需要學就會的。

五、運指、運腕、運肘、運肩、運腰，視所書字體大小而靈活運用。

六、座位高低適當，座椅須正對桌面，不宜偏斜，座椅高度，約與膝同，坐時姿勢要正，兩脚平開，用力著地，背與胸膛均需挺直，桌面高度以兩手能自然平放於棹面爲宜，高低因人而異，否則以執筆的變法來牽就其座位，達到舒適自然書寫之條件。站立書寫亦然。

七、貫注精神，放鬆情緒，自然書寫。

運筆方面

一、藏鋒起筆；「逆筆回鋒」爲原則，收筆則以「無往不收」「無垂不宿」爲原則。且要三過其筆，一波三折，短至於點，也是一樣。

二、運筆以中鋒運筆爲上，筆毛平舖，力透紙背。方圓用筆。筆鋒要正，使筆鋒常在畫中央，切忌偏於邊緣，畫乃勁健，氣勢滿足。

三、行筆宜逆勢澀進，則筆和紙就會發生摩擦而瑟瑟作響，如蠶食桑葉之聲，筆畫自然沉雄有勁，古人論書「拙多於巧，寧拙勿巧」。

筆畫結體方面

篆書與隸書是秦漢以前之適用書體，因時代久遠，更演進而成我國書法的藝術，爲了瞭解其筆畫結構，除了研究文字學之外，最好之方法便是臨習碑帖，有關篆隸法書在二、三兩篇中已詳爲分析，茲擇其要，提示於下：

大篆：殷商的「甲骨文」，商周的「金文」，周代的「石鼓文」。有興趣的，可以學習。

小篆：秦代很少，字數不多，「泰山刻石」宋拓的也不過二三十字。「瑯琊臺」字多些但太模糊。「嶧山碑」字多，只有宋初徐鉉的臨本。漢代的小篆有「開母廟」、「嵩山少室神厥銘」字數較少，三國時吳「禪國山碑」、「天發神讖碑」很好，可以學習。

隸書：西漢極少，東漢的「石門頌」、「張遷碑」、「西狹頌」、「郙閣頌」、「乙瑛碑」、「史晨前後碑」、「禮器碑」、「曹全碑」、「華山廟碑」等都很好，原石尚存的，在百五十種以上，都可以學。

學習書法之前，必先掌握正確之執筆、運筆方法，然後再選帖，選一種合乎你自己喜好的優良碑帖來學習，這樣才不失興趣，而會事半功倍，臨習之前先得注意碑帖中字體之特徵，掌握其點畫要點，先體會然後再下筆，最初也許只有一兩分相似，甚至不似，但練習久了，自然由二、三分到四、五分，進而到七、八分相似，並不一定要學得完全一模一樣，有七、八分相似就夠了，最好的是求其神似，因這樣其中至少還有二分是你自己之意思，學得十分相似是不可能的，即或可能也不過是奴書而已，因爲藝術作品是講求個人風格的。到了這時再進而背臨，也就是不看碑帖亦能寫得有八分相似的，這樣叫做入帖，此時你已掌握了碑帖中字體的筆畫與結構，用筆技巧已臻成熟，這時便可選臨它帖，且能在短期內，就會入帖，然後再遍臨其他碑帖或其他書體。並多多參研各種碑帖墨蹟，以廣博爲得，同時閱讀書法理論書籍，以精深爲體。能夠參運廣博研讀精深，用筆純熟，則作書之技巧，可算是有相當之培養了，自然能寫出優美之書法，創作出個人風格。如想再進一步，就得在人格修養上去下功夫了。

附錄

書法篆刻教育之演變與科系研究所之設立論

（教育部七十九年藝術教育研討會論文）

我國的書法篆刻，都有它各自悠久而光輝的獨特歷史，這種藝術和其他藝術一樣，均受到時代背景和當時社會風氣的影響，書法最盛時期爲晉唐時期，東晉約百年的江左偏安局面，社會、思想、文藝，都有其獨特的情形，渡江巨族，顯然居社會的上層，風流文采，好尚習氣，成爲此一時期士大夫生活的代表格調，同時看重性靈陶冶，任意發抒其心情活動，因之在藝術方面也表現的極爲蓬勃，此時有了顧愷之之對於繪畫的高深成就，而二王（王羲之、王獻之）父子的書法竟達到了所謂文武聖神的地步。

唐代帝王，尤其太宗，好尚書法，大力提倡，並搜訪天下著名書跡，設立書學，以書取士，考試除重文意外同時亦重書法，天下士子無不以工書法爲志。所以初唐書法極盛，而太宗本身及其後數帝，不獨愛好書法，自身也操觚作字，且都有相當之造詣，君臣相敎，以致上行下效，書法在此時期，自然受到知識份子重視，無不以學習書法爲首要之事，而至名家輩出，歷代書法雖有盛衰，但其在政治文化各個領域中仍佔主要之地位。

民國初年以前毛筆是主要書寫工具，從小就隨著接受教育便得使用毛筆書寫，讀書筆記一切應用均是使用毛筆書寫，使用毛筆書寫的機會比今日爲多，而且當時實用性與藝術性界限不甚明顯，最近鋼筆、原子筆和簽字筆大量使用，取代了毛筆使用之不方便，毛筆則成爲少數人之寵物，毛筆書法變成難能可貴的藝術品，拿毛筆寫字，恐怕將成爲少數專家的責任了。使現代書法藝術性，大於實用性，以鋼筆、原子筆和簽字筆，攜帶方便，書寫流利來看，自然爲人們所喜好，毛筆卻漸成淘汰之趨勢，因此在提倡書法以實用來說，實在是唱高調，而不合時代潮流，但藝術最後目的仍是實用，陶冶性情，變化氣質，書法之功影響後世之大是不可沒滅的。

至於談到書法教育，在鋼筆、原子筆未倡行之前，各級學校均以毛筆寫字爲主，社會使用亦然，毛筆使用得多，練習時間長久，自然寫的機會就多，如加上愛好，稍經良師指點，自然易登藝術行流，書法家自然倍出。

民國三十八年政府遷台，全國上下以臥薪嚐膽，力謀復興，對於書法藝術之宏揚，當時無暇顧及，僅先　總統蔣公遺著民生主義育樂兩篇補述，曾闡示以「四育」與「六藝」爲民生主義教育方針，指示教育當局，「把美育普及於一般國民『要使國民培養康樂心情』，處處要考慮到美術。」所謂美術，當然指廣義的美術，書法藝術自然亦包括在內。

蔣公又說「美術最高境界是智德合一，身心和諧的境界。」各中小學雖設有美術、習字之課程，往往受到升學主義之壓力，而忽略了蔣公之心意，美術課程，形同虛設，而爲英語、數學、自然科學借堂補習之時間，即有習字，每週僅有三、四十分鐘練習時間，且缺少專業師資，對書法常識自身理解有限，僅不過令其書寫端正能達應用之效果即已屬不錯，那談得上書法藝術教育，只能稱爲習字，至於中學以上大專而言，除國文系，美術系國畫組，始有一兩學分專修課程外，其他均無書法課程之配置，成了極少數人有極短暫時間之學習機會，以藝專來說，書法課程僅設在美術科國畫組，亦只有一學分之必修課程，直到民國七十年始增爲兩學分，實難收宏揚書法藝術之功效，雖每年每班亦能出現有一兩位對書法課程特好者，據筆者十數年來教學經驗，發覺其對書法特別愛好的同學來看，均有先入之優良環境，大約其先絕條件有三，一、家學淵源，書香子弟，因其父兄長輩有對書法造詣甚深，而受其薰染者。二、在求學之際遇有良師之啓示與指導者。三、同學良友中有書法優良之影響者，而對書法藝術下功夫者。大致一般寫好書法之同學無不是受了上述之影響，所喜者，國畫組之同學因其所使用之工具是毛筆、宣紙，在短時間之書法訓練，雖難收一時之效果，但因書畫同源，日子久了，其書法自然也會隨其進步，加上題畫應用之需，習字是不可缺少的，自然會抽閒去練習書法，藝術是終身的事業，因此書法之宏揚與傳播，恐將僅落在這些極少數從事藝術工作之年輕學子身上了，然這些學子志趣在繪畫，書法只乃然是實用性，如以書法藝術性爲事業來看，那又是少數中之少數了。書法教育之加强，實乃當務之急。

近數十年來，我國經濟成長快速，國民所得日增，行有餘力，一般中產階級者，無不以教育下一代爲主要之目的，民生主義的美育，很顯然的在人們物質生活之外，精神生活顯得特別重視，以致音樂、舞蹈、美術、書法以及其他才藝補習班林立，而形成一般所謂「雅迷」之生活，希望能盡量能充實其物質與精神生活，以充實精神生活來談，書法在我國社會自古至今在藝術領域中，極佔崇高之地位，以致書法學會林立，展覽日見頻繁，且政府以復興中華文化爲要務，教育部以配合文化建設，推廣文藝教育爲方針，舉辦各類文藝創作獎，以及學生書法比賽展覽，觀其成果，年年似有顯著進步，從大專美術科系術科考試，書法科成績來看，歷年雖有進步，能達優等者仍然不多，可見書法之演變至今，僅爲少數愛好書法者的事業，而不能普及大衆。在今天說來書法前途不能發展的原因，實歸於國人將自有之國粹看得太簡單了，寫中國字嗎，凡受教育者都會寫字，而是以實用性去評論它，以爲只須提倡一下就能達到目的，政府對提倡工作確也下了不少功夫，殊不知眞正的書法家，不單是靠我們提倡一下就會產生出來的，而是受到它的時代社會風氣所影響，當今時代一切以科學爲主，發展經濟爲先，以書取士之時代已不合時宜，青年學子無不以追求時代潮流爲先決條件，社會求才則以文憑主義爲重，造成了升學主義之趨勢。學生則受到功課之壓力，那有閒時來練習書法呢？書法前途自然不能發展，此是必然之結果，書法藝術之普級，也不是希望人人都能成爲書法家之意思。只是希望青年能繼承和發揚中國優秀的書法藝術，所喜毛筆之使用僅失去了其小部份實用性價值，而對使用漢字的文化領域中，它是有悠久歷史的優良傳統藝術。書法藝術和繪畫一樣，是爲大衆所愛好，所欣賞的藝術品，在此經濟高潮之後，復興文化之浪潮聲中，教育普及，只要對書法教育稍加重視，加强師範學院，師範大學書法課程，培植中小學校專業書法師資，同時對美術科系之書法課程學分增加，最急切需要的是設立書法學系，培植專業書法家。

試觀日本、韓國，反而比我國重視書法藝術教育，他們不完全是爲了實用性，而在中小學教育中，就設有書法之課程，在高等教育中，大學內設有書法學系，在日本還有書法研究所之設立。目前國人學子爲了對書法之進修，還得留學日本去進修，這種本末倒施之事，你說能不慚愧嗎？如再以現行教育狀況，不及時提高其書法學術研究機構與教育場所，否則所培育出之書法人才，只能稱得上是「字匠」了，那能稱書法家呢，若干年後，將落後於日、韓更多，且無自知之明，還以祖先爲傲，這是我們的國粹。要知「字匠」與「書家」是有相當的區別的，從學會寫字到擅長書法還有相當之距離，寫字是技術，但要達到書法藝術之地步，沒有高深的學養，盡管用筆如何熟練，結體如何端整，但往往還是少了一些神韻，使人性見外形之美，難以深入玄微，得到更高的藝術薰陶和享受。藝術上成功，除了要有一點天賦之外，作者之學識、修養、年齡、識見、人品、性格、經驗、功力等均有相當之關係。時代之變遷，書香家庭不再，老的一代，已將凋零殆盡，年輕的學養不夠如何能再有書法大家出現，故書法學系與書法研究所之設立，是當前藝術教育之急務。

篆刻部份來說，印章起源甚早，一般都認爲起源於三代。印章在最初恐怕不只爲了了單純美之欣賞而產生，也不是爲了表徵權益的法物而產生的，到是爲了商業上在交流貨物作爲憑信之一種實用之物而產生的，由於徵信之關係，印章始終和每個人都有密切的關係，一直成爲雅俗共賞的工藝藝術，印章在古代，製作者不一定就是使用者，經過相當長的歷史演變，到了文人畫的興起與發展以後，印章在書畫作品以及一般題識上的應用，逐漸頻繁起來，加以製作印章有了新的材料，發現了「花乳石」，因其質地容易鐫刻，書畫家能夠自己篆寫而刻之，而一方印之完成，文字結構布局，線條之美，宛如我國書畫，於書法重於雕刻，不同於一般工藝美術，所以把它稱爲篆刻，而篆刻藝術發展至今，已成爲一種綜合藝術，因其具有書畫、設計、圖案、雕刻之美，並賦有藝術之意味，已形成了我國專門性的篆刻藝術。

印章在民間流傳有悠久歷史，一般刻印之人，多以師徒相授，以爲謀生之技術，因其實用性價值大於欣賞性價值，談不上篆刻藝術，只可稱爲刻印，但亦有少數刻印之人，因其學養受篆刻環境之影響，只要稍加注意篆文之分朱佈白，以及書法之修養，亦不難登於篆刻家之列，至於篆刻教育，數十年來，並不普及，恐怕只有藝術科系之大專學校設有一、二學分之篆刻課程外，其他各級學校甚少見該項課程之設置，多靠民間愛好篆刻之書畫家來推廣，以藝專來說，僅美術科國畫組設有貳學分之篆刻必修課程，在近年來亦培育了不少對篆刻藝術有興趣且有成就的青年篆刻家，篆刻藝術之弘揚與傳播，亦將落於少數愛好篆刻藝術之書畫家們之身上。

我國書法與篆刻藝術，雖隨著政治、經濟、文化之演變，書法由實用性價值降低，而成爲欣賞藝術品，印章則仍形成兩系，一是舊有作爲徵信的工具，另一系即是新興作爲欣賞獨立藝術品。更與書法、繪畫，印章相映成輝，甚至於還影響到東方的其他國家。

當今之時代，科技發達，經濟繁榮之際，且印刷術精益求精，以往千斤難求之名蹟碑帖，印譜，均大量印刷發行而普及大衆生活，給研究書法篆刻者，實屬莫大之幫助，今昔之比是唯一有利於前人的地方。如能把握此時機，發展書法（篆刻）教育。可說是正當時候。

書法藝術之領域，實廣大無邊，較之於繪畫及其他藝術實有過之，書法確是高深博大渺無涯際之學問。王世昭著中國書法原論中云：「書法學，約言之，可分十五門，今述之如下：一、甲骨文。二、鐘鼎文。三、石鼓文。四、小篆。五、隸書。六、章草。七、分書。八、飛白。九、眞書。十、行書。十一、行草。十二、狂草。十三、草篆。十四、草隸。十五、草分。」又：「由書人書士到書法家，梁庾肩吾談書品分三等九級，即上中下三品，各分三級：：。六朝人對書法的品第，以三品九級爲原則。唐人則以神、妙、能三品，包括大篆、籀文、小篆、八分、隸書、行書、章草、飛白、草書及古文等在內。包世臣出，以神、妙、高、精、逸、能六品括十一級，蓋神品只一級，能分上下如二級也。秦祖永略異唐人，易神、妙、能爲神、逸、能相只差一字。

南海康有爲，基唐人之神妙能，秦祖永之逸，與包世臣之佳，是爲神、妙、逸、能、佳五品。其間神品只一級，妙、逸、能、佳爲二級，蓋亦九級之舊也。今世書人能企古人者蓋寡，爰爲列等，限於五階，五階爲何：其一、大書法家。其次，書法家。其三，書家。其四，書士。其五，書人。何爲書人？能書一體，平穩安詳，是爲書人。何爲書士？能書三體以上，妙入古人，是爲書士。何爲書家？能書多體，出入古人，自成氣候，是爲書家。何爲書法家？明古今通變，識書法源流，既入能出，是爲書法家。何爲大書法家？能出能入，自杼杼軸，與創造同功，是爲大書法家。」由上可見，書法家之條件之難，要畢終身努力進修，並培育高尚之人品，還得視其天賦才氣。始能有所成就。

試觀當今之時，書法教育何在？無正規之教育機構與教育方針，而教育當局之忽視，厚彼薄此，大專藝術院校獨缺書法科系及研究所，以爲書法家之培育，是不須要高等教育之機構由民間提倡，社會便自然產生大書法家，要知時尚已不同了，書法藝術已臨極衰微之時期，那能會產生大書法家矣，實已無法繼承和發揚祖先遺留下來寶貴的基業。

鑑於前此，盼望教育當局能儘快於現有藝術院校中增設書法科系和研究機構，以復興我獨特之書法藝術。

參考書目

書法研究　王壯爲著　商務印書館　民國五十六年初版

書法叢書　王壯爲著　中華叢書編審委員會　民國五十四年印行

書法中之筆法源流　王壯爲著　行政院文建會　紀念顏眞卿逝世一千二百年中國書法國際學術研討會論文之一

書法的執筆與運筆　梁鈞庸著　行政院文建會　紀念顏眞卿逝世一千二百年中國書法國際學術研討會論文之一

中華書法史　張光賓編著　商務印書館　民國七十三年二版

書法新義　趙英山著　商務印書館　民國七十二年十二月初版/中國古代書法藝術　張龍文著　中華書局　民國五十六年二月初版

書法美學　史紫忱著　藝文印書館　民國六十八年二版

中國書法概要　陳其銓著　中國美術出版社　民國五十七年十一月出版

書法心理學　高尙仁著　東大圖書公司　民國七十五年初版

書學概論　陳康著　前程出版社　民國七十年十月台重版
書法及其教學之研究　蔡崇名著　華正書局　民國六十六年初版
草書通論　劉延濤著　中國文化大學大學出版部　民國七十二年修訂版
中國書法理論體系　熊秉明著　文帥出版社　民國七十七年三月初版
中國書法藝術　趙明著　新文豐出版公司　民國六十五年六月初版
書學論集　侯鏡昶著　華正書局　民國七十四年十月初版
怎樣臨帖　鄧散木著　丹青圖書公司　民國七十五年台一版
書畫論稿　石峻著　華正書局　民國七十四年初版
國畫用筆與構圖　鳳子著　天同出版社　民國五十九年十月初版
毛筆之常識　潘天壽著　丹青圖書公司　民國七十五年台一版
談中國書法　沈尹默著　莊嚴出版社　民國七十二年初版
書法藝術欣賞　沈尹默著　莊嚴出版社　民國六十七年初版
書法入門指導　祝嘉著　莊嚴出版社　民國七十二年初版
中國的書法　胡恒著　幼獅文化公司　一九七六年七月
書學論集　祝嘉著　華正書局　民國七十四年四月初版

書學格言疏證　祝嘉著　木鐸出版社　民國七十一年二版

中國書法簡論　潘伯鷹著　華正書局　民國七十四年初版

書法正傳上下冊　馮武編　商務印書館　民國四十五年台初版

廣藝舟雙楫　康有爲撰　商務印書館　民國四十五年台初版

藝舟雙楫論書之部　包世臣著　商務印書館　民國四十五年初版

書　譜　孫過庭原著　王仁鈞撰述　金楓出版社　一九八六年初版

漢谿書法通解校證　戈守智編著沈培方校證　木鐸出版社　民國七十六年初版

書畫書錄解題　余紹宋撰　中華書局　民國五十七年初版

式古堂書畫彙考一、二冊　卞永譽纂輯　正中書局　民國四十七年台初版

書法筆力試釋　何志平著　書譜五十期

書法教學名篇（筆意贊）　黃簡著　書譜五十一期

筆法系統試論　黃簡著　書譜五十三期

現代書法論文選　胡小石等二十一位著共計論文二十七篇　華正書局　民國七十三年台初版

歷代書法論文選上下冊　蔡邕、王羲之等歷代作者六十七位著共計論文九大五篇華正書局　民國七十三年台初版

書法通論上下冊　賴芳彬編著　文友書局　民國六十年初版
書學史　祝嘉著　上海教育書局　民國三十六年初版
篆刻學　藝術叢編第一集第二十七冊　世界書局　民國五十一年台初版
唐人書學論著及宣和書譜　藝術叢編第一集第一冊　世界書局　民國五十一年台初版
宋元人書學論著　藝術叢編第一集第二冊　世界書局　民國五十一年初版
明人書學論著　藝術叢編第一集第三冊　世界書局　民國五十一年初版
清人書學論著　藝術叢編第一集第四冊　世界書局　民國五十一年初版
近代書學論著上下冊　藝術編第一集第五、六冊手　世界書局　民國五十一年初版
中國書法源流　華正書局　民國七十七年八月初版
中國文字與書法　陳彬龢著　華正書局　民國七十六年九月初版
中國書法　蔣彝著　上海書畫出版社　一九八六年初版
書林藻鑑上下冊　馬宗霍編輯　台灣商務印書館　民國五十四年十二月初版
隸書書寫門徑　陳景舒編著　莊嚴出版社　民國七十七年九月初版
書法美學談　金學智著　華正書局　民國七十八年三月初版

甲骨學文字編　朱芸圃著　台灣商務印書館　民國六十一年四月初版
集籀彙編　嚴一萍著　藝文印書館　民國五十八年六月初版
中國書法概述　釋廣元　台灣商務印書館　民國七十四年二月五版
語　石　葉昌熾撰　台灣商務印書館　民國五十九年二月台一版
金石學　朱劍心撰　台灣商務印書館　民國五十七年一月台一版
篆法探原　朱之藩撰　藝文印書館　民國七十一年十一月二版
金石學錄　李玄遇輯　台灣商務印書館　民國五十九年九月台一版
兩漢金石文選評註　黃公諸選註　台灣商務印書館　民國六十五年十月台一版
中國歷代書法鑒賞大辭典上下冊　周倜主編　燕山出版社　一九九〇年二月一版
篆書入門　志民出版社　民國七十二年元月初版
說文解字注　段玉裁注　藝文印書館　民國六十八年六月五版
明清名家楹聯眞蹟大觀上下冊　齊雲出版社　民國六十五年元月初版
隸　辨　清顧藹吉撰　世界書局　民國五十四年再版
院藏碑帖特展目錄　國立故宮博物院　民國七十一年十一月初版
書法自學叢帖　篆隸上中下三冊　上海書畫出版社　一九八六年六月第一版

述篆　宗孝忱撰書

篆刻學　鄧散木　思顧堂

歷代碑帖選粹　篆隸部分　書藝出版社

中國美術全集　書法家刻編一、二、三、四　啓功主編　錦繡出版社　一九八九年五月出版